음식으로 읽는 로마사

1,000년을 하루 만에 독파하는
최소한의 로마 지식

음식으로
읽는
로마사

윤덕노 지음

THE NAN
더 난 콘 텐 츠

≫≫≫

천년 제국 로마를 일으킨 원동력은
식탁에 있었다

'그 옛날 로마인들은 무엇을 먹고 살았을까?'

뜬금없이 떠오른 궁금증이지만 곧 부질없다는 생각이 들었다. 시간적·공간적으로 멀리 떨어진 현대 한국에 사는 내가 짧게는 1,500년 전, 길게는 2,500년 전 로마 사람들이 무엇을 먹고 어떻게 살았는지 안다는 것이 과연 어떤 의미가 있을까 싶었다. 그러다 점점 로마인의 식탁에 빠져들었다. 시작은 단순한 호기심 때문이었지만 나중에는 콕 집어 말할 수 없는 경로로 세상을 보는 안목이 넓어지는 것같았다. 로마인들이 식사 때 무엇을 먹었는지, 어디에서 어떻게 식재료를 조달했는지, 로마인들은 왜 그렇게 와인을 많이 마셨으며 귀족들은 왜 토하면서까지 먹어댔는지, 왜 비스듬히 누워서 먹었는지 등 로마인의 식사를 알면 알수록 점점 흥미가 깊어졌다.

처음 로마 역사와 음식 간의 관계에 관심을 갖게 된 것은 굴 때문이었다. 앉은 자리에서 생굴 1,000개를 먹었다는 1세기 중반 제8대 로마 황제 비텔리우스의 일화를 접한 것이 계기가 됐다. 처음에는 향락과 사치를 주체하지 못하고 식탐에 빠진 정신 나간 황제의 이야기인 줄로만 알았다. 그런데 그게 전부가 아니었다.

고대 로마 문헌과 로마 역사, 특히 로마 시대 식품과 경제사 관련 논문을 조사해보니 로마인이 먹었던 굴에서 로마 상류층의 사치와 더불어 로마 산업의 발달상을 엿볼 수 있었다. 당시 대다수의 로마 황제와 귀족, 부자들이 굴에 탐닉했고, 엄청난 굴 수요를 감당하기 위해 기원전 1세기에 이미 대규모 굴 양식 산업이 생겨났다. 또한 겨울철에 인공 양식장에서 굴을 키우려고 개발한 난방 시스템이 목욕탕에 적용되면서 목욕 문화도 발달했다.

인공 양식만으로는 굴 공급이 모자라자 해외 굴밭 개척에도 나섰다. 비텔리우스 황제가 먹었다는 굴은 영국에서 조달한 굴이다. 한니발 장군도 넘기 힘들었다는 알프스산맥을 넘어, 무려 2,000년 전에 영국에서 로마까지 어떻게 생굴을 실어 날랐을까? 굴을 옮기는 과정에서 운송, 냉장과 냉동 기술, 운반 용기인 항아리 암포라 산업, 숙박업에 패스트푸드산업까지 발달했다. 잠시 굴만을 예로 들었지만 빵, 와인, 올리브 등 로마인의 식탁에 올랐던 음식 하나하나가 로마 제국의 팽창 및 산업 발달과 떼려야 뗄 수 없는 관계가 있었다. 이상이 로마의 음식에 흥미를 갖게 된 일차적인 이유 중 하나다.

또 다른 이유를 꼽자면 로마 시대를 알아가면서 점차 현대 세계와 함께 현대 서양 문화와의 연결고리를 찾게 되었다는 점 때문이 아닐까 싶다. 로마인의 식탁과 로마 제국의 역사를 조사하면서 로마 제국을 만들어낸 힘이 과연 무엇이었을까를 생각해봤다. 로마의 강력한 군사력일 수도 있고, 공화정에서 제정까지로 이어지는 로마의 정치력이나 지배구조, 또는 로마의 법 체제였을 수도 있다. 그 외에도 문화, 사회구조적 요인 등이 복합적으로 어우러져 천년 제국을 만들었겠지만 근본적인 바탕으로는 로마의 경제력을 빼놓을 수 없다.

오늘날 미국이 세계를 리드할 수 있는 것은 최강의 군사력 때문이지만 그 근본이 되는 것은 미국의 금융과 산업이 만들어낸 경제력인 것처럼, 로마가 1,000년이 넘도록 제국을 유지할 수 있었던 비결역시 든든한 경제력이었다. 이런 로마의 경제력을 짐작할 수 있는 방법은 그들의 식탁, 그리고 그 위에 차려진 음식을 살펴보는 것이다. 2,000년 전 로마 시대 산업의 대부분은 의식주와 관련이 깊었다. 그중에서도 기간산업이라고 할 수 있는 것이 음식, 즉 식품 산업이었기에 로마의 식탁을 통해 로마 제국 발전의 바탕이 된 로마의 산업과 로마 경제를 엿볼 수 있다.

모든 길은 로마로 통한다. 그리고 그 길을 통해 밀, 와인, 올리브, 생선, 젓갈, 향신료 등 다양한 식품이 운송되면서 로마 제국의 부가가치가 만들어졌으니, 로마 제국은 식탁에서 만들어졌다고 해도 과언은 아닐 듯 싶다.

앞서 쓴 책,《음식으로 읽는 중국사》에서도 언급한 것처럼 음식을 통해 한 나라의 역사를 본다는 것이 자칫 나무 하나를 보고 숲을 판단하는 어리석음으로 이어질 수 있다. 하지만 새로운 시각으로 역사를 이해하고 세상을 보면, 그동안 고정관념으로 인해 미처 보지 못했던 부분을 발견할 수 있을 것이다. 이 책에서는 음식을 통해 로마의 역사, 로마를 만든 힘을 짚어보려고 한다. 방대한 로마 역사를 이해하는 데 도움이 되었으면 하는 바람이다.

끝으로 이 책이 나오기까지 도움 주신 모든 분들에게 감사의 말씀을 전한다.

윤덕노

차례

제1장

모든 음식은
로마로 통한다

식탁에서 찾은
로마 제국 번영의 열쇠

"당신이 먹는 음식을 알려주면 당신이 어떤 사람인지 말해보겠다 (Tell me what you eat and I tell you what you are)."

18세기 말에 활동한 프랑스의 법률가이자 미식가로 유명했던 브리야 사바랭(Jean Anthelme Brillat-Savarin)이 펴낸 책, 《미각(味覺)의 생리학(The Physiology of Taste)》에 나오는 말이다. 흔히 줄여서 "You are what you eat"으로 알려진 이 문장은 '당신이 먹는 것이 곧 당신이다'라는 말로 번역된다. 이 말은 언뜻 건강과 영양에 초점이 맞춰진 것 같지만 원래의 뜻은 훨씬 포괄적이다. 먹는 음식을 보면 그 사람의 정치적·경제적·사회적 위치를 알 수 있으므로 그가 어떤 사람인지, 어떤 사회 문화 계층에 속해 있는지를 파악할 수 있다는 뜻이 되기도 한다.

더 나아가서 이 말은 국가에도 적용할 수 있다. 즉, 로마인의 식탁을 보면 로마 제국이 어떤 나라였는지 알 수가 있다. 로마인들이 무엇을 먹었는지, 하루에 몇 끼의 식사를 했는지, 어째서 비스듬히 누운 자세로 식사를 했는지, 로마 귀족들은 진짜로 토해가면서 음식을 먹었는지, 먹고 남은 생선 가시나 뼈, 과일 껍질을 바닥에 마구 버렸던 이유는 무엇인지 등을 살펴보면 로마인들이 어떻게 정치와 경제, 군사력을 발전시키며 1,000년이 넘는 제국을 유지할 수 있었던 비결이 보인다. 로마 제국 부흥의 원동력이 무엇이었는지 알 수 있다. 그동안 교과서, 책, 다큐멘터리, 영화, 드라마 등을 통해 접해온 정치사나 전쟁 이야기가 아닌 로마 제국의 또 다른 모습을 확인할 수 있다.

로마 제국의 식탁이 특별한 이유

로마인들은 평소에 대체 무엇을 먹었기에 역사상 가장 위대했다는 로마 제국이 식탁에서 생겨났다고 말하는 것일까? 물론 로마인의 식사에 대해 '이랬다'라고 단정할 수는 없다. 시대에 따라, 로마 제국의 발전 단계에 따라 변해왔기 때문이다.

로마는 기원전 8세기 건국신화가 시작된 시기부터 서기 5세기 서로마 제국의 멸망에 이르기까지 약 1,300년 동안이나 지속된 나라였다. 초창기 로마 제국에서 찢어지게 가난했던 양치는 목동이나 소금 장수가 먹었던 음식과 훗날 서방세계의 부를 한 손에 거머쥔 황금시대의 음식이 같을 수가 없다. 또한 로마 제국은 황제, 귀족, 평민, 노예, 그리고 부자와 중산층, 서민과 빈민 등 다양한 계층 사람들이 얽히고설키며 살았던 나라였던 만큼, 시대와 계층에 따라 먹는 음식도 천차만별이었다. 하지만 신분과 빈부 격차를 떠나 로마인의 식사에서 몇 가지 공통적인 특징을 찾을 수는 있다.

일단 로마인의 주식은 죽과 빵이었다. 가난했던 시절에는 주로 죽을 먹었고 부유해진 이후에는 빵을 먹었다. 그리고 식사 때마다 와인을 마셨다. 로마인들이 술꾼이어서 반주 삼아 와인을 즐겼던 것이 아니다. 물 대신 음료수로 마셨다. 올리브도 빠지지 않았다. 올리브오일로 요리를 했고 올리브 피클을 반찬 삼아 먹었다. 가룸(garum)이라고 하는 생선 젓갈도 필수 식품이었다. 액젓은 소스로 썼고 젓갈 자체를 먹거나 다양한 음식에 섞어 먹었다.

로마인은 대체로 고기보다 생선과 채소를 더 많이 먹었다. 양배추를 비롯해 콩과 당근 등으로 샐러드를 만들어 먹곤 했다. 그리고 소고기나 돼지고기보다 참치나 고등어를 더 즐겨 먹었다. 이때 강한 양념을 가미해서 먹는 것이 특징이었다. 부자들은 후추나 정향, 계피, 생강 같은 수입 향신료를 듬뿍 뿌렸고, 평민은 우리가 양꼬치를 먹을 때 뿌리는 큐민(cumin) 또는 고수 같은 허브를 사용해서 요리했다. 즉, 로마인의 기본 식사는 빵과 죽을 주식으로 와인, 올리브, 생선 젓갈 가룸, 그리고 각종 채소가 기본이었고 여유 있는 계층에서는 햄과 소시지, 그리고 생선과 고기를 곁들여 먹었다.

얼핏 보기에는 그다지 특별할 것이 없고 과거 한국인의 밥상과 비교해도 역시 평범하기 그지없다. 시대와 계층에 따라 차이가 있지만 조선 후기 이후 한국인의 밥상은 하얀 쌀밥 또는 잡곡밥에 국과 김치, 각종 젓갈을 기본으로 나물(채소)과 고기 또는 생선을 고추, 후추, 마늘, 생강 등의 조미료로 양념을 해서 먹곤 하지 않았던가. 2,000년 전 고대 로마 제국의 식탁이나 200~300년 전 한국인 밥상이나 크게 다를 것이 없어 보인다. 그런데 왜 로마 제국이 식탁에서 만들어졌다고 하는 것일까? 우리가 로마 제국의 식탁에 주목해야 하는 까닭은 무엇일까?

식탁에서 세계화를 실현했던 제국

로마 제국의 식탁과 과거 한국인의 밥상 사이에는 분명 차이가 있다. 이는 세계의 중심이었던 로마 제국과 아시아의 주변국이었던 옛날의 우리를 구분 짓는 차이다. 옛날 우리 밥상의 특징은 한마디로 신토불이 음식들로 채워졌다. 우리 땅에서 재배한 쌀과 잡곡으로 밥을 지었고 우리 들판에서 키운 배추와 채소, 나물로 김치를 담갔고 나물을 무쳤으며 우리 산과 강, 바다에서 키우고 잡은 가축과 생선을 먹었다. 극소수 값비싼 양념을 제외하면 거의 대부분의 식재료를 자급자족으로 조달했다.

반면 약 2,000년 전 로마인의 식탁은 달랐다. 거의 모든 식재료를 외국에서 들여왔다. 로마인의 주식인 빵부터가 그랬다. 빵을 만드는 데 필요한 밀과 보리는 북아프리카와 이집트에서 가져왔다. 1세기 로마의 역사가였던 플라비우스 요세푸스(Flavius Josephus)는《유대 전쟁사(The Jewish War)》에서 "로마는 아프리카가 8개월을 먹여 살리고, 나머지 4개월은 이집트가 먹여 살린다"고 말했을 정도다.

로마인이 물처럼 마셨던 와인도 일종의 수입품이었다. 이탈리아반도의 포도로 만든 와인으로는 부족해 대량의 포도주를 지금의 스페인인 히스파니아 속주에서 가져왔다. 기호 음료로서의 술을 해외에서 수입한 것이 아니라 매일 마시는 생수 대부분을 외국에서 들여온 것이다. 로마인의 식탁에서 빠지지 않았던 올리브 역시 스페인과 북아프리카산이었다. 오늘날 우리 밥상에 오르는 일부 김치가 중국산인 것과 비슷하다. 차이가 있다면 로마가 들여온 수입산 올리브는 값싸고 질 좋은 농산물이었다는 점이다.

생선 젓갈인 가룸 역시 시칠리아와 스페인, 포르투갈에서 배로 실어왔고 로마인이 좋아했던 햄과 소시지는 지금의 프랑스인 갈리아와 스페인의 이베리아에서 가져왔다. 한편 로마 상류층이 최고의 진미로 꼽았던 굴은 머나먼 영국 브리타니아에서 실어 날랐는데, 신선도를 유지한 생굴을 가져다 먹곤 했다.

양념도 수입을 했다. 큐민과 고수 같은 허브는 지중해산이었지만 후추와 생강 계피는 멀리 아라비아반도와 인도에서 실어왔다. 로마를 비롯한 이탈리아반도에서 직접 생산한 것은 양배추를 비롯한 채소 정도였다. 노르웨이 고등어에 프랑스 삼겹살, 미국 캘리포니아 쌀에 칠레산 포도, 러시아 명태에 중국산 김치로 채워진 21세기 우리 밥상처럼 기원전 3~2세기 무렵부터 로마의 식탁은 해외에서 가져온 값싸고 질 좋은 농산물과 생선, 고기들로 풍성하게 채워졌다. 2,000년도 훨씬 이전 시대에 로마인은 식탁에서 이미 세계화(globalization)를 실현했던 것이다. 이때 먹거리를 생산하고 운송하며 판매하는 데 있어서 로마의 자본과 로마의 영향력이 깊숙이 작용한 것은 물론이다.

로마인의 식탁도 하루아침에 이뤄지지 않았다

흔히 로마는 하루아침에 이뤄지지 않았다고 말한다. 마찬가지로 로마인의 식탁도 하루아침에 다 채워지지 않았다. 철저하게 로마 제국의 영광과 발전의 궤도를 같이 밟았다.

늑대 젖을 먹고 자랐다는 로마 건국신화의 주인공 로물루스와 레무스의 후손들은 처음에 로마의 일곱 언덕에서 양을 치고 농사를 지으며 살았다. 당시 이들이 먹었던 음식은 기껏해야 양젖과 치즈에 보리죽이었다. 그랬던 로마인들이 어느 날 갑자기 재배하던 작물을 보리에서 밀로 바꾼 뒤 빵을 구워 먹고, 이탈리아의 포도밭에서 포도를 따다 와인을 만들고, 마을 입구의 나무에서 올리브 열매를 따서 피클을 담고 기름을 짜서 요리를 했던 것이 아니다. 로마인의 식탁은 자급자족을 통해 채워진 것이 아니라, 400년이 넘는 기나긴 세월 동안 이루어진 전쟁과 탐험, 개척을 통해 얻은 결과물로 채워졌다. 즉 외국에서 가져온 전리품과 열매들이 하나둘 식탁 위에 오르게 된 것이다.

빵과 와인, 올리브와 젓갈 등…. 지금의 기준으로는 특별할 것 하나 없는 음식들이지만 로마인들은 이 음식을 얻기 위해 개인의 목숨과 국가의 운명을 걸고 죽을 힘을 다해 싸웠다. 물론 전쟁을 통해 얻은 영토 및 자원과 음식들이 승리와 함께 부수적으로 따라온 전리품이라고 볼 수도 있겠지만, 반대의 관점에서도 생각해볼 수 있다. 로마가 치렀던 각종 전쟁은 자원 확보를 위해 싸운 경제 전쟁이기도 했다. 결정적 전쟁에서 승리한 로마 제국이 세력을 넓혀갈 때마다 로마인들의 식탁에 오르는 음식의 가짓수가 늘어났고, 식생활이 풍요로워졌으며 로마 경제도 그만큼 윤택해졌다.

양치기 목동 로물루스가 이끌던 라틴 부족 집단이었던 로마가 국가로 발전하게 된 첫 번째 계기는 북쪽 에트루리아 왕국과의 전쟁이었다. 기원전 7세기 후반 로마 왕국 제4대 왕인 앙쿠스 마르키우스(Ancus Marcius)가 에트루리아 왕국과 싸운 전쟁이다. 그리고 승리를 통해 전리품으로 로마 부근 해변의 천연 소금밭 오스티아(Ostia)를 확보했다. 로마는 바로 이 소금밭을 바탕으로 소금 장사를 해서 부를 쌓았고 세력을 넓혔으며, 로마인의 식탁에는 당시 남들은 함부로 먹지 못했던 귀한 소금이 놓이게 됐다.

포에니전쟁, 식탁을 바꾸다

한편 로마가 제국으로 발돋움하게 된 결정적 계기는 세 차례에 걸쳐 지중해를 지배했던 카르타고를 물리친 포에니전쟁이다. 기원전 264년에서 241년까지 이어진 제1차 포에니전쟁에서 거둔 승리를 바탕으로 로마는 카르타고의 무역 거점이며 지중해 최대의 농업지대인 시칠리아를 얻어 속주로 삼았다. 그 결과 당시에는 최고로 질 좋은 곡물이었으며 고부가가치 상품이었던 밀밭을 확보했다. 그리고 이때부터 로마인의 주식이 그간 먹던 보리죽에서 빵으로 바뀌기 시작했다.

한니발전쟁으로 유명한 기원전 247년에서 183년까지의 제2차 포에니전쟁에서 로마는 카르타고를 몰아내고 스페인과 북아프리카를 차지했다. 이곳은 포도밭과 올리브 농장이 끝없이 펼쳐진 곳이었다. 지중해의 곡창지대와 함께 지중해 서부의 무역이 로마의 영향력 아래 놓이게 됐다. 로마인의 식탁에서 와인과 올리브 오일이 빠지지 않게 된 것도 이때부터였다.

이어 로마는 기원전 171년부터 168년 사이에 그리스 여러 도시국가를 이끌었던 마케도니아 왕국의 페르세우스 왕과의 제3차 마케도니아전쟁에서 승리하면서 지중해 동쪽을 평정했으며, 지금의 터키에 이르는 지역까지 영향권 아래 두게 된다. 그로써 지중해 동쪽의 풍부한 어업과 농업 자원도 로마의 수중에 들어왔다.

기원전 149년에서 기원전 146년에 걸친 제3차 포에니전쟁에서 로마는 카르타고를 완전히 멸망시킴으로써 이집트를 제외한 북아프리카 전체와 지중해 전체를 지배하는 패권 국가가 됐다. 이 무렵부터 로마에서는 중산층과 서민들도 와인과 올리브를 곁들여 빵을 먹을 수 있게 됐을 뿐만 아니라 단출한 로마인의 식탁이 생선과 젓갈로 채워지면서 한결 풍성해졌다.

그로부터 약 100년의 세월이 흐른 후, 기원전 58년에서 51년 사이 율리우스 카이사르(Gaius Julius Caesar, 기원전 100~기원전 44)가 갈리아 정복 전쟁에 나서 지금의 프랑스인 갈리아와 영국인 브리타니아를 장악했다. 이때 갈리아에서는 와인과 햄, 소시지 등의 육가공품을, 브리타니아에서는 상류층의 별미인 굴을 대량으로 수입한다. 그리고 기원전 31년 클레오파트라를 물리친 악티움해전의 승리로 로마는 지중해 최대의 자원 창고인 이집트를 속주로 삼았다. 그 결과 서민들까지도 빵을 먹을 수 있게 된 것은 물론이고 곡식과 빵을 무상으로 배급받을 수 있게 됐다.

이와 동시에 이집트 정복을 계기로 인도와의 해상 무역항로가 열

로마 제국의 팽창과 로마 식탁 변화

시기	전쟁	확보된 영토	식탁 변화
BC 7세기	에트루리아전쟁	로마 오스티아 염전	소금
BC 264년~241년	제1차 포에니전쟁	시칠리아	죽에서 빵
BC 247년~183년	제2차 포에니전쟁	스페인 북아프리카	와인, 올리브
BC 171년~168년	제3차 마케도니아전쟁	그리스 소아시아	발효 빵, 생선 젓갈
BC 149년~146년	제3차 포에니전쟁	카르타고	평민도 빵과 생선
BC 58년~51년	갈리아전쟁 브리타니아전쟁	갈리아 브리타니아	굴, 햄, 소시지
BC 31년	악티움해전	이집트	빵 무상 분배 후추 등 향신료

리면서 후추를 비롯한 각종 향신료가 로마로 쏟아져 들어오기 시작했다. 풍요로운 시절이었고 로마인의 식탁 역시 먼 곳에서 가져온 진귀한 별미와 사치스러운 요리로 풍성해졌다.

로마인의 식탁은 이렇듯 오랜 세월에 걸쳐 채워졌다. 애써 폄훼하자면 군사력을 앞세운 제국이 전쟁을 통해 빼앗은 전리품으로 이룬 결과라고 할 수도 있겠지만 그렇게 단순하게 얻은 풍요가 아니다. 전쟁의 결정적인 고비마다 운명을 건 승부수를 던진 끝에 당시 최고 수준의 고부가가치를 지닌 자원을 확보하고 발전시키면서 로마인의 식탁 역시 화려해진 것이다.

　지금 우리에게 빵과 와인, 올리브와 젓갈로 이루어진 로마인의 식사는 그리 특별할 게 없어 보이지만 2,000년 이전, 기원전 1세기 이전 로마의 시점에서 보면 이야기가 달라진다. 당시 로마의 식탁은 사실상 황금으로 가득 채워진 것과 진배없었다. 고대인들이 황금에 비유할 정도로 소중하게 여겼던 식품들이 몽땅 로마인의 식탁 위에 올랐으니 말이다.

　고대부터 중세까지 유럽에서는 후추를 비롯한 동방의 향신료를 검은 황금(Black Gold)에 비유했다. 후추만 해도 머나먼 인도에서 산 넘고 사막과 바다를 건너, 곳곳에서 출몰하는 산적과 해적을 피해 가져왔기에 통후추 한 알이 같은 무게의 황금 가격과 맞먹었다. 이런 후추를 로마 상류층은 음식에 듬뿍 뿌려 먹었다. 초대 아우구스투스(Augustus, 재위 기원전 27~기원후14) 황제 이후 인도와 해상 무역을 통해 향신료가 쏟아져 들어온 데다, 로마의 부유층이 망설이지 않고 후추를 살 수 있을 정도로 재물을 축적했기 때문이다.

　한편 동서양을 막론하고 고대에는 바닷가나 암염 산출 지역이 아니면 소금 귀하기가 황금에 못지않았다. 그래서 소금을 하얀 황금(White Gold)라고 불렀다. 하지만 로마는 달랐다. 로마 해안에서 소금밭을 확보한 로마 왕국 이래 소금 장사로 돈을 번 로마인이었고 로마 제국 시대에도 정복지에서 염전 확보에 힘을 쏟았기에 로마에서는 평민들도 저렴한 가격에 소금을 구입할 수 있었다. 덕분에 소금을 잔뜩 쏟아부어야 만들 수 있는 염장식품인 생선 젓갈 가룸이 로마인의 식탁에 필수적으로 올랐다.

또한 로마인은 와인을 물처럼 마셨다. 방탕한 술꾼들이어서가 아니다. 지금도 유럽에서는 수질이 좋지 않아 생수를 사서 마시는 것처럼 로마인에게 와인은 생수를 대신하는 음료수였다. 그래서 로마 시대에는 와인을 붉은 황금(Red Gold)라고 불렀다. 올리브 오일도 마찬가지였다. 조리뿐만 아니라 목욕용품과 세탁용 세정제로도 널리 쓰이는 생필품이었기에 올리브 오일은 액체 황금(Liquid Gold)으로 통했다.

동시대를 압도하는 음식 산업

물론 와인이나 올리브 오일은 후추나 소금처럼 그 자체로서 귀했던 것은 아니며 하나하나의 값어치는 높지 않았다. 하지만 전체 산업을 놓고 보면 어마어마한 규모의 황금알을 낳는 거위와도 같았다. 20세기의 석유, 21세기의 반도체와 같은 상품이었기에 붉은 황금, 액체 황금이라고 불렀던 것이다.

이뿐만이 아니다. 기원전 1세기 악티움해전의 승리로 이집트를 속주로 만든 로마에서는 평민도 밀가루 빵을 먹을 수 있게 됐다. 그런데 이와 비슷한 시기 멀리 떨어진 동양의 중국 한나라에서 밀가루를 반죽해 찐 만두는 황제의 음식이었다. 게다가 평소에 먹는 식사가 아니라, 새해 첫날 하늘에 제사를 지낼 때 바치는 제물이었다. 3세기 무렵, 한나라 말의 영제(靈帝)가 푹 빠졌던 음식이 바로 서역에서 전해진 호떡이었다.

밀의 원산지와 지역적으로 멀었던 중국이었기에 직접 비교할 수는 없지만 중국에서 황제가 겨우 밀가루 음식을 먹던 시절, 로마에서는 평민도 빵을 먹었으니 옛날 로마가 아닌 다른 곳에서는 밀가루가 얼마나 귀했는지, 그리고 로마의 식탁이 얼마나 풍성했는지를 미루어 짐작할 수 있다.

로마인의 식탁에 오른 음식들은 그 자체가 됐든 식품 산업이 됐든 동시대의 다른 세계와 비교했을 때 부가가치가 훨씬 높은 상품들이었다. 이런 식재료들이 세계 곳곳에서 로마로 모였다는 것은, 로마의 경제가 그만큼 활발히 작동했고, 그 과정에서 다양하고 막대한 부가가치를 만들어냈다는 사실을 말해준다.

로마 제국의 경제를 떠받친 음식과 산업

로마는 식품 대부분을 속주에서 조달했다. 이를테면 와인과 올리브 오일은 주로 지금의 스페인과 포르투갈인 이베리아반도의 포도 농장과 올리브 나무숲에서 생산해 로마로 가져왔고 갈리아를 비롯해 게르마니아 등지로 수출하기도 했다. 이때 액체인 와인과 올리브 오일 운반에는 반드시 용기가 필요했고, 로마인은 '암포라(amphora)'라는 항아리를 제작해 화물을 운송했다. 암포라에 담긴 식재료는 로마는 물론 유럽 전역과 아시아까지 보내졌다. 대영박물관이나 루브르박물관을 비롯해 유럽 박물관에서 흔하게 볼 수 있는 로마의 암포라는 단순한 도자기가 아니라 거대 산업을 위한 도구였으며, 현대의 컨테이너에 맞먹는 것이었다. 암포라를 배로 실어 나르려면 조선업이 발달해야 했고 육상으로 운반하려면 도로가 필요했다. '모든

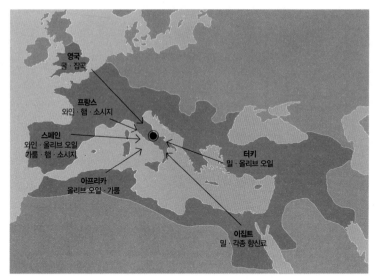

전성기 로마 제국의 해외 식량 조달

길은 로마로 통한다'는 말이 괜히 생겨난 것이 아니다.

　로마 제국은 그만큼 많은 도로망이 발달했으며 로마의 1번 가도
는 소금을 운반했던 소금길, '비아 살라리아(Via Salaria)'였지 정복 전
쟁에 필요한 도로가 아니었다. 물론 스페인에서 로마로 이어지는 아
우구스투스 가도는 군대의 이동 통로이기도 했지만 대부분의 경우
와인을 비롯한 각종 화물 운송에 이용되었다.

　예나 지금이나 도로가 건설되면 물류 이동이 늘어나 경제가 활성
화된다. 로마 역시 각종 화물 운송에 따라 로마 가도를 중심으로 숙
박업, 창고업이 발달했고 상인을 비롯해 사람들의 이동이 많아지면
서 속속들이 음식점이 생겨났다. 또한 빨리 먹고 움직여야 했기에

대영박물관에 전시되어 있는 암포라

'패스트푸드'도 생겼다.

로마인이 먹는 음식은 기술혁신으로도 이어졌다. 예컨대 굴은 로마 상류층이 푹 빠졌던 별미 중의 별미였다. 초기에 로마인은 싱싱하고 맛있는 굴을 로마에서 가까운 도시 나폴리에서 조달했는데, 넘치는 수요를 맞추기 위해 굴 양식업이 발달했다. 무려 2,100년 전에 말이다. 굴 양식장에서는 겨울에도 굴이 얼지 않도록 수온을 유지하는 난방 기술을 개발했는데 그 기술의 여파로 엉뚱하게 목욕탕이 발달했다. 양식장 난방 장치를 목욕탕 급탕 시설에 응용한 덕분이었다.

로마인들이 최고로 꼽았던 것은 브리타니아의 굴이다. 로마인은 지금으로부터 약 2,000년 전에 지금의 영국 땅에서 로마까지 1,500킬로미터가 넘는 먼 거리를 살아있는 생굴의 신선도를 유지한 채 로마 귀족의 연회에 공급했다. 굴 양식 기술과 함께 냉동, 냉장 보관 기술이 개발되었기에 가능한 일이었다. 이에 따라 부수적으로 냉동 냉장업도 발달했다.

이렇듯 음식이 로마의 경제와 산업에 미친 영향은 한두 가지가 아니다. 그렇기에 로마 제국 번영을 로마의 식탁에서 찾을 수 있는 것이다. 브리야 사바랭의 말처럼 로마인이 먹은 음식을 보면 로마 제국이 어떤 나라였는지 알 수 있다(Roman empire was what romans ate).

로마인은 하루에
몇 끼를 먹었을까

현대인은 일반적으로 아침, 점심, 저녁으로 하루 평균 세 끼 식사를 한다. 혹시 사업상 밤에 술자리가 있으면 저녁 식사 후 안주를 겸해 또 간단히 음식을 먹기도 하고, 야근 때문에 야식을 하는 사람도 있으며 출출해서 밤참을 먹을 수도 있으니 하루 네 번의 식사가 아주 드문 경우는 아니다. 다시 말해 먹고 싶을 때 아무 때나 먹는다. 먹을 음식이 풍부하기 때문이다. 그렇다면 기원전 1~2세기 이후 전성기를 맞이한 로마 제국의 일반적인 평민들은 하루 몇 번 식사를 했을까?

결론부터 말하자면 대부분의 로마인은 현대인과 마찬가지로 하루 세 끼를 먹었다. 물론 사업상 또는 정치적인 모임이나 파티를 하는 경우는 네 번의 식사도 흔했다. 한마디로 식사 내용에서는 차이가 있을지 모르지만 횟수만큼은 현대인과 크게 다르지 않았다. 당연한 소리인가 싶지만 절대 그렇지 않다. 빈곤국이나 극빈층에서는 아직도 하루 세 끼를 챙겨 먹기가 쉽지 않은 것처럼 대다수 평민들이 하루 세 끼를 꼬박꼬박 챙겨 먹기 시작한 것은 역사적으로 그다지 오래된 일이 아니다. 짧게 보면 100년 남짓, 길어야 300년을 넘지 않았다. 이전까지는 보통 하루 두 끼 식사가 일반적이었고 하루 한 번의 식사도 드물지 않았으며 빈민들은 굶기를 밥 먹듯이 했다.

그렇기에 2,000년 전의 로마인들이 하루 세 번 식사를 했다는 것은 보통 대단한 일이 아니다. 로마 제국과 비슷한 시기, 아시아의 중심이었던 중국과 비교해보면 로마인의 하루 세 끼가 얼마나 큰 의미가 있는지를 짐작할 수 있다.

동시대 중국 한나라의 사정

서기 1세기 무렵 로마 제국은 서쪽으로는 카르타고를 물리쳐 지중해의 패권을 장악했고, 동쪽으로는 그리스, 페르시아, 소아시아의 제반 세력을 제압했으며, 북쪽으로는 갈리아와 브리타니아를 정복한 후 게르마니아까지 진출했고, 남쪽의 이집트까지 합병해 제국의 전성기를 누리기 시작했을 때다.

이 무렵 중국에서는 유방이 세운 한나라인 전한(前漢)이 중원을 통일했다가 망한 뒤 후손인 광무제(光武帝)가 다시 일으킨 후한(後漢)이 전성기를 맞는다. 서기 79년, 황제인 장제(章帝, 재위 75~88)가 유교를 통치 이념으로 삼아 정치의 권위를 세우고 안정을 다지기 위해 각종 제도를 정비하는 백호관 회의를 열었다. 여기서 흥미롭지만 우스꽝스럽고 하지만 정치적으로 의미 있는 결정이 내려진다. 하루 몇 끼 식사가 옳은가에 대한 정의다. 이에 따르면 황제는 하루 네 번, 제후는 세 번, 고급 관리인 공경대부는 아무리 벼슬이 높아도 두 번, 그리고 평민은 필요할 때 먹으면 된다는 결론을 내렸다. 이런 차이를 두는 이유에 대해서는 신분의 높고 낮음, 즉 귀천의 차이 때문이라고 했다.

그중에서도 황제가 하루 네 번 식사를 할 수 있는 이유는 천하의 재물이 다 황제의 것이고 사계절의 공덕을 쌓았기 때문이라 했는데, 이 외에도 갖은 철학적 이유를 들어 황제의 식사 횟수를 설명했지만 핵심은 고귀한 신분인 만큼 하루 네 번 식사를 할 자격이 있다는 것이다.

얼핏 뚱딴지같은 소리처럼 들리지만 이는 그 옛날 제왕의 통치 논리와 연결된다. 이에 따르면 황제의 식사가 늘 네 끼일 수는 없다. 아무리 황제라 할지라도 공덕을 쌓지 못하고 편한 세상을 만들지 못하면 밥을 먹을 자격이 없으니 식사 횟수를 줄여야 한다. 흉년이 들어 백성이 굶주리거나 천재지변으로 나라가 어지러울 때 조선의 임금이나 중국 황제가 식사 횟수를 줄이는 감선(減膳)을 했던 것도 이 같은 이론적 배경이 있다.

아무리 벼슬이 높아도 고급 관리의 식사를 하루 두 번으로 제한한 것은 통치자가 아닌 관리자이기 때문이다. 겉보기에는 신분에 따라 밥 먹는 횟수까지 간섭한 봉건 계급사회의 터무니없는 논리 같지만 본질은 지배계층의 권리와 무한 책임을 강조한 말이다.

그렇기에 평민은 식사 횟수에 제한을 두지 않았다. 밭을 갈고 누에를 치는 노동을 해야 하기에 필요할 때, 그리고 배고플 때 먹으라는 것이니 배고프다고 아무 때나 먹으라는 말이 아니라 먹고 일하라는 것이다.

유교 통치 이념을 바탕으로 정한 백호관 회의의 식사 횟수 규범이지만 이렇게 정했다고 해서 실제로 옛날 사람들이 그 기준에 따라 식사를 했던 것은 아니다. 어디까지나 식사 횟수의 의미에 대한 정의일 뿐 옛날에는 대체로 황제나 제후가 아니면 하루 두 끼의 식사가 일반적이었다.

전 세계적으로 하루 두 끼가 기본

우리나라의 사례만 봐도 그렇다. 18세기 조선의 실학자 이긍익이 《연려실기술(燃藜室記述)》에서 말하기를 '조선의 관리들은 도시락을 싸가지고 다니면서 출퇴근한 것이 아니라 관청에서 식사를 하는데, 아침과 저녁으로 밥을 준다'고 했다. 정조 때 실학자 이덕무도 《청장관전서(靑莊館全書)》에서 '사람들은 하루에 조석(朝夕)으로 다섯 홉의 곡식을 먹는다'고 기록했다. 조석은 하루 종일을 뜻하는 단어이지만 구체적으로 구분해보면 아침과 저녁이니 점심 식사는 포함되지 않는다.

하루 두 번 식사는 역설적으로 점심이라는 단어에서도 확인할 수 있다. 18세기 실학자 이익(李瀷)은 《성호사설(星湖僿說)》에서 '요즘은 한낮에 먹는 밥을 점심이라고 하지만 원래 점심이란 새벽 일찍 일어났을 때 먹는 간단한 음식에서 비롯된 말'이라고 하면서, '점심(點心)은 마음에 점을 찍는다는 뜻으로 허기지어 출출한 것을 조절한다'는 뜻이라고 풀이했다. 당나라 때 정참이라는 관리가 아침 식사전 공복을 채우는 음식을 점심이라고 한 것에서 비롯됐다는 것이다. 당나라에서도 식사는 하루 두 번이 보통이었던 것이다.

우리가 언제부터 하루 세 끼를 먹었는지를 정확히 알 수는 없다. 다만 평민이 하루 세 번 식사를 한 것은 조선 중기 이후로 보는데 농번기처럼 바쁘게 일할 때는 새참을 포함해 하루 서너 번을 먹었던 반면 겨울철 농한기에는 두 끼 식사가 일반적이었을 것으로 본다.

로마를 제외한 유럽에서도 아시아와 크게 다르지 않았다. 로마 시대에는 하루 세 끼 식사를 했지만 중세 유럽은 하루 두 번의 식사가 보통이었다. 로마 시대보다 오히려 식사 횟수가 줄었으니 식사의 양과 질에 있어서도 중세는 암흑의 시대(Dark Ages)였다,

세 끼 식사는 풍요의 상징 ⚜

중세 유럽 사람들이 하루에 몇 번을 먹었고, 어떻게 식사를 했는지는 세 끼 식사를 나타내는 영어 단어를 통해서도 알 수 있다. 마음(心)에 점(點)을 찍는 것처럼 간단하게 먹는 점심이 낮에 먹는 식사, 즉 중식이 것처럼 '런치(lunch)'의 어원 역시 엉뚱한 부분이 있다. 힘들게 일을 하다 곁두리로 먹는 빵 한 조각인 '럼프(lump)'에서 생겼다는 설도 있고, 옛날 우리가 농사일을 하다 끼니 대신에 막걸리로 새참을 먹었듯이 '낮(noon)'이라는 단어와 맥주 한 잔이라는 뜻

의 중세 영어 '스켄치(schench)'의 합성어인 눈스켄치가 줄어서 '눈치(noonch)'로 변했다가 '런치(lunch)'가 됐다는 설도 있다. 이밖에도 다양한 설이 있지만 핵심은 한 가지다. 빵 한 조각 또는 이제 막 거른 맥주 한 잔으로 빈속을 채우듯 런치 역시 점심처럼 간단한 요깃거리에서 비롯된 것으로 본다.

아침 식사인 브렉퍼스트(breakfast)와 저녁 식사 디너(dinner) 또는 서퍼(supper)의 어원을 봐도 중세 유럽에서는 하루 두끼가 일반적이었음을 알 수 있다. 브렉퍼스트의 원뜻은 허기, 배고픔을 뜻하는 '패스트(fast)'를 음식을 먹어서 '깨트린다(break)'는 말에서 비롯됐다고 한다. 지금은 밤새 잠을 자고 아침에 일어나면 배가 고프니 그 허기를 없앴다는 뜻에서 생겨난 말이라고 풀이하지만 정확하게는 굳이 아침 식사라는 의미가 아니라 하루의 배고픔을 없앴다는 의미, 즉 제대로 챙겨 먹어 뱃속을 든든하게 채운다는 뜻이었고 그래서 하루에 제대로 먹는 식사라는 말이었다고 한다.

중세 유럽의 농부들은 대체로 동이 틀 무렵에 일어나 노동을 시작했다. 그런데 식사는 보통 9~11시쯤이었다. 새벽에 일어나 힘들게 일한 후 대여섯 시간 후에 먹는, 허기를 없애는 첫 식사가 바로 브렉퍼스트로, 고대 게르만어에서 시작된 단어다. 또한 우리가 흔히 저녁이라고 번역하는 '디너(dinner)' 역시 원뜻은 브렉퍼스트와 똑같이 배고픔을 없앤다, 허기를 깨트린다는 뜻으로 고대 프랑스어(disner)에서 비롯된 단어다.

옛날 프랑스에서 디너는 원래 아침 9~10시, 또는 10~11시 사이에 먹었는데 18세기 프랑스 혁명 이전 앙시앵레짐(Ancien régime) 시대에는 오후 2~3시 정도로 옮겨졌고 혁명 이후에는 오후 4~5시로 늦춰지면서 저녁 내지는 만찬의 의미가 됐다. 그렇기에 게르만어에 뿌리를 둔 브렉퍼스트와 마찬가지로 고대 프랑스어가 어원인 디너 역시 특정 시간대의 식사보다는 하루의 주요 식사라는 의미가 강했다.

저녁을 뜻하는 '서퍼(supper)'는 어원이 또 다르다. 디너와 마찬가지로 프랑스어(souper)에서 온 단어로 하루의 마지막 식사라는 뜻이다. 하루의 메인 식사인 디너를 오전 또는 낮 3~4시에 먹고는 허기가 져서 도저히 그냥은 잠들 수 없으니 수프라도 한 그릇 먹고 잔 것에서 생겨난 단어다. 그래서 수프(soup)와 서퍼(supper)의 어원을 동일하게 보는 어원학자도 있다.

이렇듯 아침, 점심, 저녁, 하루 세 번의 식사를 뜻하는 단어에서도 귀족이 아닌 중세 유럽의 평민들은 잘 해야 하루 두 끼, 아니면 하루 한 끼의 식사로 배고픈 삶을 살았음을 알 수 있다. 그런데 훨씬 앞선 시대인 로마에서는 귀족이 아닌 평민, 심지어 도시 빈민과 노예까지도 하루 세 끼를 꼬박 챙겨 먹었으니 로마인의 하루 세 번 식사가 얼마나 대단했는지 그리고 로마 시대가 얼마나 풍요로운 사회였는지를 알 수 있다.

포에니전쟁이 바꾼
로마인의 식탁

로마인은 언제부터 하루 세 끼 식사를 하게 됐을까? 명확한 시점을 말하기는 쉽지 않지만 로마 생활사를 연구하는 학자들은 대략 기원전 241년에 끝난 제1차 포에니전쟁과 기원전 182년에 끝난 제2차 포에니전쟁 사이에 식사 횟수의 변화가 생겼을 것으로 추정한다. 이 시기는 첫 번째 포에니전쟁으로 로마가 이탈리아반도의 식량 창고인 시칠리아 섬을 장악하고 두 번째 포에니전쟁의 승리로 밀을 비롯한 곡식과 와인, 그리고 올리브 생산 지역인 스페인과 북아프리카 일대를 수중에 넣었을 무렵이다. 전쟁사 및 정치사의 관점에서 보면 로마가 한니발 장군(Hannibal)이 이끄는 카르타고 군대를 물리치고 지중해의 패권을 장악해 로마 제국이 강대국으로 떠오르기 시작한 시기와도 일치한다.

포에니전쟁을 전후로 식사 횟수가 바뀌었다고 보는 이유는 하루 식사를 뜻하는 용어가 이 시기를 전후로 변했기 때문이다. 전쟁 이전의 공화정 시대에 하루 식사를 의미하는 단어는 두 종류였지만 전쟁 이후 전성기 시대의 공화정과 황제가 통제하는 제정 시대에는 하루 식사를 의미하는 단어가 세 가지로 늘어났다. 이를테면 포에니전쟁 이전에는 하루 식사를 오전에 먹는 음식과 오후에 먹는 음식으로 구분하다가 전후에는 점심이 추가되면서 조식, 중식, 석식으로 바뀐 것이다.

로마인의 하루 식사 횟수가 변했다는 것은 단지 로마 제국이 부강해지면서 시민들이 배불리 먹는 풍요로운 사회가 실현됐다는 것 이상의 의미를 가진다. 로마 사회의 구조가 근본적으로 바뀐 것이다.

농업 사회와 한낮의 식사

카르타고와 싸운 포에니전쟁 이전의 공화정 시대에 로마인들은 아침에 자리에서 일어나 '엔타쿨룸(jentaculum)'이라는 식사를 했다. 이른바 아침 식사다. 그리고 오후 늦게는 '케나(cena)'라는 식사를 했고 어두워질 무렵에 '베스페르나(vesperna)'라고 부르는 저녁 식사를 했다. 공화정 초기 로마에서 하루 두 끼 식사가 일반적이었다면서 식사 횟수가 어째서 세 번인가 싶겠지만 베스페르나는 특별한 경우에 해당하는 식사였다. 서기 1세기 무렵 중국 한나라에서 황제는 네 번, 제후는 세 번 식사를 한 것처럼 베스페르나는 귀족이나 부자들만이 먹었던 특별한 식사였다. 게다가 매일 오붓하게 모여앉아 먹는 한 끼의 저녁 식사가 아니라 손님을 초대해서 먹는 만찬의 일종이었으니, 이른바 디너 파티와 같은 성격이 강했다.

그렇기에 대다수의 로마인은 옌타쿨룸이라는 아침 식사와 케나라는 오후의 식사 두 번을 먹는 것이 보통이었다. 그중 아침에 먹는 옌타쿨룸은 잠자리에서 일어난 뒤 공복을 달래기 위해 간단하게 죽을 먹는 식으로 이루어졌다. 반면 케나는 대략 오후 2시에서 4시 사이에 푸짐하게 먹는 것이 일반적이었다.

다양한 생선과 고기를 즐겼던 극소수 상류계층을 제외하고 공화정 초기의 로마인들은 아직 빵을 먹기 이전이었던 만큼 '풀스(puls)'라고 부르는 다양한 종류의 죽에 치즈와 채소를 곁들여 먹었다. 다이어트를 하는 것도 아닌데 건장한 성인 남성들이 오후 4시쯤에 죽한 그릇을 먹은 뒤 아무것도 먹지 않고 잠들기 전까지 빈속으로 버티기는 쉽지 않았을 것이다. 그래서 저녁쯤 '메렌다(merenda)'를 먹기도 했다. 메렌다는 '간단하게 먹는 음식'이라는 뜻으로 중세 프랑스에서 수프 한 그릇으로 허기를 달랬다가 저녁 식사(supper)의 어원이된 '수페(souper)', 동양에서 마음에 점을 찍듯 허기를 지우는 요기를 의미했던 점심(點心)과도 비슷한 의미다. 이렇듯 공화정 초기, 허기를 메우기 위해 저녁에 먹는 간단한 음식 메렌다는 로마 제국 전성기가 되면 뜻이 살짝 바뀌어 간단하게 먹는 야식이나 군것질이라는 의미로도 쓰였다고 한다.

이렇듯 기원전 3세기 이전의 초기 로마 공화정 시대에 로마인의 식사는 아침인 옌타쿨룸과 오후 식사인 케나, 두 끼가 보통이었다. 그것도 아침은 간단하게 먹었을 뿐 하루에 푸짐하게 먹는 식사는

시대별 로마 제국의 식사 변화

	공화정 전기 (기원전 3세기 이전)	공화정 후기 및 제정 시대 (기원전 2세기 이후 전성기)
아침	옌타쿨룸	옌타쿨룸
점심	케나	프란디움
저녁	–	케나
야식(군것질)	메렌다	메렌다
찬(파티)	베스페르나	콘비비움 케나(디너 파티) 에풀룸(대중 연회) 코미사티오(소규모 파티)

한낮의 케나가 중심이었다. 케나, 즉 점심이 하루의 중심 식사라는 것은 문화나 식습관의 차이 이상의 의미가 있다. 역사적으로 대부분의 문화권에서 육체노동을 주로 하는 농업 사회에서는 한낮의 식사가 중심이었다.

양식이 풍족하지 못했던 옛날, 농부를 비롯한 노동계급은 아침에 자리에서 일어나 간단하게 요기를 한 후 일을 시작해 한낮에 푸짐하게 한 끼 식사를 한 후 해질 무렵까지 남은 일을 하다가 해가 저물면 잠자리에 드는 것이 일반적이었다. 이는 근대 이전의 중세 유럽이나 농업 사회였던 한국과 중국, 일본에서 공통적으로 보이는 하루 두 끼의 식사 형태다. 오후 식사인 케나가 하루의 메인 식사였다는 것은 공화정 초기의 로마가 전형적인 고대 농업 사회의 전형에서 벗어나지 못했고 이 무렵 로마 제국의 경제 구조 역시 아직은 농업국가 내지는 노동 중심의 사회였음을 시사한다. 하지만 로마 제국이 전성기에 접어들면서부터 로마인의 식문화에 획기적인 변화가 생겼다. 로마인의 생활과 로마의 사회구조 역시 변했다.

평민의 하루 세 끼 식사가 의미하는 것

로마 제국이 카르타고를 물리쳐 지중해를 제패하고 무역을 장악하게 되면서 로마인의 식사도 변했다. 먹는 음식은 물론이고 식사 횟수도 늘어나 하루 세 끼를 먹게 됐는데, 첫 식사는 예전과 마찬가지로 엔타쿨룸이라는 아침 식사였다. 많은 이들은 초기 공화정 시대와 마찬가지로 여전히 전통적인 로마 식사인 풀스, 죽으로 가볍게 식사를 했으나, 부유한 가정에서는 생활수준이 높아진 만큼 먹는 음식의 종류가 달라졌다. 갖가지 새의 알과 꿀, 우유, 그리고 과일 등이 추가됐다.

로마 제국이 전성기에 접어들면서부터 기원전 3세기까지는 그동안 먹지 않았던 점심 식사를 하기 시작했다. 로마 시대에는 점심 식사를 '프란디움(prandium)'이라고 불렀는데 현대와 마찬가지로 주로 정오 무렵에 식사를 했다. 하지만 오늘날과 마찬가지로 적지 않은 도시민들에게는 프란디움이 첫 식사인 경우가 많았다고 한다. 흥미로운 것은 프란디움으로 점심에 먹는 음식의 형태 역시 현대와 크게 다르지 않았다는 점이다. 일반 가정에서는 전날 저녁 식사 때 먹고 남은 음식을 데워서 다시 차려 먹거나 빵과 채소, 치즈 등으로 간편하게 식사를 했다. 반면 현대의 직장인들처럼 밖에서 활동하는 사람들은 주로 레스토랑이나 간이음식점에서 외식을 했다.

로마인이 점심에 밖에서 사 먹은 음식은 주로 뜨거운 음식이라는 뜻의 '테르모폴리아(thermopolia)'와 노점에서 파는 음식이라는 뜻의 '타베르나(taberna)'였다. 현대식으로 표현하면 간편 음식인 패스트푸드와 거리 음식인 스트리트푸드다. 구체적으로는 튀긴 생선이나 로마식 오믈렛 종류를 비롯해 다양한 빵과 샐러드 등이 문학 작품을 비롯한 각종 문헌에 보이는데 그 종류가 요즘 거리 음식과 비교해도 크게 손색이 없을 정도로 다양했다.

전성기 로마 제국 시대를 살았던 로마인들은 아침과 함께 점심 식사까지 챙겨 먹었지만 중심이 되는 식사는 초기의 공화정 시대와 마찬가지로 역시 케나라고 부르는 식사였다. 다만 예전과 비교했을 때 하루의 메인 식사인 케나를 먹는 시간대가 달라졌다는 차이가 있다.

기원전 3세기까지의 초기 공화정 시대에는 대체로 오후 2시에서 4시 사이의 시간대에 케나를 먹었던 반면 공화정 후기와 제정 시대에는 늦은 오후인 4시 이후와 초저녁인 6시 사이, 또는 그 이후의 해질 무렵에 메인 식사를 즐겼다. 현대인이 저녁을 먹는 시간대와 비슷하다. 이처럼 케나를 먹는 시간대가 달라졌다는 것은 로마인의 생활 방식이 달라졌고 로마의 사회 구조가 변화했다는 것을 의미한다.

전성기에 접어든 로마는 해외에서 들어오는 갖가지 음식 재료들로 식량이 풍부해졌다. 로마 제국은 기원전 2세기 이후부터 대부분의 식량을 시칠리아와 스페인, 갈리아, 북아프리카, 이집트를 비롯한 해외에서 조달했다. 그 결과 로마인들은 과거처럼 새벽부터 일어나 밭을 갈고 대낮에 음식을 잔뜩 먹은 후 힘을 비축해 다시 해질 녘까지 일할 필요가 없어졌다. 즉 직접 들판에 나가 육체노동에 종사하는 경우가 줄었다. 로마 부근과 이탈리아반도에서 노예 등을 동원해 대규모 포도 농장을 운영하거나 농장에서 채소 등을 재배했을 뿐이다.

로마의 평민들은 농사 같은 힘든 육체노동을 하는 대신에 장사를 비롯한 상업이나 공업에 종사했다. 그러다 보니 현대의 도시인처럼 해질 무렵에 저녁을 푸짐하게 먹고 휴식을 취하는 식으로 식사 형태가 바뀌게 됐다. 즉 전성기 로마 제국의 식사 형태는 현대인의 생활 방식과 크게 다르지 않다.

이처럼 로마 시민 대부분이 하루 세 번 식사를 했다는 사실에는 상징적 의미가 있다. 적어도 양적인 측면에서 봤을 때 2,000년 전의 로마인들은 현대인과 비교해도 될 정도의 풍요를 누렸던 것으로 보인다. 이는 비단 식사뿐만 아니라 정치, 경제, 사회활동에도 지대한 영향을 미쳤다. 로마 사회는 다른 어떤 시대보다도 현대사회와 닮은 부분이 많다.

로마 역사는
저녁 식사 자리에서 이뤄졌다

　로마 시대를 이해하려면 로마인의 식사, 그중에서도 특히 저녁 식사 케나에 주목해볼 필요가 있다. 로마인은 저녁 식사를 매우 중요하게 생각했다. 특히 상류층 가정에서는 집주인이 수시로 손님을 저녁 식사에 초대해 만찬을 즐겼다. 왜 그랬을까? 로마인들의 기질이 특별히 명랑 쾌활하고 사교적이었기 때문일까? 아니면 나라가 부강해지고 경제적으로 풍요로워지면서 시도 때도 없이 파티를 열어 흥청망청 먹고 마시며 인생을 즐겼던 것일까? 그렇지 않다. 로마인이 손님을 초대해 저녁 만찬을 즐겼던 데는 다른 이유가 있다. 단순히 사치와 향락을 즐긴 것이 아니라 그 속에서 로마 사회를 움직이는 동력, 즉 로마 사회의 작동 원리를 발견할 수가 있는 것이다.

　로마 제국을 무대로 한 영화나 드라마를 보면 종종 여성들도 시중을 드는 하녀가 아닌 주인으로서 또는 주요 손님으로서 파티에 참석해 즐기는 모습을 볼 수 있다. 남녀가 일곱 살이 되면 같은 자리에 앉을 수 없다고 생각한 옛날 동양의 모습과는 완전히 딴판이다. 하지만 로마 사회가 남녀평등이 실현된 개방적인 사회여서 그랬던 것은 아니다. 로마 제국 전성기 시절에도 여성의 사회활동은 남성과 달리 많은 제약을 받았다. 그럼에도 왜 이런 변화가 생겼을까? 여기에는 사회구조적인 배경이 깔려 있다.

매일의 식사에서 문화를 찾다 ◁◁◁◁

로마 시대를 배경으로 한 그림이나 벽화를 보면 현대와는 다른 낯선 광경을 발견할 수 있다. 로마 귀족들은 만찬을 즐길 때 낮은 소파에 비스듬한 자세로 눕다시피 앉아서 손으로 음식을 집어 먹는다. 그리고 먹다 남은 고기 뼈, 생선 가시 또는 포도나 사과 등의 과일을 바닥에 그대로 던져버린다. 현대인의 눈으로 보면 황당하고 낯설기 짝이 없는 풍경이다. 이는 로마 귀족의 사치와 향락, 게으르고 나태하기까지 한 타락상을 과장되게 묘사한 것일까? 그렇지 않다면 이 모든 것들이 실제로 존재했던 로마인의 식사 문화였으며 나름의 의미가 있는 로마의 풍속이었던 것일까?

로마인의 식사와 음식 문화에 대한 궁금증은 계속 이어진다. 로마인은 저녁 만찬에서 주로 어떤 요리를 먹었을까? 지중해는 물론 지금의 프랑스, 스페인, 영국과 독일까지 유럽 대부분을 지배했고 동쪽으로는 그리스와 터키 그리고 중앙아시아까지 영역을 넓혀 영향권 아래에 두었던 로마 제국이었다. 그뿐만 아니라 아라비아반도와 아프리카 그리고 멀리 인도, 중국과도 무역을 했던 나라인 만큼 로마인들은 별별 기상천외한 요리를 다 먹었다. 로마 상류층의 탐닉했던 이국적인 요리는 사치와 향락에 빠진 귀족들의 식도락에 지나지 않았던 것일까 아니면 긍정적이든 부정적이든 로마 사회에 어떤 파급효과가 있었을까?

일찍이 코스별로 음식을 즐겼던 로마인

저녁 식사 자리인 케나에서 로마인들은 주로 무엇을 먹었을까? 물론 기본적으로는 빵과 와인, 올리브 등을 먹었지만 케나의 가장 큰 특징 중 하나는 계급별로 음식 구성에 큰 차이가 있었다는 점이다. 로마 초기에는 귀족과 평민 간에 빈부 격차가 그다지 크지 않았다. 하지만 로마 제국이 영토를 넓히고 계층별로 축적하는 부에 차이가 생기면서 각각의 계층이 먹는 음식과 식사 형태도 달라졌다. 평민의 식사가 오전, 오후에서 아침, 점심, 저녁 식사로 바뀌며 구조적 변화가 생겼다면 상류층의 식사는 여기에 더해 형식과 내용 면에서 획기적 변화가 생겼다. 현대 서양의 코스요리가 로마 제국 시대에 이미 등장하기 시작한 것이다.

물론 귀족들이 매일 저녁 제대로 갖춘 정찬을 먹었던 것은 아니다. 평민보다는 훨씬 좋은 요리를 먹었지만 그렇다고 크게 격식을 차리며 식사를 하지는 않았다. 하지만 손님을 초대해 식사를 하는 만찬 자리에서는 순서에 맞춰 정해진 요리가 나오는 코스요리가 나오기 시작했다.

처음에는 '구스타티오(gustatio)'라는 이름의 전채 요리가 나왔다. 본격적으로 식사를 시작하기 전, 입맛을 돋우기 위해 먹는 간단한 음식이다. 요즘으로 치면 애피타이저(appetizer)처럼 코스요리에서 시작하는 음식 '앙트레(entrée)'와 같은 개념이다. 즉 가볍게 담소를 나누면서 먹는 음식이다. 황제를 비롯한 최상류층의 식사에서는 전채 요리로서 굴이나 현대 프랑스 요리 중 '에스카르고(escargo)'와 같은 달팽이 요리, 또는 가벼운 음식이나 꿀을 섞은 와인 음료, 물숨(mulsum) 등으로 식사를 시작했다.

이어서 메인 요리가 나왔는데 라틴어로 '프리마 멘사(prima mensa)'라고 한다. 주로 빵과 샐러드 등의 채소와 함께 굽거나 찐 고기, 소스를 곁들여 요리한 고급 생선이 제공됐다. 갖가지 치즈 종류와 생선 소스인 가룸 그리고 동방에서 수입한 다양한 향신료와 허브가 양념으로 곁들여졌다.

이어서 두 번째 식사라는 뜻의 '세쿤다 멘사(secunda mensa)'가 제공됐다. 첫 번째 식사인 프리마 멘사를 끝내고 다시 시작하는 두 번째 식사로 갖가지 케이크나 과일 또는 꿀에 절인 음식 등이 나왔다. 일종의 디저트 개념인데, 영어 단어 디저트(dessert)의 어원은 프랑스어로 식탁을 깨끗하게 정리한 후 다시 차리는 음식이라는 뜻의 '디자비흐(desservir)'에서 비롯됐으니 로마인들이 주요 식사인 프라마 멘사를 다 먹은 뒤 다시 차린 두 번째 식사인 세쿤다 멘사와 의미와 내용 면에서 크게 다르지 않다.

로마의 코스요리는 이렇듯 애피타이저와 메인 요리, 그리고 디저트로 구성되는 현대 서양의 코스요리 절차와 비슷했다. 흔히 서양의 코스요리가 지금으로부터 약 300년 전인 18세기 무렵 프랑스 궁중 요리에서 완성됐다고 말하지만 실상은 중세 시대가 되면서 단절됐을 뿐 로마 시대에도 현대와 비슷한 개념의 코스요리가 존재했다는 것을 알 수 있다. 다른 여러 서양 문화와 마찬가지로 현대 서양의 음식 문화 역시 로마에서 비롯된 것이다.

다채로운 로마 연회의 종류와 기원

현대에도 정관계나 재계의 고위직으로 올라갈수록 가족과 단란한 저녁 식사를 하는 일이 적어지는 것처럼, 귀족이나 부자 등 로마의 상류층은 사업 또는 사교 목적으로 가족보다는 외부인과 저녁 식사를 함께 할 때가 많았다. 그런 만큼 다양한 형태의 만찬과 파티, 연회가 자주 열렸는데 저녁 식사인 만찬을 포함해서 먹고 마시며 놀고 즐기는 연회까지를 로마인들은 포괄적인 의미에서 '콘비비움(convivium)'이라고 불렀다.

콘비비움은 라틴어로 '함께'라는 뜻의 '콘(con=together)'과 '먹고 살다, 교제하다'라는 뜻의 '비보(vivo=live)'를 합친 합성어이다. 함께 모여서 먹고 마시는 연회를 만찬이나 파티가 아닌 '더불어 산다(living together)'는 의미로 해석한 것인데, 이를 로마 귀족들이 함께 파티를 즐기면서 교제한다는 사교의 의미로 받아들일 수도 있지만 실상은 그 이상이었다.

로마의 콘비비움 문화는 그리스의 '심포지엄(symposium) 문화'에 뿌리를 두고 있다. 지금은 심포지엄이 학술토론회라는 의미로 쓰이지만 고대 그리스에서는 식사 후에 함께 술을 마시며 대화를 나누는 연회를 뜻하는 말이었다. 심포지엄이라는 단어의 어원도 고대 그리스어로 '함께 마시다(drinking together)'에서 비롯됐다.

그리스 귀족들은 운동경기에서 우승하거나 시 낭송대회에서 입상했을 때처럼 특별한 이벤트가 있을 때 자부심을 드러내면서 자축연을 열었고 여기서 와인을 마시며 그리스의 정치와 사회, 경제에 관련된 특정 주제에 대해 대화를 나누고 토론을 벌였는데, 이것이 본래의 심포지엄이다. 고대 그리스의 철학자 플라톤(Plato)의 저서인 《향연(饗宴)》이 바로 이런 심포지엄에서 나눈 대화를 책으로 엮은 것이다. 연회 자리를 통해 와인 한 잔을 함께 마시며 대화하고 토론하는 것, 즉 심포지엄이 그리스 사회 활동의 핵심 문화였다면 로마에서는 이를 함께 먹고 마시며 교제하는 콘비비움으로 발전시켰다.

로마의 디너 파티이자 연회인 콘비비움은 크게 세 가지 형태로 구분한다. 하나는 '에풀룸(Epulum)'이라고 하는 공개된 대중 연회로, 로마 시민 대다수를 초청해 술과 음식을 제공하고 즐기는 일종의 축제 성격의 연회이다. 주로 특정 종교적 기념일이나 승전을 축하하는 개선 잔치나 특별한 기념일에 황제나 집정관 등 로마의 지도층이 제공하는 잔치였다. 이런 에풀룸의 일환으로 기원전 12년, 초대 황제 아우구스투스는 자신의 생일에 로마의 미혼 남녀를 초대해 파티를 연 적이 있으며, 3세기 때에는 기행으로 유명한 23대 엘라가발루스 황제(Elagabalus, 재위 218~222)가 자신의 결혼식 때 로마 시민 전체를 결혼 잔치에 초대해 무료로 술을 제공했다. 한마디로 로마 시민 전체가 참여해 먹고 마시고 즐겼던 것인데, 집정관이나 황제가 시민에게 선심성 잔치를 베푼 배경에는 대부분의 경우 시민들의 환심을 사기 위한 정치적 목적이 있었다.

콘비비움의 또 다른 형태로는 '코미사티오(Comissatio)'가 있다. 불특정 다수의 대중을 초대해 축제를 여는 에풀룸과는 달리 코미사티오는 적은 규모의 이해관계자들을 초대하는 소규모 모임이다. 주로 친구나 비즈니스 고객 등 지인을 초청해 밤새껏 먹고 마시며 노는 파티다. 코미사티오에서는 음악이 연주되기도 하고 격투기나 길들인 사자를 비롯한 맹수의 공연, 물고기 관람 또는 마술 공연 등이 펼쳐지기도 했으니 우리가 흔히 영화나 드라마에서 자주 보는 환락의 극치이자 향락에 젖은 파티다. 성격에 따라 다르기는 하지만 코미사티오에서는 참석자들이 사업상 긴밀한 대화를 나누거나 협의를 하는 경우보다는 그저 즐기며 친목을 다지는 모임의 성격이 강했다. 그런 면에서 '더불어 산다'는 콘비비움의 원뜻이 가장 제대로 반영된 것은 일상적인 저녁 식사인 케나였다. 코미사티오와 에풀룸이 전성기 로마 제국의 번영과 향락과 사치를 보여주는 연회였다면 로마 제국의 진면목을 보여주는 만찬은 역시 케나라 할 수 있다.

식사 이상의 식사, 중대한 만남이 이루어지던 케나

손님을 초대해 즐기는 저녁 식사 케나는 보통 몇 시간씩 계속되는 것은 보통이고 심지어 밤새도록 먹고 마시고 놀면서 이튿날 새벽까지 계속 이어지는 경우도 많았다. 이때 가까운 사람들이 모여 저녁 식사를 하면서 친목을 다지기도 했지만 이해관계자들이 식사를 함께 하면서 사업 이야기를 나누거나 식사 자리를 통해 정치적 이합집산이 이뤄지기도 했다. 로마의 역사가 저녁 식사 자리를 통해 만들어졌다고 말하는 것도 무리는 아니다.

예를 들면 이런 경우다. 1세기 초 《지리지(Geography)》를 남긴 그리스 태생의 지리학자 스트라본(Strabon)은 약 120척에 이르는 대규모 무역 선단이 로마에서 이집트 홍해와 인도양을 건너 인도를 오가며 향신료 무역을 했다고 기록했다. 그리고 2세기 이집트 항구와 인도 남부의 무지리스 항구를 오가던 '헤르마폴론'이라는 대형 선박의 무역일지를 기록한 《무지리스 파피루스(Muziris Papyrus)》에는 선주와 상인과의 계약 내용과 선적 화물에 대한 내용이 자세히 실려 있다. 상당 규모의 투자금이 필요하지만 한번 다녀오면 막대한 이익이 남는 인도와의 향신료 무역이지만 자칫 해적이나 폭풍을 만나 무역선이 침몰하면 투자금을 몽땅 날릴 수도 있었다.

이런 대형 비즈니스에 관한 정보가 오가고 사업에 동참할 수 있도록 로비가 이뤄지는 곳이 케나라고 하는 로마의 저녁 식사 자리였다. 아마도 저녁을 먹으면서 이런 식으로 대화가 오가지 않았을까?

"티베리우스, 혹시 자네 이런 정보 들어본 적 있나? 조만간 인도로 100척 규모의 무역 선단을 보낸다는데 후추 거래 자금은 이미 다 찼지만 새로 들여오는 중국산 비단은 아직 투자금을 다 모으지 못했다고 하던데…."

"막시무스, 그 정보 믿을 만한가? 나도 마침 비단 무역에 투자하고 싶었는데 좀 더 자세한 정보가 있으면 나한테 먼저 알려주게."

아니면 이런 경우도 있었을 것이다. 지리학자 스트라본은 친구인 이집트 총독 아엘리우스 갈루스가 아리비아반도와 홍해를 개척할 때 함께 따라나선 후 그의 저서 《지리지》에 관련 기록을 적었다. 그런데 어느 날 갑자기 갈루스가 스트라본에게 험난하기 그지없는 아리비아반도 개척 여행을 떠나니 함께 가자고 권했을 것 같지는 않다. 아마 저녁을 함께 먹는 자리에서 이런 대화가 오간 끝에 스트라본이 동행하게 됐을지도 모른다.

"스트라본, 이번에 아우구스투스 황제의 명을 받들어 아라비아반도 개척 여행을 떠나게 됐다네. 한참을 보지 못하게 될 걸세."

"갈루스, 아라비아반도라면 아직 로마인에게 제대로 알려지지 않은 땅 아닌가. 나도 따라가게 해주게."

"아니야, 너무 위험해서 자네 같은 민간인은 곤란하네. 현지 부족과 전투가 벌어질지도 모른다네."

"그래도 미지의 세계를 개척하는 일인데 지리학을 연구하는 내가 이런 기회를 놓칠 수는 없지. 함께 따라가게 해주게."

《지리지》의 서문은 이렇게 저녁 식사를 함께 먹으며 대화를 나누다 쓰게 된 것일지도 모른다. 상상해보면 사업과 문화에 대한 대화뿐만이 아니었을 것이다. 호민관 선거를 앞둔 후보자와 유권자의 관계에서부터 후원자인 귀족 파트로네스(Partrones)와 동지인 클리엔테스(Clientes)의 관계를 돈독히 하는 것도 바로 저녁 식사 자리인 케나를 통해서였다. 이 때문에 로마 역사는 케나를 통해 이뤄졌다고 할 수 있는 것이고, 케나가 '함께 먹고 지낸다(living together)'라는 의미의 콘비비움에 가장 어울리는 저녁 만찬이라고 꼽는 까닭이다.

제2장

식탁으로 보는
로마 제국에 대한
오해와 진실

로마인이 비스듬히 누워
식사한 이유

로마의 상류층은 연회 석상에서 소파에 비스듬히 앉아 음식을 먹었다. 마치 현대인이 소파에 반쯤 누워 간식을 먹는 모습과도 비슷한데, 언뜻 보면 앉은 자세인지 누운 자세이지 구분하기조차 힘들다. 풀을 다 뜯고 난 소가 풀밭에 앉아 느긋하게 되새김질을 하는 것도 아니고, 반쯤 누운 상태에서 음식을 먹는다는 게 썩 편하지만은 않았을 것 같다. 로마인들은 대체 왜 그런 자세로 식사를 했을까?

물론 모든 로마 사람들이 시도 때도 없이 이런 자세로 음식을 먹었던 것은 아니다. 아침이나 점심 식사는 현대인과 마찬가지로 식탁에 음식을 차리고 의자에 앉아서 먹었다. 간단한 저녁 식사도 마찬가지다. 반면 제대로 차린 저녁 식사나 손님을 초대한 만찬 또는 파티를 비롯한 연회 석상에서 요리를 먹을 때는 어김없이 비스듬히 누워서 먹는 자세를 취했다. 여성과 아이, 하인과 노예는 제외되었다. 이들은 의자에 앉아서 식사를 했다. 단, 여성도 남성과 동등한 자격으로 만찬이나 연회에 참석했을 때는 비스듬히 누운 자세로 먹었다. 한쪽 팔로 상체를 받치고 비스듬히 누워 다른 쪽 손으로 음식을 집어 먹는 이 동작은 한마디로 '자격이 있는 성인이 격식을 갖춘 식사에 참석해 요리를 먹을 때 취하는 자세'였다.

삼면에 클리나이 소파를 배치하다

식사 자세를 포함해 로마의 만찬 케나에는 일정한 격식이 있었다. 웬만한 상류층이 사는 저택이라면 손님을 접대할 때 사용하는 전용 식당(dining room)이 따로 있었는데, 바로 '트리클리니움(triclinium)'이다. 로마인들은 트리클리니움 중앙에 낮은 식탁을 배치했다. 그런 다음 출입문 쪽은 비워둔 채 삼면에 '클리나이(klinai)'라는 코치 형태의 소파를 배치했다. 클리나이는 한쪽 팔을 받친 채 비스듬히 누워 식사를 할 수 있는 긴 의자였는데, 출입문 쪽을 비워두고 배치한 까닭은 터놓은 쪽을 통해 노예나 하녀가 수시로 요리를 날랐기 때문이다.

보통 하나의 클리나이, 즉 소파 하나에는 3명이 비스듬히 앉아 식사를 했다. 그러니까 도합 9명이 함께 만찬에 참석해 즐기는 것이 일반적이었다. 참석자가 많은 경우에는 소파를 늘리면 되고 적으면 클리나이에 앉는 인원을 줄이면 된다.

로마 시대의 만찬은 코스요리가 중심이었으므로 순서에 따라 요

트리클리니움 모형

리가 계속 추가됐다. 먹고 남은 고기의 뼈나 생선 가시, 과일 껍질은
바닥에 버렸다. 참석자는 가운데 식탁에 있는 음식을 덜어서 먹었는
데 반쯤 누운 자세로 직접 손을 뻗어 음식을 집을 수도 있었고 옆에
앉아 있는 여성 노예나 하녀가 시중을 들기도 했다. 그런데 왜 하필
이면 반쯤 누운 자세였을까? 이를 파헤쳐보면 로마 문화의 뿌리를
이해하는 데 도움이 되는 몇 가지 사실을 확인할 수 있다. 먼저 비스
듬히 누워서 식사를 해온 역사를 살펴보자.

　로마 귀족들이 처음부터 비스듬히 누운 자세로 식사를 했던 것은 아니다. 기원전 6세기 로마 왕국 시대 또는 공화정 초기까지만 해도 식탁을 두고 의자에 앉아서 식사를 했다. 로마 시대 유물이나 프레스코 벽화 등을 분석해보면 식사 자세가 바뀐 시점은 대략 기원전 3~2세기부터일 것으로 추정한다. 경우에 따라서는 기원전 4세기 이전으로 보기도 한다. 기원전 1세기 무렵의 역사학자 리비우스(Titus Livius)가《로마사》에서 고대 로마신화에 나오는 신들의 잔치 때 신들이 비스듬한 자세로 앉아 식사를 한 것으로 묘사한 것에 근거를 두고 있다.

　그런데 비스듬히 누워 먹는 식사는 로마 시대에 시작된 것이 아니다. 로마인의 식사 자세가 변화한 시점이 로마가 이탈리아 북부 에트루리아 부족을 통합하고 남부의 그리스인들을 정복하면서 로마제국으로 본격적으로 발돋움할 무렵, 또는 제1차 포에니전쟁을 통해 카르타고를 물리치고 지중해의 패권을 장악하기 시작할 무렵이라는 점에서, 아마도 로마인들은 반쯤 누워서 먹는 식사 풍속을 그리스에서 배워왔을 가능성이 높다.

　고대 그리스에서 만든 도자기 등에 그려진 그림을 보면 그리스에서도 이런 식사 풍속은 기원전 7세기 무렵부터 시작된 것으로 추정한다. 알렉산더 대왕의 마케도니아와 아테네를 비롯한 고대 그리스의 도시국가들이 전성기를 누렸던 시대다. 이 무렵 그리스 귀족들은 비스듬한 자세로 앉아 느긋하게 연회를 즐겼고 그리스 상류층의 이런 문화는 그리스인들이 건설한 이탈리아 남부의 식민지를 거쳐 북

니네베의 앗수르바니팔 벽화 부조

고대 아시리아의 수도 니네베의 파티 모습을 묘사한 벽면 조각

부의 에트루리아 귀족들에게까지 퍼졌다. 로마인은 이런 식사 풍속을 배우고 모방해 유행시켰다.

그렇다고 비스듬한 자세로 먹는 식사가 고대 그리스에서 처음 시작된 것도 아니다. 뿌리를 더듬어보면 근동의 메소포타미아 티그리스강에 있었던 기원전 8세기 이전의 고대국가, 아시리아 왕국으로까지 거슬러 올라간다. 현재 런던 대영박물관에 소장돼 있는 아시리아 말기의 왕, 앗수르바니팔(Assurbanipal)의 활약을 묘사한 〈니네베의 앗수르바니팔 벽화 부조(Assurbanipal at Nineveh)〉에 그려진 그림에서 반쯤 누워서 먹는 식사 풍속이 존재했음을 확인할 수 있다.

이를 통해 볼 때 비스듬히 앉는 자세는 고대 아시리아 왕국에서 고대 그리스를 거쳐 이탈리아의 그리스 식민지와 북부 에트루리아 왕국을 통해 로마로 전해진 식사 풍속이라는 점을 알 수 있다. 연회 석상에서 비스듬히 앉아 음식을 먹는 로마 귀족의 자세가 얼핏 사치와 향락에 빠져 지내는 무기력한 로마 귀족의 나태한 모습으로 비춰질 수도 있지만, 알고 보면 이 자세는 고대 지중해 세계를 제패한 승자의 식사 문화였다. 이런 식사 문화는 5세기 로마 제국의 멸망과 함께 사라졌다. 로마 제국의 영광과 함께 스러져간 셈이다.

비스듬한 자세가 오히려 소화가 잘 된다?

비스듬한 자세로 먹는 식사가 상류층이나 지배계층의 식사 풍속이었다면, 이러한 반쯤 눕는 자세는 어떤 의미를 갖고 있을까. 로마인, 고대 그리스인, 아시리아인이 왜 그런 자세를 취했는지에 대해서는 다양한 주장이 있다.

일단 상식의 관점에서 보면 눕듯이 비스듬한 자세로 앉아 있는 것이 안락하기 때문일 수도 있다. 식탁 문화에 익숙해진 현대인의 입장에서는 얼핏 식사하기에 불편한 자세일 수도 있지만 식탁이 아닌 바닥에 요리를 놓고 먹는 문화, 그것도 포크나 나이프를 사용하지 않고 손으로 집어 먹는 문화에서는 소파에 기대듯 앉아 먹는 것이 가장 편안한 자세일 수 있다. 로마의 만찬은 낮은 식탁이 놓인 트리클리니움에서 손으로 음식을 먹었기에 이런 식사법이 어울릴 수 있다.

현대의 일부 학자들은 비스듬한 자세로 먹으면 오히려 소화에 도움이 되고 또 음식을 최대한 많이 먹을 수 있다고 주장하기도 한다. 정자세로 앉아 먹으면 위가 수직으로 위치해 스트레스를 받기 때문에 비스듬한 자세가 식사하는 데 더 적합하다는 것이다. 그렇다면 비스듬한 자세는 맛있는 요리를 즐기기 위해 일부러 손가락을 넣어 토한 후에 음식을 또 먹었을 정도로 식도락을 즐겼다는 로마 귀족에게 어울리는 자세였을지도 모른다.

가장 그럴듯한 풀이는 문화인류학적인 관점에서 상류층의 유대감 형성과 서열을 중시하는 문화에서 비롯됐다는 주장이다. 가족이나 집단이 쟁반에 담긴 음식을 손으로 집어 함께 먹는 과정에서 친밀한 유대감이 형성되고 위계질서가 자연스럽게 잡혔던 것에서 비롯된 근동 내지는 지중해의 식사 문화라는 해석이다.

로마인들이 왜 비스듬한 자세로 앉아 음식을 먹었는지 분명한 이유는 모른다. 다만 로마 제국이 팽창하는 시기에, 아시리아에 뿌리를 둔 그리스 문화를 모방한 로마의 상류층에서 시작해 평민 계층까지 폭넓게 유행했다는 사실에서 로마 문화의 뿌리와 로마 사회 구조를 부분적으로나마 짐작은 할 수 있다.

상석이 따로 있었던 로마의 만찬

비스듬히 앉는 식사법이 고대 문화에 바탕을 둔 상류층의 격조 높은 식사 예절이었던 만큼 로마의 식탁에서는 예절을 상당히 중요시했다. 로마 귀족들의 만찬 장소인 트리클리니움에서는 앉고 싶은 자리를 골라 마음대로 앉는 것이 아니라 손님의 서열에 따라 자리의 순서가 정해졌다. 이때 가장 상급자나 연장자는 원칙적으로 왼쪽 자리에 앉았다. 즉 출입구를 향해 한쪽이 트인 삼면 중에서 왼쪽에 놓인 클리나이는 만찬 참석자 중 서열이 제일 높은 사람의 차지였다. 이 자리를 '렉투스 수무스(lectus summus)'라고 하는데 라틴어로 렉투스는 '침대, 위치'라는 뜻이고 수무스는 '정성, 최고'라는 의미다. 문자 그대로 제일 높은 자리다.

렉투스 수무스 다음의 상석으로는 삼면 중 가운데인 정면을 보는 자리인 '렉투스 메디우스(lectus medius)', 즉 중간 좌석이었다. 그다음 오른쪽에 놓인 소파인 클리나이는 '렉투스 이무스(lectus imus)'라고 했다. 이무스는 '낮다' 또는 '마지막'이라는 의미로 서열이 가장 낮다는 뜻인데 렉투스 이무스에는 주로 손님을 초대한 집주인과 안주인, 그리고 집안사람이 차지하는 것이 보통이었다. 만약 주최자가 집주인 혼자라면 참석자 중에서 가장 서열이 낮은 사람이 집주인과 함께 렉투스 이무스에 앉았다. 손님을 초대한 주인이 스스로를 낮췄던 것이다. 이런 좌석 배치였기에 집주인은 자연스럽게 초대 손님 중에서 가장 서열이 높은 사람과 마주 보고 앉게 된다.

물론 예외적인 경우도 있었다. 참석자가 진짜 높은 인물이라면 상급자가 왼쪽 자리에 앉는다는 원칙이 적용되지 않았으며, 렉투스 메디우스인 중앙 좌석이 특별석이 되었다. 이럴 때는 이 자리를 특별히 '렉투스 콘술라리스(lectus consularis)'라고 했다. 이는 '집정관의 좌석'이라는 의미가 되겠는데 집정관은 로마에 황제가 생기기 전 공화정 시대 최고의 권력자였으니 그에 상응하는 인물이 참석했을 때 특별히 마련했던 만찬의 좌석 배치였다. 반쯤 누운 사람들이 흥취를 즐기는 모습에서 로마 사회가 꽤나 자유분방했을 것 같지만 실상은 그 속에서 엄격하게 질서를 찾고 격식을 따지는 계급사회였다는 것을 알 수 있다.

더 먹기 위해 토하는 방,
보미토리움의 진실

로마 바티칸박물관에 가면 로마인의 식사 풍속과 관련된 흥미로운 유물을 볼 수 있다. 바로 〈음식물 쓰레기가 버려진 바닥(the unswept floor)〉이라는 제목의 모자이크 벽화다. 벽화를 살펴보면 먹고 남은 고기 뼈다귀와 생선 가시가 있고 게의 집게발과 새의 발도 보인다. 성게껍질과 조개껍질도 있고 견과류 껍질과 포도알이 붙어 있는 가지, 그리고 나무 잎사귀 등이 바닥에 어지럽게 널려 있다. 아래쪽에는 쥐가 호두인지 과일인지를 갉아먹고 있는 모습도 보인다. 얼핏 음식물 쓰레기를 담은 통을 엎질러 바닥에 음식의 잔재가 흩어져 있는 것처럼 보인다. 다양한 색상으로 정교하고 치밀하게 붙인 이 모자이크 벽화는 로마 귀족의 저택을 장식했던 작품이라고 한다.

이 벽화는 기원전 2세기 무렵, 그리스 도시 포레가몬(Pergamon)에

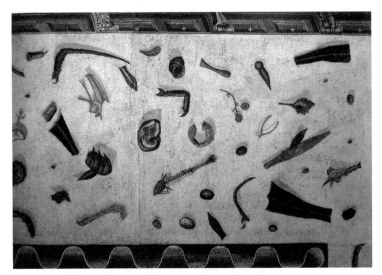

〈음식물 쓰레기가 버려진 바닥〉 모자이크 벽화

서 활동했던 작가 소수스(Sosus)의 작품이었다. 하지만 원작은 사라졌고 현재 바티칸박물관이 소장하고 있는 작품은 서기 2세기 헤라클레이토스라는 사람이 원작을 베껴 만든 모작이다. 1833년 로마의 아벤티네 언덕의 포도 농장을 발굴하다 발견됐다. 그런데 아무리 정교하게 장식한 모자이크 벽화라도 그렇지 로마 귀족은 왜 하필 음식물 쓰레기가 널브러져 있는 모습을 묘사한 모자이크로 집안을 장식했을까?

실제로 로마 상류층은 연회 석상에서 먹고 남은 음식들을 접시나 식탁 위에 놓지 않고 바닥에 아무렇게나 집어던져 버렸다고 한다. 이런 행태가 일상적인 식사 풍속이었는지 어쩌다 있었던 예외적인 경우였는지는 확실하지 않다. 어쨌든 한쪽에 보이지 않게 모아 놓으면 될 것을 왜 그렇게 먹다 남은 음식을 바닥에 버렸던 것일까?

음식을 버리며 죽음을 기억한다? ◁◁◁◁

로마의 풍속과 문화를 연구하는 현대의 학자들은 이에 대해 다양한 해석을 내놓고 있는데, 어쩌면 모자이크 벽화 속 음식물 쓰레기를 통해 로마인의 흥미로운 인생관, 종교관을 엿볼 수 있을지도 모른다.

일단 가장 무미건조하지만 현실적인 해석은 로마 만찬의 식탁 구조 때문일 수 있다. 가운데 식탁을 두고 소파에 비스듬히 앉거나 누워 먹었던 만큼 먹고 남은 음식물 쓰레기를 별도로 담아 놓을 만한 곳이 없었고 그래서 바닥에 버렸다는 것이다. 치우는 것은 시중을 드는 노예의 몫이니 집주인에게 폐가 될 것도 없다.

한편 바닥에 음식물 쓰레기를 버리는 행위를 통해 로마인의 현실적이며 향락적인 인생 철학을 엿볼 수 있다는 풀이도 있다. 어느 미술평론가의 해석인데 라틴어로 '모멘토 모리(momento mori)' 즉 '죽음을 기억하라'는 로마인의 인생관이 반영되어 있다는 것이다.

모멘토 모리는 현재를 즐기라는 '카르페 디엠(carpe diem)'과 함께 가장 널리 알려진 라틴어로 죽음을 기억하는 순간, 제일 중요해지는 것은 지금 이 순간의 삶의 가치가 된다. 음식물 쓰레기는 곧 음식이 죽은 모습이고 화려한 잔치가 끝나는 순간 뼈와 가시가 흐트러진 쓰레기더미로 바뀌는 것이니 지금 이 순간의 식사와 연회를 즐기라는 의미를 담은 행위라는 것이다. 이는 모자이크 작품에 대한 미술 평론으로는 그럴듯하지만 로마인들이 연회에서 먹다 남은 음식을 왜 하필 바닥에 버렸는지에 대한 관습과 문화에 대한 해석으로는 다소 어울리지 않는다.

한편 민속적이고 신화적인 풀이도 있다. 고대 그리스나 로마인들은 식사하는 장소에 신화적 의미를 부여했는데 식당의 천정은 신들이 사는 곳, 그리고 식탁은 지상의 인간이 즐거움을 누리는 장소, 바닥은 죽은 자들이 사는 지하세계를 상징하는 것으로 보았다는 것이다. 그리스 로마 시대에 음식은 집안의 신들과 함께 나누어 먹는 것이기에 그래서 조개나 뼈, 생선 가시 등을 어깨너머로 바닥에 던졌다는 것이다. 그리고 연회가 끝날 때까지 버린 음식을 바닥에 남겨두었는데 이 음식은 죽은 자의 몫으로 여겨졌다. 이윽고 손님이 떠나면 노예가 음식을 모아 집안의 신전에서 태우는데 이때 음식을 모아 버리는 노예는 신의 노여움을 살 수 있어 노예 사이에서 음식물 쓰레기 청소 담당이 되는 것을 꺼렸다고 한다. 사자(死者)로부터 음식을 빼앗는 행위로 여겼기 때문이다.

얼핏 황당한 해석일 수도 있지만 기독교를 받아들이기 이전 로마 사회가 온갖 잡다한 신들을 섬기는 다신교 사회였음을 잘 보여주는 풀이다. 로마가 300년이 넘는 긴 세월 동안 유일신 이외에는 다른 어떤 신도 용납하지 않는 기독교를 박해했던 배경 역시 이런 다신교 문화에서 찾을 수도 있을 것 같다.

먹기 위해 토하고, 토한 뒤에 다시 먹었다는 소문 《《《

로마의 상류층이 즐겼다는 호화롭고 사치스러운 연회와 관련해 널리 알려진 전설적 이야기 중 하나가 바로 '로마 귀족은 식도락을 즐기려고 토하면서 먹었다'는 것이다. 세계 곳곳에서 가져온 산해진미가 너무나 많은 데 비해 위의 소화 능력은 한계가 있으니 살짝 맛만 보면서 미식을 즐겼고, 그래도 배가 부르면 손가락을 입에 넣어 토한 후 다시 음식을 먹었다는 것이다. 그래서 로마 시대에 연회가 열리는 저택에는 토하는 방까지 두었다는 거짓말 같은 이야기가 전해진다. 또한 이런 도를 넘어서는 사치 때문에 결국 로마 제국이 멸망했다는 주장도 있다. 이런 전설 같은 소문들은 과연 진짜였을까?

결론부터 말하자면 일단 사실일 수도 있다. 기록에 나오기 때문이다. 로마 귀족들이 먹기 위해 토하고, 토하고 난 후에 또 먹었다는 이야기는 로마의 철학자 세네카(Lucius Annaeus Seneca)가 남긴 글을 토대로 널리 퍼졌다. 기원전 4년에 태어나 서기 65년까지 살았던 금욕주의 스토아학파의 철학자이자 정치인이었던 세네카는 연회장에서 취한 로마 귀족들의 모습을 표현하면서 귀족들이 연회장에 비스듬히 앉아 요리를 즐길 때 노예들은 이들이 뱉은 침을 닦기도 하고, 또 다른 노예는 아래쪽에 앉아 이들이 버린 토사물을 치웠다고 적었다. 지나친 음주로 취해서 토했는지 아니면 소문처럼 먹기 위해 토했는지가 다소 애매하기는 하지만 어쨌든 귀족들이 토하며 먹었다는 내용인 것은 분명하다.

또 다른 기록도 있다. 2세기 무렵의 역사학자이며 정치가였던 수에토니우스(Gaius Suetonius Tranquillus))가 쓴 《황제전(De Vita

Caesarum)》에도 비텔리우스 황제(Aulus Vitellius, 재위 69)가 토하면서 음식을 먹었다는 대목이 나온다. 역시 너무 많이 먹어서 토했던 것인지 아니면 많이 먹기 위해서 일부러 토했던 것인지는 확실치 않다.

먹기 위해 토했다는 직접적인 기록은 서기 42년 세네카가 제4대 클라우디우스 황제(Claudius I, 41~54)의 분노를 사서 코르시카로 추방됐을 때 어머니 헬비아에게 쓴 《위로문(Consolation to Helvia)》이라는 편지에 보인다.

"그들은 먹기 위해 토했고, 토하면서 먹었습니다."

세네카의 편지는 어머니 헬비아를 위로하는 편지인 만큼 추방을 당해 힘들게 살지만 전혀 문제가 되지 않는다는 내용을 담고 있다. 편지 속에는 로마 상류층의 사치와 향락을 비판하는 글이 있는데 로마 제국의 영역이 넓어지면서 세계 곳곳에서 갖가지 음식을 가져오고 이런저런 요리를 먹어 대느라고 위가 더 이상 소화를 시킬 수 없을 지경인데도 사람들은 먹기 위해 토하고 토하면서 먹는다는 내용을 담고 있다.

먹기 위해 토하고 토하면서 먹는다는 내용은 실제 세네카가 살았던 시절 로마 귀족들의 향락적인 행태를 사실적으로 묘사한 기록일 수도 있다. 하지만 현재까지 밝혀진 바로는 세네카의 편지 한 곳에서만 찾아볼 수 있는 만큼 일반화하기가 힘들다는 지적도 있다. 그 무렵 다른 로마의 문인들처럼 세네카 역시 로마인의 사치를 극적으로 과장되게 표현한 것일 수도 있기 때문이다.

보미토리움, 정말 토하는 방이었을까? ◁◁◁◁

그렇다면 로마 상류층이 미식을 즐기기 위해 연회장에 별도로 토하는 방을 마련해놓았다는 소문은 어떨까? 길게는 8시간 동안 밤새도록 연회를 즐겼던 로마 귀족들은 어느 정도 배가 차면 토하는 방에서 속을 비우고 다시 파티를 계속했으며, 이때 토하는 방을 '보미토리움(vomitorium)'이라고 불렀다는데 이는 정말 사실일까?

'토하다'라는 뜻의 영어 단어가 '보미트(vomit)'라는 데서 보미토리움을 '토하는 장소'라는 의미로 풀이했고, 그래서 이 단어는 로마 귀족의 폭식과 사치와 낭비의 대명사처럼 알려지게 되었지만 이 부분은 분명 후세에 잘못 알려진 것이라고 한다. 토하면서 계속 먹었을 가능성이 있는지는 모르지만, 아무리 부자라고 해도 별도로 토하는 방을 만들지는 않았다는 것이다. 왜냐하면 이와 관련된 구체적인 기록이나 유물이 하나도 발견되지 않았기 때문이다.

토하는 방으로 잘못 알려진 보미토리움은 사실 극장이나 경기장의 입구를 뜻하는 단어였다. 콜로세움과 같은 대형 경기장에서 수많은 관중들이 일시에 드나들 수 있는 통로를 뜻하는 말로, 이 보미토리움 덕분에 아무리 많은 관중들이 몰려도 로마 시민들은 몇십 분이라는 짧은 시간 이내에 좌석을 찾아 앉을 수 있었다.

여기서 '보미토리움'은 로마의 한 작가가 만들어낸 말로, 라틴어로 '토한다'는 뜻의 '보미투스(vomitus)'에서 비롯된 말로 보는데, 마치 출입구에서 수많은 사람들이 토하듯 쏟아져 나오는 모습에서 생겨난 말이다. '극장의 출입구'라는 뜻의 이 말은 19세기 유럽과 미국 작가들이 탐욕스러운 로마인을 묘사할 때 그곳이 마치 사람들이 토하는 방인 것처럼 수사적 표현으로 쓰면서 엉뚱한 뜻으로 알려지게 되었다고 한다.

상류층의 향락이 경제 발전에 기여했다고?

로마의 귀족들이 토하면서까지 식도락을 즐겼는지, 아니면 그저 과장된 수사학적 표현이었는지 정확히는 알 수 없다. 다만 확실한 것은 로마가 속된 말로 '세계를 정복한 제국'이었기에 세계 곳곳에서 듣도 보도 못한 산해진미가 쏟아져 들어왔다는 점이다. 그렇기에 세네카가 쓴 편지나 다른 로마의 시인을 비롯한 문인들의 작품에 나오는 것처럼 로마 상류층이 상당히 사치스럽고 향락적이었던 것만큼은 분명하다.

하지만 로마의 부자들이 토하면서까지 맛있는 음식을 탐하며 도를 넘어서는 사치를 추구했기 때문에 결국 로마가 쇠락하게 됐다는 현대인의 인식은 편견일 수 있다. 로마 말기로 가면 부분적으로 맞는 이야기일 수도 있지만 적어도 로마의 귀족들의 향락적인 소비를 비판했던 세네카 시대에서만큼은 아니었다.

세네카는 1세기 초반을 살았던 인물이다. 이때는 로마 제국의 전성기가 시작된 공화정 후기에서 제정 시대 초기로, 약 150년 전 카르타고를 물리친 포에니전쟁의 승리로 로마가 스페인과 북아프리카를 차지하고 갈리아와 브리타니아, 그리고 악티움해전의 승리로 이집트까지 병합한 후 그리스 동쪽의 소아시아로까지 로마 제국의 패권을 넓혔을 때다. 멀리 인도, 중국과의 무역도 본격적으로 시작됐다. 세네카의 표현처럼 로마인들이 알았던 곳과 몰랐던 곳을 포함해 지구 이곳저곳에서 진귀한 물자가 로마로 쏟아져 들어왔다. 그러면서 로마인들이 최고의 사치를 누리기 시작했고 향락적인 생활에 빠져들기 시작했지만 그렇다고 로마 제국이 쇠퇴의 조짐을 보였던 것은 아니다. 로마는 이후 300년이 넘는 전성기를 구가했고 로마 제국이 멸망한 것은 세네카가 살았던 시대로부터 약 400년 후인 서기 476년이다. 국운의 융성하기 시작했을 무렵 로마 귀족의 사치는 오히려 로마 경제의 발전을 촉진하는 긍정적인 요인으로 작용하기도 했다.

지금도 전설처럼 회자되는
로마인의 잔칫상

로마 부유층의 사치와 향락이 상상을 초월할 정도였던 만큼 일부러 토하면서 먹었는지 여부는 확실치 않지만, 적어도 토할 정도로 엄청나게 먹었던 것만은 분명하다. 로마의 연회 관련 기록들을 살펴보면 '설마 이 정도로 먹었을까, 이렇게나 많은 요리들을 대체 어떻게 차렸을까' 싶은 대목이 적지 않다. 도대체 로마의 잔치가 어느 정도였기에 후세 사람들이 그토록 혀를 내둘렀을까?

호사와 방탕의 대명사로 우리에게 익숙한 단어 중 하나가 '주지육림(酒池肉林)'이다. 기원전 11세기 은나라 주왕이 미녀 달기와 놀면서 술로 연못을 채우고 고기로 숲을 만들었다는 고사에서 비롯된 말이다. 하지만 고대의 잔치였기 때문인지 술 연못과 고기 숲이라는 말로 양적인 측면을 강조한 점에서 로마 제국의 잔치와 비교하면 다소 원시적인 느낌이다.

한편 중국의 역대 잔치 중에서도 최고로 꼽는 것이 108가지의 요리를 차리고 후식까지 포함해 300여 가지 음식을 장만했다는, 흔히 '만한전석(滿漢全席)'이라고 알려진 18세기 청나라 건륭제의 '천수연(千叟宴)'이다. 장장 사흘을 두고 먹고 마셨다는 대단한 잔치이지만 역시 로마의 잔치에 견주어 보면 다소 초라하게 느껴질 정도다.

전설의 요리 '미네르바의 방패'

로마 시대를 기록한 역사서와 시, 소설 등의 문학 작품에는 로마의 화려한 연회에 대한 다양한 기록들이 실려 있다. 이를테면 2세기 초 수에토니우스는 율리우스 카이사르와 로마 제국의 황제 11명의 전기를 기록한 《황제전》을 썼는데 여기에서도 로마인들이 누린 극한의 사치를 엿볼 수 있다. 그중 하나가 바로 로마 제국 제8대 황제로 서기 69년 4월 집권해 그해 12월에 쫓겨난 아울루스 비텔리우스 황제에 대한 기록이다. 맛있는 요리에 탐닉해 어마어마한 돈을 물 쓰듯이 쓰면서 연회를 열었던 인물로 유명한 그에 대한 일화는 《황제전》 중 비텔리우스 전기 제10장에 자세하게 그려져 있다.

지독할 정도로 사치에 집착했던 비텔리우스는 아침, 점심, 저녁으로 서너 차례 잔치를 열면서 엄청난 요리를 먹어치웠는데 습관적으로 토를 하며 먹었던 것은 물론이고 하루에도 여러 차례에 걸쳐 이곳저곳을 다니며 연회를 즐겼다. 그의 형제가 주최한 한 연회에서는 한 번에 2,000가지의 생선 요리와 7,000가지의 각종 새 요리가 차려졌던 것으로 유명하다. 또한 비텔리우스 황제가 직접 주최한 연회에서는 로마 수호신의 이름을 딴 '미네르바의 방패'라는 요리가 호화롭기로 소문이 났다. 이 요리는 그때그때 내용물이 달라졌는데 커다란 접시에 생선의 간, 꿩과 공작의 뇌, 플라밍고의 혀, 멀리 페르시아의 에게해 또는 스페인의 지브롤터해협에서 전함으로 실어 나른 신선한 칠성장어의 내장 등이 나오곤 했다.

비텔리우스 황제는 만족할 줄 모르는 식욕의 소유자로 여행 중에도 이런 식도락을 즐겼는데, 8개월의 집권 기간 동안 지금 가치로 환산해 약 1,000억 원의 돈을 물 쓰듯이 낭비해 로마의 재정이 휘청거릴 정도였다. 그는 결국 약 8개월 만에 황제 자리에서 쫓겨나 살해당했다.

로마 황제는 그 자체로 어마어마한 부를 누렸다. 그런 만큼 호사에 겨워 별별 기행을 벌인 황제도 여럿 있었으니, 3세기 초 제23대 황제였던 엘라가발루스도 그중 한 명이었다. 집권 기간 동안 괴팍한 행동을 많이 한 것으로 유명한 엘라가발루스가 주최한 연회 역시 일단 규모가 대단했다. 로마 시대에도 최고급 값비싼 물고기로 유명했던 흑해의 철갑상어를 황제의 전용 군함을 동원해 살아있는 채로 실어왔으며, 연회장에 이 철갑상어 요리가 나올 때는 나체의 여인이 이끄는 마차에 실어 들여왔다고 한다.

또한 지금도 아랍 등지에서 최고급 요리로 꼽는 낙타의 발바닥과 함께 타조 600마리의 뇌 요리가 놓였다고 하니 엽기적인 것을 떠나서 일단 규모 자체가 대단했다. 연회 음식을 담은 접시와 식기도 황금으로 만들어진 것이었다는 이야기가 전설처럼 전해진다.

연회는 정밀한 무대예술의 극치

《황제전》 같은 역사서만 살펴봐도 로마 시대 잔치 요리의 화려함은 상상을 초월하는 수준인데, 로마의 연회를 묘사한 문학 작품들을 살펴보자면 그 압도적인 화려함과 호사스러움에 기가 찰 정도다. 물론 문학 작품이기에 어디까지나 픽션이고, 작가의 상상으로 만들어낸 요리일 수도 있다지만, 그렇다고 현실과 완전히 동떨어진 상상만으로 쓰지는 않았을 것이다.

1세기 초반, 극도의 사치를 누렸으며 폭군으로 널리 알려진 네로 황제(Nero Claudius Caesar Augustus Germanicus, 재위 54~68) 시대의 실제 모습이 많이 반영됐다는 평가를 받는 동시대의 작가 페트로니우스 (Gaius Petronius Arbiter)가 쓴 풍자시 《사티리콘(Satyricon)》에는 '조디악 (Zodiac)'이라는 요리가 등장한다. 동양식으로 표현해 '황도(黃道) 12궁 요리'이다. 이 요리는 시리아 태생의 해방 노예로 벼락부자가 된 트리말키오(Trimalcion)라는 인물이 주최한 연회에 등장한다.

조디악이란 하늘에서 태양이 지나가는 길목인 황도에 위치한 염소자리, 처녀자리, 황소자리 등 12개의 별자리를 말하는데, 조디악 요리 역시 12개 별자리의 특징을 따서 만든 것으로 《사티리콘》 제35장에서 소개되고 있다. 잠시 요약하자면 다음과 같다.

상상을 초월하는 기묘한 모습으로 눈길을 사로잡는 요리가 잇달아 선보이면서 박수갈채가 터져 나온다. 둥근 원반의 접시를 모두 펼쳐 놓자 하늘을 수놓은 것처럼 12개 별자리의 세계인 황도 12궁이 만들어졌다. 각각의 별자리에는 요리사가 그 별자리에 가장 어울리도록 만든 음식이 차려졌다. 황소자리에는 소고기 요리, 쌍둥이자리에는 염통과 새끼 양의 고환으로 만든 요리가 올려져 있었고 처녀자리에는 돼지의 자궁으로 만든 요리가, 산양자리에는 산양의 뿔을 닮은 바닷가재 요리가 놓였다. 전갈자리에는 작은 바다 생선이 그리고 궁수자리에는 황소 눈알이, 천칭자리에는 저울 위에 타르트와 작은 케이크가 균형을 이루며 자리하고 있고 사자자리에는 아프리카산 무화과로 만든 요리가 있었다.

요리에 대한 설명에 이어서 다음 장면이 그려진다. 트리말키오가 12가지 요리들이 모두 세계 곳곳에 위치한 자신의 영지에서 가져온 재료로 만든 음식이라고 소개하는 동안, 4명의 아리따운 무용수가 음악에 맞춰 춤을 추며 나타나 12가지 요리가 놓인 둥근 접시를 차례차례 치운다. 그러자 그 아래에 또 다른 요리 접시들이 보인다. 거기에는 갖가지 재료들로 뱃속을 가득 채운 수탉과 통돼지 요리, 로마신화에 나오는 날개 달린 말 페가수스의 모습을 형상화해 하늘을 날아오를 것처럼 날개를 달아 놓은 토끼 요리가 놓여 있다. 또 대형 접시의 네 모서리에는 로마신화에 나오는 숲의 요정 마르시아스(Marsyas)의 조각이 세워져 있는데 마치 오줌을 누듯 고급 향신료 소스가 뿜어져 나오고 그 옆에는 파도를 타고 헤엄치는 것과 같은 모습의 생선 요리가 보인다. 요리가 모두 펼쳐지자 참석자 모두가 환호성을 지르며 이 정교하고 오묘하게 장식된 음식에 달려들어 맛을 보았고 웃고 떠들며 큰소리를 외쳐댔다.

35장과 36장에 묘사된 연회의 요리 관련 내용을 바탕으로 상상을 해보면 당시 로마의 요리는 하나하나가 특별하고 대단한 음식이었을 뿐만 아니라 연회석 자체가 정밀하게 연출된 무대예술이었다.

거위 간과 쥐를 먹었던 로마인 〰

로마 귀족들이 연회 때 먹었던 요리 중 몇 가지는 지금까지 이어져 오는 것들도 있다. 물론 옛날 로마 시대와 비교하면 많이 달라지기는 했겠지만 지금도 여전히 고급 레스토랑에서 맛볼 수 있다. 대표적인 요리가 철갑상어 알 캐비아(caviar), 송로버섯인 트러플(truffle)과 함께 흔히 유럽의 3대 진미라고 꼽는 거위 간 푸아그라(foie gras)다. 따지고 보면 푸아그라뿐만 아니라 3대 진미가 모두 로마 시대에도 최고급으로 꼽혔던 음식들이다. 트러플은 로마 시대에도 있었고 캐비아는 훨씬 나중에 최고 요리의 반열에 올랐지만 대신 로마 시대에는 철갑상어 자체가 최고급 생선이었다.

그중에서도 프랑스 요리 중 최고의 애피타이저로 꼽히는 푸아그라는 고대 이집트에서 시작되어 로마 시대 귀족들의 사랑을 받으며 최고급 요리로 발달했는데, 로마 시대 문헌 곳곳에 관련 기록들이 보인다. 알다시피 푸아그라는 거위에게 강제로 곡식을 먹여 간에 지방을 축적시킴으로써 일종의 지방간으로 만들어 먹는 요리다. 그래서 현대에는 뜻 있는 인사들 사이에서 푸아그라 식용 거부 운동까지 있었는데, 상당수의 푸아그라는 먹이의 강제 주입이 아닌 다른 인공적인 방법으로 만든다고 한다. 어쨌든 푸아그라를 만드는 방법이 고대 로마 시대부터 크게 발달한 것은 로마 귀족들 사이에서 별미로서 푸아그라의 수요가 많았음을 의미한다.

이에 대해 흔히 대 카토로 알려진 로마의 정치가, 마르쿠스 포르키우스 카토(Marcus Porcius Cato)는 《농업론(De Agricultura)》에서 거위에게 억지로 곡식을 먹여 간을 살찌우는 방법을 설명해놓았다.

"이제 막 알을 낳기 시작한 거위의 입을 벌린 후 젖은 밀 또는 보리를 입속으로 밀어 넣는다. (…) 하루에 두 번 강제로 곡식을 먹이는데 정오 무렵 물을 먹인 후에는 한 시간 이상 주변에 일체의 물을 놓지 않는다."

그리고 간을 더 부드럽게 만들려면 거위에게 말린 무화과를 물에 불려 먹이면 된다는 설명이 덧붙여져 있다.

1세기 후반 로마의 해군 제독이며 박물학자인 플리니우스(Gaius Plinius Secundus) 역시 《자연사(Naturalis Historia)》에 푸아그라에 대해 적었다. 거위에게 강제로 곡식을 먹이는 법까지 일일이 적어 놓지는 않았지만, 로마인들이 부드러운 간, 갈리아 거위의 간으로 만든 푸아그라를 좋아한다고 적었다. 그러면서 거위뿐만 아니라 각종 조류에게 음식을 먹여 간이 커지도록 한 후, 그 간을 떼어내 꿀물에 재고 우유에 부풀려 요리했다는 것이다. 2세기 무렵 그리스 출신의 작가 아테나이오스(Athenaeos)도 로마인은 물에 불린 곡식을 먹여 새들의 간을 살찌우는 데 전문가들이었다고 했을 정도로 푸아그라 요리는 로마인들 사이에서 유행이었다. 현대인의 진미로 꼽히는 푸아그라는 이렇듯 로마 귀족들이 극도의 사치를 누리며 먹던 별미의 흔적인 것이다.

그 외에도 프랑스의 별미인 달팽이 요리 '에스카르고(escargot)' 역시 로마 귀족들이 먹었던 요리의 흔적이다. 나중에 자세히 언급하겠지만 플리니우스는 달팽이를 와인 등으로 사육해 축제를 비롯한 각종 연회의 요리로 차렸다.

한편 로마 귀족이 좋아했던 다소 엽기적인 별미 중 하나는 쥐 요리였다. 물론 우리가 아는 집쥐나 들쥐가 아니라 '겨울잠쥐(dormice)'라고 하는 설치류 동물을 사용했다. 일종의 다람쥐나 비버와 비슷한데, 겨울잠쥐의 식용에 관한 기록 역시 플리니우스의《자연사》에 실려 있다. 로마 부유층은 이 겨울잠쥐 고기를 무척 좋아했던 모양이다. 로마인뿐만 아니라 갈리아인, 이탈리아 북부의 에트루리아 부족들이 즐겨 먹었다는데 겨울철 야생에서 살이 통통하게 찐 겨울잠쥐를 잡아 호두와 밤, 도토리를 먹여 키웠다. 그러고는 굽거나 꿀에 절여서 요리하거나 잣, 견과류와 함께 통돼지 뱃속에 넣어 요리했는데 로마 상류층이 즐겨 먹던 고급 요리였다. 겨울잠쥐는 지금도 슬로바니아와 크로아티아 등지에서는 인기가 높은 고급 요리 재료라고 한다.

로마의 연회 석상에는 쌀 요리도 올랐다. 쌀로 만든 요리가 뭐가 그리 대단할까 싶지만 쌀은 아시아의 곡물이다. 벼는 알렉산더 대왕의 동방 원정 이후 유럽에 전해졌다고는 하지만 로마 시대에는 거의 수입에 의존했기에 가격이 대단히 비싸서 아무나 쉽게 요리해먹을 수 있는 재료가 아니었다. 로마 시대 최고의 미식가로 알려진 마르쿠스 가비우스 아피키우스(Marcus Gavuus Apicius)가 남긴 것으로 추정되는《요리에 대하여(De Re Coquinaria)》속 레시피에는 쌀로 만든 요리가 보이는데 염소젖에 쌀을 넣어 끓인 죽을 주로 치료용으로 썼다고 한다. 그만큼 쌀이 귀했기 때문일 텐데, 흥미로운 점은 조선 시대 임금이 먹었다는 쌀가루를 우유에 넣어 만든 타락죽의 레시피와 완전 닮은꼴이라는 것이다.

마지막으로 덧붙이자면 현대인들이 치킨을 많이 먹는 것처럼 로마의 귀족들도 새 요리를 즐겼다. 축제 등에 열리는 성대한 연회의 식탁에는 사냥으로 잡은 새의 요리가 오르는 것이 유행이었다. 특히 로마의 귀족과 부자들은 꿩을 사육했고 뿔닭과 더불어 공작을 키워 요리 재료로 썼다. 아우구스투스 황제 시절 잔치에는 황새 요리가 올랐고 티베리우스 황제(Tiberius Caesar Augustus, 재위 14~37) 시절에는 나이팅게일 요리가 유행했다. 앞서 7,000가지 새 요리를 차렸다는 기록이 전혀 근거 없이 부풀려진 내용만은 아닐 것이다.

사치와 향락에 대한 꾸준한 비판

사치가 극한에 이르다 보면 세상 모든 것이 허무하게 보이는 것처럼, 호사와 방탕의 끝을 보여주는 듯한 로마 상류층의 잔치도 때로는 염세적인 모습이 엿보인다.

앞서 잠시 언급했던 아피키우스는 로마 시대 최고의 미식가로 알려진 인물로 서기 1세기 초반을 살았으며, 당대 최고의 호사를 누렸을 뿐만 아니라 음식에 대해 남다른 열정을 갖고 있어 다양한 요리를 개발한 것으로 알려져 있다. 그가 만든 요리를 토대로 쓴 것으로 추정되는 요리책이 《요리에 대하여》로 현존하는 가장 오래된 고대 로마의 요리서이다. 요즘으로 따지면 억만장자에 버금가는 부자였으며, 음식에 막대한 재산을 소비하고 엄청난 돈을 들여 잔치를 열었던 아피키우스. 그런 그가 결국에는 마지막 재산을 탕진한 후 스스로 목숨을 끊었다는 이야기가 전설처럼 전해진다.

앞서 언급한 《사티리콘》을 쓴 문학가이자 네로 황제 시대에 활동했던 정치인 페트로니우스도 정적의 모함으로 자결을 했는데, 마지막 연회 잔치의 음식을 먹은 후 자살을 했다고 한다.

기원전 1세기에서 서기 1세기까지 로마 제국이 정신없을 정도로 세력을 넓혀 나갔던 공화정 말기와 제정 초기, 타락한 귀족과 벼락부자들의 향락적인 연회는 실로 어마어마했다. 그러다 보니 세네카를 비롯한 당시 사람들의 신랄할 비판 역시 끊이지 않았다. 세네카는 로마 황제와 상류층의 별장이 모여 있는 나폴리 인근의 휴양도시 바이아(Baiae)를 음탕한 범죄의 소굴로 묘사하면서 《바이아와 부도덕(Baiae and Vice)》이라는 글을 남겼을 정도다.

그렇다고 의식 있는 사회 지도층 인사들이 말로만 불평을 하며 상류층의 낭비를 비판했던 것은 아니다. 로마 정치권에서도 제도적으로 부유층의 낭비를 막기 위해 꾸준히 노력했다. 1세기를 전후해 로마 상류층의 사치와 향락은 상상을 초월할 정도로 도가 지나쳤지만, 이런 로마 제국이 멸망하지 않고 이후에도 400년 동안 번영을 지속할 수 있었던 까닭은 이런 사치에 대한 사회적 규제, 즉 견제와 균형이 작동했기 때문일 것이다.

로마는 과연
남녀평등 사회였나

로마 시대의 연회를 주제로 한 드라마나 당시에 그려진 그림 또는 벽화를 보면 여성도 남성과 어울려 음식을 먹고 포도주를 마신다. 여기서 주목할 부분은 '여성'이다. 로마의 저녁 만찬에는 분명 여성도 참석했다. 그것도 음식을 나르고 술을 따르는 하녀나 노래하고 춤추며 시중을 드는 무희 내지는 유흥 파트너가 아니라 참석자 중 한 사람으로서 당당하게 동참했다.

연회에 참석한 여인들이 남성들과 동등한 위치였다는 사실은 여성의 자세를 보면 알 수 있다. 하녀나 무희라면 서 있거나 앉아 있어야 하는데 일부 여성들은 남자와 마찬가지로 소파에 비스듬히 누워 있다. 만찬의 주역이라는 의미다. 여성이 만찬의 주인공으로서 동참했다는 사실이 뭐가 그리 새삼스럽고 특별한 일인가 싶겠지만, 가족

로마 시대 연회를 묘사한 프레스코 벽화

폼페이 벽화에 그려진 로마 시대 연회 모습

끼리의 회식이라면 모를까 외간 남자가 참석한 식사나 연회라면 이야기가 좀 달라진다.

여성과 아이가 참여했던 식사

과거 우리나라처럼 남녀가 일곱 살이 넘으면 한 자리에 있을 수 없다는 '남녀칠세부동석(男女七歲不同席)'과 같은 정도는 아니어도 로마 제국 역시 남녀가 유별했던 사회다. 미혼 여성은 물론이고 결혼을 한 기혼 여성이라도 남성들이 모인 자리에 모습을 드러내고 어울리는 것이 흔한 풍경은 아니었다. 그러던 것이 로마 제국 전성기가 되면 여성, 특히 결혼한 여성의 경우 다소 그 입장이 달라졌다. 필요에 따라서는 집안사람의 모임이 아니더라도 외부 남성들이 있는 저녁 식사 케나를 포함해 코마사티오 등의 연회에 참석해 먹고 마시며 잔치를 즐기게 된 것이다. 이때 손님을 초대한 집의 안주인 자격으로 예의상 손님 접대를 위해 동석을 한 것만도 아니다. 남성과 동등한 자격으로 참석해 때로는 중요한 사업 이야기도 나누고 은밀하게 정치적 흥정을 벌이기도 했다.

물론 처음부터 여성이 저녁 만찬에 참여할 수 있었던 것은 아니다. 공화정 전반부의 로마 제국 또는 그보다 앞선 그리스 시대에는 손님을 저녁 식사에 초대했을 때 집안 여성들은 절대로 함께 식사를 할 수 없었다. 일가친척이 아닌 외간 남자들이 있는 자리에 함부로 모습을 드러내는 일은 허용되지 않았다. 그러다 기원전 2세기 이후 공화정 후반부터 로마 제국이 전성기에 접어들게 되면서 변화가 생겼다. 친척이 아닌 외부 남성들을 초대한 만찬이나 파티에 여성은 물론 아이들까지도 자리를 함께 하는 일이 생겼다. 다른 시대, 다른 문명과는 확연하게 다른 여성의 저녁 식사 참여, 과연 어떤 의미가 있을까?

여성의 지위 향상과 시대적 배경 〈〈〈〈

먼저 로마 시대 여성의 사회적 지위가 어떻게 변화했는지 살펴보자. 누누이 말하지만 로마는 절대로 현대와 비슷한 남녀평등 사회가 아니었다. 여성들은 전통적으로 집안에 머물며 옷감을 짜고 옷을 지으며 가족을 돌보는 것을 미덕으로 삼았다. 또한 기초 교육만 받았고 정치활동을 할 수도 없었다. 전통적으로 결혼 전에는 아버지, 결혼 후에는 남편의 권위를 따랐다. 재산을 가질 수도 없었다. 한마디로 독립적인 지위를 누릴 수 없었는데 이런 경우를 '인 마누(in manu=in hand)'라고 했다. 아버지나 남편 보호의 손(hand) 안에 놓여 있다는 의미이다.

하지만 로마 제국이 팽창하기 시작한 기원전 1세기 무렵의 공화정 후기와 제정 시대에 접어들게 되면서 여성의 지위에도 커다란 변화가 생겼다. 결혼하지 않은 여성들은 보호자가 있다는 전제 아래에서 독립적인 지위, 즉 '시네 마누(sine manu=without hand)'를 누릴 수 있었다. 결혼을 했더라도 남편에게 예속되지 않은 여성들이라면 친정 가족 중에서 보호자를 두고 자신의 재산을 상속받거나 배분받기도 했다. 보호자의 이름 아래 자유로운 경제활동도 가능했다.

1세기를 전후로 한 아우구스투스 황제 시대에는 한층 더 여성의 지위가 발전했다. 세 명 이상의 자녀를 둔 여성은 보호자 없이도 법적으로 독립할 수 있었다. 이 경우 자유 로마 시민이 갖는 '수이 유리스(sui juris=its own right)'라는 지위를 누릴 수 있었다. 현대식으로 말하면 여권 신장이 이뤄진 셈인데 로마 사회에서도 여성의 자유는 실질적으로 자신이 가지고 있는 경제력과 사회적 지위에 따라 달라졌다고 한다. 물론 법적으로 현대와 많은 차이가 있었지만 현실적으로는 현대사회와 어느 정도 닮은 부분이 많았던 것으로 보인다.

심지어 여성은 주체적으로 사업을 할 수도 있었다. 남편의 권위에 기댈 수 없게 된 어느 돈 많은 과부가 실제로 규모가 큰 기업을 경영한 경우도 있었다. 특히 유명 인사의 부인이나 친척, 부유한 여성들은 직접적인 정치적 지위나 피선거권은 없었지만 막후에서 실질적으로 적지 않은 영향력을 행사하기도 했다.

평범한 여성들은 미용사, 의사, 등잔 제작자 등 전문적인 직업을 가지기도 했다. 여성 노예들도 사회적 제약 없이 다양한 직업에 종사했다. 하녀에서부터 농장 노동자, 심지어 검투사까지, 여러 직업에 종사하다가 노예 신분에서 벗어나도 해당 직업에 그대로 종사하곤 했다. 한마디로 로마 시대 초기와 달리 전성기 이후부터 여성들은 다방면에서 활발하게 활동을 하기 시작했다. 전성기 시대 로마의 여성들이 남녀가 유별하다는 굴레에서 벗어나 가족 이외의 외부 남성들과도 비교적 자유롭게 저녁 만찬을 함께 할 수 있었던 배경은 이런 시대적 상황 변화가 바탕이 됐다.

여성, 재산을 지키고 사업을 돌보다 《《《

로마의 저녁 식사는 단순히 더불어 음식을 먹는 행위로 그치는 것이 아니라 그 자체로 비즈니스의 연장선이었고 정치적인 활동이었다. 또한 인맥을 만드는 자리이자 소통의 장이었기에 로마 사회에서 여성의 입지가 바뀌면서 자연스럽게 여성들도 만찬 자리를 함께 하게 되었다.

그렇다고 로마 여성들이 처음부터 사교나 사업 목적의 만찬과 연회에 동석을 했던 것은 아니다. 로마 시대 초기의 여성들은 그리스 아테네와 마찬가지로 남성들의 모임에서 배제됐다. 하지만 로마 제국이 정복 전쟁을 통해 지중해 지역으로 세력을 넓히고, 멀리 동방으로까지 무역을 확대한 것에 비례해 여성들의 사회활동 범위가 넓어질 수밖에 없었고 그 결과 여성이 저녁 만찬이나 연회와 같은 콘비비움에 동석하는 범위도 넓어졌다.

로마의 부자들은 집도 여러 채였고 시골에 별장도 있었으며 집안에 수십 명 내지 수백 명의 노예를 거느렸다. 노예 중에는 고학력자도 많았기에 이들을 통제한다는 것은 지금의 기업 경영과 비슷했다. 그런데 로마의 남성들은 전쟁을 비롯한 여러 이유로 장기간 집을 비우는 경우가 많았다. 그러니 재산을 지키고 사업 결정을 내리는 일은 아내의 몫이었다.

기원전 50년대 율리우스 카이사르가 원정 전쟁 중에 재산을 돌본 것은 아내 코르넬리아(Cornelia)였고 로마의 시인 오비디우스(Ovidius)가 서기 8년, 황제 아우구스투스의 미움을 받아 유배됐을 때 재산을 지키고 인맥을 동원해 구원 활동에 나선 것도 그의 아내였다.

로마 사회는 유대관계를 중시해 얼굴을 맞대고 인맥을 구축하는 대면 사회였기에 사교활동을 더없이 중요하게 여겼다. 그렇기에 연회를 열어 손님을 접대하는 과정에서 여성의 역할이 커졌고 평소 손님을 초대한 만찬이나 연회에 여성들도 함께 동석하면서 정치적·사업적 관계를 다졌다. 여성의 경제활동 역시 기록에 보이는 것 이상으로 활발했던 것으로 보인다. 직접 회사를 경영했던 여성들도 생각 이상으로 많았는데 이는 현재까지 남아 있는 폼페이의 유적에서도 확인할 수 있다.

암포라에서 찾은 여성 사업가의 흔적

서기 79년 베수비우스 화산 폭발로 화산재에 파묻히기 직전, 로마 최대의 상업 도시였던 폼페이에서 가장 활발했던 사업 아이템 중 하나가 로마인의 식탁에서 하루도 빠지지 않았던 생선 젓갈, 가룸이었다. 생선 젓갈은 로마 경제를 이끌었던 대규모 식품 산업이었다.

폼페이에서 발견된 생선 액젓을 담은 항아리인 암포라 중에서 약 30퍼센트 이상에 움비치아(Umbichia) 패밀리의 이름이 새겨져 있는데, 폼페이에서 가룸의 생산 및 유통업체를 경영했던 중심인물이 바로 '움비치아 포르투나타'라는 여성이었다.

한편 금융업을 운영하는 여성 금융인도 있었다. 폼페이에서 발견된 대형 난로에는 '포파에아'와 '디치디아'라는 두 여성 사이의 채무 관계에 대한 기록이 새겨져 있다고 한다. 포파에아가 돈을 빌리며 담보로 두 명의 노예를 양도한다는 내용이다. 여기에는 전 주인 디치디아의 보호자가 형식상의 중개업자로 개입되어 있지만 실질적으로는 두 여성 사업자 사이의 직접적인 금융 거래로 보고 있다.

여성 부동산 개발업자도 있었다. 폼페이의 비즈니스와 관련해 가장 널리 알려진 여성은 '율리아 펠릭스'인데, 폼페이 소재 원형 경기장에 가까운 마을 한 블록이 그녀의 부동산이었다고 한다. 이곳 건물에는 율리아가 상류층을 상대로 개인 목욕탕과 상점, 술집 등을 5년간 임대한다는 내용의 사인이 새겨져 있어 그녀가 부동산 임대업을 했음을 알 수 있다.

아이도 만찬에 참여했다?

이밖에도 1세기 초 클라우디우스 황제 시대에 남편과 함께 곡물 운송 선박을 운영했던 여성에 대한 기록을 비롯해 폼페이 유적에서는 심심찮게 여성 기업인들의 활동 흔적을 찾을 수 있다고 한다.

속주 관리나 전쟁, 또는 사업 관계상 외지로 나가 장기간 머문 남편이나 부친을 대신해 집안과 사업을 관리했던 유력 집안의 여성이나, 대규모 사업체를 경영했던 여성 기업인들이 남녀가 유별하다고 해서 장막 뒤에서 수줍게 사업을 관리했을 리는 없다. 적극적으로 대외 활동을 하면서 사업을 위한 정치적인 목적에서 파트너 또는 유력자들과 더불어 식사를 함께 하고 연회에서 술과 유흥을 즐기며 인맥을 넓히고 비즈니스를 논의했을 것이다.

한 가지 흥미로운 점은 전성기 로마 제국에서는 아이들도 저녁 만찬에 참석하는 경우가 종종 있었다는 사실이다. 마치 현대의 재벌 2

세들이 경영 수업을 받는 것처럼 어렸을 때부터 상류사회의 사교를 가르치기 위한 조기교육의 일환이었다고 한다. 이렇듯 로마의 저녁 만찬 케나를 통해서 로마 사회의 구조적인 모습을 엿볼 수 있다.

사치규제법,
화려한 축제에 제동을 걸다

2세기 중반에 활동한 로마의 산문 작가 아울루스 겔리우스(Aulus Gellius)가 쓴 《아티카의 밤(Noctes Atticae)》이라는 책이 있다. 그리스와 로마의 고전을 바탕으로 자신이 직접 듣거나 보고 경험했던 사건 등을 비롯해 그리스 로마의 역사, 철학, 법률 등 여러 분야에 걸쳐 다양한 주제로 방대한 내용을 기록한 책이다. 이 책 제2권 24장에 이런 내용이 나온다.

"초기에 로마인은 검소한 생활을 유지했고 사치스러운 고급 음식과 지나친 유흥을 삼갔다. 평소의 가정교육뿐만 아니라 엄격한 공공질서, 그리고 법률 조항에 따라 낭비와 사치를 금지했다. 얼마 전 파니우스와 메살라가 집정관이었던 시절에 원로원을 통과한 옛날 법률에 적힌 조항을 읽었다. 거기에는 4월의 메갈렌시아 축제 기간 중에 지도자 계급의 시민들만이 번갈아 파티를 주재할 수 있는데 한 번의 연회에서는 채소와 빵, 와인 이외에 120아세스(assess)를 초과하는 비용은 쓸 수 없다고 나와 있다. 또한 연회에 외국산 수입 와인을 사용해서는 안 되고 오직 로마에서 만든 국산 와인만 차릴 수 있었다. 테이블에 놓는 접시 역시 모두 합해서 100파운드의 무게를 초과하는 은 식기(silverware)를 놓을 수 없다고 적혀 있다."

책 속에 언급된 것은 기원전 161년에 제정된 로마의 사치규제법인 파니아법(Lex Fannia)에 대한 설명이다.

금 장신구를 착용하면 안 된다고?

메갈렌시아 축제는 4월 4일에 시작해서 10일까지 약 일주일 동안 열리는 로마의 축제로 로마인이 마그나 마테르(magna mater), 즉 위대한 어머니라는 이름으로 부르며 숭배했던 키벨레(Cybele) 여신에게 바치는 페스티발이다. 키벨레는 비옥한 대지의 여신인데 신탁에 따라 사자 두 마리가 이끄는 마차를 타고 로마에 입성했다고 하여 로마 번영의 상징적 존재이기도 하다.

메갈렌시아 축제 기간 중에는 로마 시민들이 모두 거리에 나와 갖가지 음식을 먹으며 축제를 즐겼는데 《아티카의 밤》에 적혀 있는 것처럼 축제 기간 중에는 로마에서 지도자 계층의 시민, 즉 로마 귀족들만이 파티를 열 수 있었다. 아무리 부자라 해도 평민은 별도로 4월 19일에 열리는 케레날리아 축제에서 파티를 열도록 허용했다.

파니아법의 조항은 이런 메갈렌시아 축제를 비롯한 각종 페스티발의 연회에 지출하는 비용을 일정 범위 이내로 규제한다는 내용이다. 파니아법이 만들어진 배경은 다음과 같다.

지중해의 패권 국가였던 카르타고를 제압한 것을 계기로 로마 제국이 번창의 길을 걷게 되면서 로마인들의 씀씀이가 늘어났고, 특히 부유층의 향락이 도를 지나칠 정도로 무분별해지기 시작했다. 이에 따라 로마 정계에서는 원로원을 중심으로, 호민관들이 상류층의 사치와 낭비를 규제하려는 시도를 끊임없이 이어나갔다. 가장 기본적인 의복에서부터 타고 다니는 마차, 그리고 각종 파티와 연회는 물론 결혼식과 장례식 비용까지 과도한 사치를 통제하는 사치규제법(Sumtuariae Leges)이 잇달아 제정된 것이다.

19세기 영국의 로마학자인 윌리엄 스미스(William Smith)가 편찬한 《그리스와 로마 고대 유물사전(A Dictionary of Greek and Roman Antiquities)》의 관련 조항을 보면 약 200년에 걸쳐 제정된 사치규제 관련법이 일목요연하게 정리돼 있다.

최초의 사치규제법은 제2차 포에니전쟁이 한창이었던 기원전 215년에 생겼다. 카르타고의 한니발 장군과 로마의 명운을 걸고 싸운 칸나에전투 직후 로마가 위기에 처했을 때 호민관 오피우스가 주도해서 제정한 '오피아법(Lex Oppia)'이 바로 그것이다. 오피아법의 내용을 살펴보면 나라의 존망이 걸린 위기 상황에서 만들어진 법이기 때문인지 별 걸 다 규제했다는 느낌이 들 정도로 엄격했는데, 이때까지만 해도 로마인들이 먹고 마시는 영역에서 낭비가 심하지는 않았는지를 따져 연회의 규모나 비용을 통제하거나 요리에 대해 규제하는 조항은 아직 없었다. 대신 여성이 0.5온스 이상의 금 장신구를 착용해서는 안 되고 여러 색깔의 화려한 옷 대신에 단일한 색상의 옷을 입어야 하며, 마차를 타고 마을을 다닐 수 없다는 등의 규제를 주요 내용으로 했다. 이 법은 제정된 지 약 20년 후인 기원전 195년에 폐기됐다.

오피아법 다음에 제정된 사치규제법은 '오키아법(Lex Orchia)'이다. 기원전 181년 후세에 잘 알려진 로마 정치인 카토가 집정관이 된 후 3년째 되는 해 호민관 오키아의 제안으로 만들어진 법으로, 이때부터 로마인들이 흥청망청 먹고 마시는 데 마구 돈을 쓰기 시작했는지 각종 유흥에 초대하는 손님의 숫자를 제한한다는 내용이 법안의 골자였다. 하지만 제2차 포에니전쟁의 승리로 로마가 번창하는 과정이었기에 연회까지 규제하는 것은 심하다고 여겼는지 당시 상류층의 반발이 만만치 않았던 모양이다. 그리하여 법안을 무효화하려는 시도가 있었고 이에 대해 카토가 강하게 반대해 법을 지키려는 연설을 했다고 한다.

줄줄이 제정된 사치규제법의 핵심

이후 약 20년 후인 기원전 161년에는 집정관인 파니우스의 제안으로 앞서 《아티카의 밤》에서 언급한 '파니아법'이 원로원을 통과했다. 파니아법은 각종 연회와 유흥에 쓰는 비용을 제한하는 내용을 명시한 법으로, 특정 페스티발에서 120아세스 이상의 비용 지출을 금지한다는 것을 비롯해 연회 음식으로 닭 이외의 조류는 제공해서는 안 되고 연회 목적으로 조류를 살찌워서도 안 된다는 내용도 있다.

잔치 비용으로는 빵과 채소, 와인 이외에 120아세스 이상의 비용을 쓰지 못한다고 했는데 이는 도대체 어느 정도의 가치를 지닌 비용이었을까?

로마의 화폐 단위는 시대에 따라 달랐기 때문에 정확히 가늠할 수는 없지만 기원전 4세기 무렵 양 한 마리의 가격이 약 10아세스였다고 하니 양 12마리를 잡는 것 이상의 잔치는 사치로 규정한 것이 아닐까 싶다. 로마 제국 전성기 시대의 사치에 비하면 검소한 잔치라고 할 수 있겠지만 그렇다고 완전히 소박하게 잔치를 치러야 할 정도로 규제했다고 볼 수만도 없는 규모다.

파니아법 이후에 나온 사치규제법은 기원전 143년에 제정된 '디디아법(Lex Didia)'이다. 주로 로마에만 해당됐던 파니아법을 이탈리아 전역으로 적용하는 등 사치규제 대상 지역을 확대했다는 것이 가장 큰 내용이다. 또한 연회를 주최하는 자는 법이 정한 비용을 초과할 수 없을 뿐만 아니라 법을 어기고 개최한 연회에 참석할 경우 참석자까지도 함께 처벌한다는 조항이 추가됐는데 구체적인 내용은 전해지지 않는다고 한다.

이어 기원전 103년에 제정된 것으로 추정되는 '리키니아법(Lex Licinia)'이 있다. 주요 내용은 파니아법과 비슷한데 파니아법이 제대로 지켜지지 않게 되면서 이를 대체하는 차원에서 만들어진 새로운 법이다. 리키니아법에서는 결혼 잔치 비용을 200아세스까지 확대 허용한 것을 제외하고는 파니아법과 내용이 비슷하며, 일반 잔치에서는 3파운드 이상의 신선한 고기, 1파운드 이상의 절인 고기의 소비를 금지한다는 내용 등이 있다.

로마 제국의 주요 사치규제법

오피아법(Lex Oppia)	기원전 215년	여성의 금 장신구 착용 제한 단색 옷 착용, 여성의 도심 내 마차 승차 금지
오키아법(Lex Orchia)	기원전 179년	파티 참석 숫자 제한
파니아법(Lex Fannia)	기원전 161년	연회 및 유흥 비용 규제 파티 음식 제한
디디아법(Lex Didia)	기원전 143년	이탈리아로 규제 대상지역 확대
리키니아법(Lex Licinia)	기원전 103년	결혼 잔치 비용 규제 완화 일정 규모 이상 고기 소비 제한
코넬리아법(Lex Cornelia)	기원전 81년	연회 지출 비용 규제 과도한 장례 비용 규제
아밀리아법(Lex Aemilia)	기원전 78년	연회 요리의 양과 종류 규제 수입 조류 및 육류 사용 규제
안티아법(Lex Antia)	?	연회 비용 규제 치안판사 연회 참석 금지
율리아법(Lex Julia) 율리우스 카이사르 제정	기원전 59년?	사문화된 사치규제 강화
율리아법(Lex Julia) 아우구스투스 황제 제정	기원전 17년	연회 비용 상한선 대폭 확대
제2대 티베리우스, 제5대 네로황제 이후		사치규제법 유명무실

　기원전 81년에는 독재관 술라(Sulla)의 제청으로 '코넬리아법(Lex Cornelia)'이 만들어졌다. 이 법은 파니아법과 리키아법이 제대로 지켜지지 않자 새롭게 정한 법으로 앞의 두 법과 마찬가지로 연회의 지출 비용을 규제하는 것을 골자로 하고 있으며 특히 장례식의 과도한 비용 지출을 금지했다.

기원전 78년에는 집정관 아멜리우스 레피두스(Marcus Aemilius Lepidus)의 주도로 '아밀리아법(Lex Aemilia)'이 생겼다. 이 법은 연회 비용을 특별히 제한하지는 않았지만 연회에 쓰이는 요리의 양과 종류를 제한했는데 집정관의 포고령에 따라 로마 상류층의 인기 요리였던 겨울잠쥐(dormice)를 비롯한 각종 설치류 요리를 저녁 만찬인 케나와 연회의 테이블에 올리지 말라는 내용, 그리고 조개 종류와 외국에서 수입한 조류 및 고기 종류의 연회 사용을 금지한다는 내용도 담고 있다.

아밀리아법에 이어 법 제정 시기가 불확실하지만 '안티아법(Lex Antia)'에서는 연회 비용을 제한하는 동시에 치안판사는 집 이외에는 그 어디에서도 식사를 해서는 안 된다고 규제했다.

그리고 율리우스 카이사르의 집정관 시절 제정한 '율리아법(Lex Julia)'은 앞서 사문화된 각종 사치규제법을 강화한 내용으로 법 제정뿐만 아니라 시행에 필요한 강력한 수단도 채택했지만 카이사르가 해외 원정을 떠나 있는 동안 법을 위반하는 상류층 사람들이 속출했다고 한다.

어쨌든 카이사르는 속주의 시장에 관리를 상주시켜 법에서 금지한 식품의 거래를 단속했고 때로는 관리를 연회 장소에 파견시켜 법이 허용하지 않은 요리가 있는지 여부를 감시했다.

견제와 균형, 천년 제국의 원동력 《《《

로마의 공화정이 끝나고 제정 시대에 접어들어서도 사치규제법은 계속 만들어졌다. 황제가 된 아우구스투스는 율리우스 카이사르가 제정한 법률과 이름이 같은 '율리아법(Lex Julia)'을 제정했는데 연회 비용의 상한선을 크게 확대했다. 연회 비용을 200세스테르세스(sesterces)까지 늘렸고, 달력에 표시된 특정 축제일의 비용은 300세스테르세스, 결혼식 축제는 1,000세스테르세스까지 확대했다.

아우구스투스 시대의 화폐 단위로 1세스테르세스는 4아세스니까 명목상으로도 적게는 4배 이상의 비용 지출을 허용했던 셈이다. 그러면서 연회 비용으로 최대 2,000세스테르세스까지 지출해도 된다고 했으니 로마 제국이 부유해지면서 지출 허용 범위도 크게 늘린 것으로 보인다.

초대 아우구스투스 황제의 뒤를 이은 제2대 황제 티베리우스도 포고령을 통해 사치를 규제했고, 스스로 엄청난 사치를 했던 것으로 유명한 제5대 네로 황제도 비슷한 법령을 만들었지만 이 무렵 로마에서 급증하는 옷과 장신구, 음식에 대한 사치 앞에서 모든 사치규제법이 유명무실해지면서 로마 제국의 사치와 향락은 갈수록 도를 넘어서기 시작했다.

최초의 사치규제법인 오피아법에서부터 아우구스투스 황제의 율리아법까지 200년이 넘는 기간 동안 10~30년 간격으로 각종 사치규제법이 만들어졌다는 것은 한편으로는 로마 제국이 지속적으로 지나친 사치와 방종을 막기 위해 노력했다는 흔적인 동시에 그만큼 법이 지켜지지 않았다는 이야기가 된다. 하지만 후세 사람들이 지적하는 것처럼 도가 지나친 로마 상류층의 낭비와 타락에도 불구하고 로마 제국은 제2차 포에니전쟁 이후인 기원전 2세기부터 서기 5세기까지 약 600년 동안 번영을 누렸다. 이 시기 동안 부유층의 타락으로 경제가 거덜이 난 것도 아니고 그렇다고 귀족과 평민, 부자와 서민의 갈등으로 혁명이 일어나 제국이 뒤집어지지도 않았다. 그 이유는 무엇일까?

물론 로마 제국의 끊임없는 팽창과 그에 따른 부의 창출 때문이겠지만 잇단 사치규제법 제정과 같은 나름의 견제와 균형도 작용했을 것이고, 한편으로는 사치이고 낭비이며 향락인 측면도 있지만 그것이 또 다른 한편으로는 경제를 발전시키는 유발 요인으로 작용한 측면도 있을 것이다. 그리고 뒤에서 자세히 언급하겠지만 시민들에게 공짜로 빵을 나누어주는 제도, 그래서 훗날 로마 제국의 기반을 흔든 원인으로도 지목받는 사회 무상복지 시스템, 아노나(Annona) 또한 상류층의 사치로 인한 계층 간 갈등을 일정 부분 해소한 측면도 무시할 수 없을 것이다.

패스트푸드의 기원과
로마의 거리 음식

'빵과 서커스(Bread and circuses)'는 일각에서 로마의 정치를 비판할 때 쓰는 말이다. 시민을 배불리 먹이고 오락거리를 제공해 백성이 정치에 관심을 갖지 않도록 우민화를 유도했다는 뜻이다. 이것이 비판을 받아야 하는 대상인지 여부는 생각에 따라 다를 것이며 실제로 로마인들의 정치의식을 마비시키려는 위정자의 음침한 음모의 결과일 수도 있겠지만, 경제적으로나 사회적으로나 로마는 그만큼 활기로 가득 찼다는 것을 부인하기는 어렵다.

그중에서도 일단 로마에 '서커스'로 대표되는 유흥과 오락이 넘쳐났던 것은 틀림없다. 지금도 남아 있는 대표적 증거가 원형 경기장인 콜로세움이다. 서기 80년에 준공된 이 원형 경기장에서 로마 시민들은 검투사 경기를 비롯해 실제 전투를 방불케 하는 대규모 해전에 이르기까지 각종 공연들을 즐겼다. 또한 로마 시대에는 갖가지 축제가 끊이지 않았다. 일 년 열두 달, 다양한 신들을 섬기는 페스티벌이 열렸고 카니발 기간 중에는 시민들이 거리로 쏟아져 나와 먹고 마시고 놀면서 흥겨운 한때를 즐겼다.

다양한 외식을 즐겼던 로마인

수많은 시민들이 대거 참여하는 파티도 많았다. 공화정 시대의 집정관이나 제정 시대의 황제를 비롯해 상류 귀족들이 제공하는 대중 연회이자 공공파티인 '에풀룸(Epulum)'도 심심치 않게 열렸다. 율리우스 카이사르의 개선잔치를 비롯해 기원전 12년 로마 시내의 미혼 남녀 전체를 초대했다는 아우구스투스 황제의 생일잔치, 23대 엘라가발루스 황제의 결혼잔치 등이 대표적인 에풀룸이었다. 이런 잔치가 단지 초대한 자와 초대받은 자만의 즐거움은 아니었다. 파티에 직접 참여하지 않았더라도 많은 사람들이 거리로 나와 즐기면서 로마 시내 전체가 들썩였다.

거리로 쏟아져 나온 시민들은 콜로세움에서 검투사 경기를 보면서, 또는 사자와 기린 등의 아프리카 야생 동물이 등장하는 각종 공연을 보면서 그저 소리만 지르며 열광하고 환호했을 리가 없다. 우리가 야구나 축구 경기를 보며 맥주도 마시고 핫도그도 먹고 군것질을 하듯이 로마인들도 다양한 거리 음식인 '패스트푸드'를 즐겼다. 비단 축제나 운동경기 관람 때뿐만이 아니라 대다수 로마인은 평소에도 외식을 많이 했다. 점심 식사는 대부분 밖에서 먹었다. 전업 가정주부나 아이들이 아니라면 대부분의 성인들은 외부에서 활동하면서 외식을 했다.

일반적으로 전성기 로마 시대의 인구를 약 100만 명으로 추산한다. 그러나 로마가 정치는 물론 경제의 중심지였던 만큼 상주 주민은 아니더라도 일시적으로 로마에 머물며 활동한 사람들, 그리고 당시 세계의 중심이었던 로마에 이런저런 이유로 와서 머물던 유동 인구까지 포함하면 로마에서 하루 한 끼 이상 식생활을 해결했던 인구는 그보다도 훨씬 많았을 것이다. 그렇기에 이들의 식사를 해결하기 위해 로마에는 거리 음식이 넘쳐났고 외식 산업이 성행했으며 일 때문에, 또는 유흥을 즐기기 위해 이동하면서 먹을 수 있는 간편 음식, 패스트푸드도 발달했다. 그래서 일부 음식 사학자들은 패스트푸드의 기원을 로마에서 찾기도 한다.

인파로 와글와글했던 로마 거리

도시에 인구가 많아지면 거리에 음식점이 즐비하게 늘어서고, 너도나도 외식을 즐기며 거리에서 음식을 사 먹게 되니 패스트푸드가 발달하는 것은 당연하다. 하지만 단순히 인구가 많다고 해서 패스트푸드가 넘쳐나고 외식 산업이 발달할 수 있는 환경이 조성되는 것은 아니다. 몇 가지 전제 조건이 충족되어야만 한다.

먼저 마을 또는 도시에 일정 규모 이상의 인구가 살아야 한다. 그리고 이들이 자유롭게 이동할 수 있어야 한다. 다시 말해 주민이 아무리 많아도 붙박이가 아닌 유동 인구가 있어야 한다. 사람들이 수

시로 거리를 오가고 마을과 마을을 옮겨 다니려면 상업이 발달하고 그래서 경제활동이 활발해져야 한다. 그래야 집 밖에서 음식을 사 먹는 사람이 생기고 술집과 음식점이 발달할 수 있게 된다. 다시 말해서 거리 음식의 발달은 근대 이전의 도시나 국가의 경제 발전 정도와 활력을 가늠할 수 있는 척도가 된다.

로마 제국은 세계 최강의 부국이었고 로마 자체만 해도 인구 100만 명이 넘는 대도시였으니 음식점이 발달하고 거리 음식이 넘쳐나는 것이야 새삼 언급할 필요도 없지만 그럼에도 불구하고 굳이 관심을 갖는 이유는 번영을 이룬 눈부신 속도 때문이다. 시간과 공간을 뛰어넘어 다른 나라와 지역을 비교해봐도 로마가 어떻게 그 이른 시기에 그만큼 번영할 수 있었는지가 궁금해진다. 과연 로마 제국 번영의 원동력은 무엇이었을까?

먼저 로마 경제의 활력 정도를 거리 음식을 통해 알아보자. 로마에 거리 음식이 넘쳐나기 시작한 시기는 최소한 기원전 1세기 이전, 지금으로부터 약 2,100년 전부터다. 그리고 로마 제국이 절정기에 올라서기 시작한 무렵인 서기 2세기에 로마 인구는 100만 명을 넘어선다. 반면에 로마 제국이 번영하기 시작한 기원전 2세기에서 서기 2세기 무렵 로마 이외의 다른 평범한 도시는 인구가 대략 5,000명에서 1만 5,000명 수준이었던 것으로 본다.

로마 이전 지중해의 중심 도시였던 이집트의 알렉산드리아와 카르타고는 그 인구가 약 20만 명 규모였다. 대략 기원전 2세기 이전이다. 약 400년의 시차는 있지만 2세기 무렵의 로마가 얼마나 번창했는지, 경제적으로 얼마나 활기찬 도시였는지를 짐작할 수 있다.

현대 유럽의 도시와 비교해도 약 2,000년 전 당시 로마가 얼마나 번창한 도시였는지를 쉽게 상상할 수 있다. 영국의 수도 런던의 인구가 100만 명을 넘어선 것이 불과 1801년이다. 알다시피 19세기 초 영국은 지구상에서 '해가 지지 않는 나라'라는 소리를 들었다. 또한 산업혁명으로 경제가 발달하고 세계 곳곳의 물자가 영국으로 몰려들었던 시기다. 이 무렵 런던 거리의 포장마차에서는 국민 음식이라는 '피시 앤 칩스(fish and chips)'가 불티나게 팔렸고 커피 하우스가 생겼으며 신사들 사이에서는 예전에 없던 스테이크 전문점인 비프 스테이크 클럽이 인기를 끌었다.

영국과 함께 유럽의 강대국이었던 프랑스 파리의 인구가 100만 명을 돌파한 것은 1846년이다. 프랑스도 이 무렵 레스토랑에서부터 카페와 작은 음식점인 비스트로(Bistro)에 이르기까지 거리마다 다양한 음식점이 생겨났다.

한편 동양에서 인구 100만 명 이상의 대도시가 처음 생겨난 것은 대략 8~9세기 무렵인 당나라 때의 수도 장안, 즉 지금의 시안(西安)으로 보고 있다. 동서양을 연결하는 실크로드를 통한 무역이 활발해지면서 서역 상인을 비롯해 동서남북 각지의 상인이 장안으로 몰려들었다. 시장이 활기를 띠면서 장안 거리 곳곳에는 주점과 음식점이 생겨났고 거리의 음식들이 넘쳐났다.

《자치통감(資治通鑑)》과 《이십사사 통속연의》에는 안녹산의 난을 피해 피난길을 떠난 당 현종과 양귀비가 시장에서 호떡을 사 먹었다는 대목이 나오고 당나라 때의 문헌 《운선잡기》에는 여름이면 상인들이 시장에서 얼음을 팔아 막대한 이익을 챙겼다고 기록되어 있다.

중국에서 시장이 크게 발달했던 시기는 송나라 때다. 12세기 문헌인 《동경몽화록(東京夢華錄)》에는 북송의 수도인 변경(汴京), 지금의 하남성 개봉 거리에 상점과 술집, 야시장의 음식점 등이 줄지어 늘어서 있고 상인들이 물건을 사라고 외치는 소리가 끊이질 않았다고 기록되어 있다. 당시 변경의 인구도 100만 명을 넘었다.

이처럼 동서양을 막론하고 한때 세계의 중심이었던 다른 도시들과 비교했을 때 로마는 짧게는 약 500년, 길게는 1,700년이나 앞서서 막대한 부와 번영을 누렸다. 그 결과 시장에는 수많은 음식점이 생겨났고 거리는 음식을 사 먹는 사람들로 쉴 틈 없이 붐볐다.

포장마차의 원형, 테르모폴리아 유적 〰️

로마 시대의 거리 음식점이 늘어선 풍경을 현대의 우리나라에 비유하자면 서울 명동의 야간 노점상 행렬 또는 저녁 무렵의 홍대 거리의 모습과 비슷한 정도로 붐비지 않았을까 싶다. 막연한 짐작이 아니다. 로마 시대의 여러 유적과 문헌에서 노점상들로 북적이던 로마의 거리 모습을 확인할 수 있다.

예컨대 서기 79년에 화산재에 파묻혀 옛날의 흔적이 고스란히 남아 있는 나폴리 인근의 고대 도시 폼페이 유적 중에는 '테르모폴리아(thermoplia)'라는 음식점이 있다. 현재 공개되고 있는 곳에는 약 7개의 화덕이 있는데 각종 음식을 즉석에서 만들어 팔았던 장소다. 음식점이라고는 했지만 지금의 거리 포장마차처럼 좌석에 앉지 않고 자리에 서서 간단하게 음식을 먹는 간이음식점 비슷한 곳이다.

테르모폴리아라는 이름도 라틴어로 '뜨거운 것(thermo)'을 파는 '장소(polia)'라는 뜻이다. 현재까지 일반 관광객들에게 공개된 곳은 한 군데 정도이지만 폼페이에서 지금까지 발굴된 테르모폴리아 유적은 약 80곳이라고 한다. 그리고 폼페이에는 약 300곳의 테르모폴리아가 있었을 것으로 추정한다.

현재까지 발굴된 크기가 아닌, 화산재에 파묻히기 전 폼페이는 도대체 얼마나 큰 도시였을까? 당시 인구는 대략 12만 명 정도였을 것으로 본다. 그런데 간이 노점만 300곳이었다면 400명 당 하나꼴로 노점이 있었던 셈이니, 일반 음식점까지 계산하면 지나치게 많거나 숫자를 잘못 추정한 것 아닌가 싶지만 실제로 그렇게 많았을 가능성이 높다고 한다. 폼페이라는 고대 도시는 화산재에 파묻혀서 유명해졌을 뿐인 평범한 도시가 아니라 로마의 식생활을 뒷받침하는 최대의 상업 도시였기 때문이다. 폼페이는 로마인이 물처럼 마셨다는 와인을 공급하는 당시 로마 최대의 와인 생산지이었고, 로마인이 하루도 먹지 않고는 못살았다는 생선 젓갈인 '가룸'의 최대 유통기지였다. 그 때문에 베수비우스 화산 폭발로 폼페이가 화산재에 파묻히자 로마의 와인 가격이 폭등하고 로마 시민들이 와인 부족으로 패닉에 빠졌을 정도다.

뿐만이 아니라 폼페이 부근에는 나폴리를 비롯해 당시 로마 상류층의 휴양도시였던 바이아와 최대의 항구도시였던 포추올리(Pozzuoli) 등이 위치해 있었다. 그렇기에 폼페이는 거주민뿐만 아니라 상인들과 여행객들로 쉴 틈 없이 북적거리는 도시였다. 따지고 보면 300곳의 간이 노점도 많은 것이 아니었을 수 있다.

노점 단속을 피해 몰래 장사를 했던 사람들 〰

로마 역시 거리에 음식점과 노점상이 넘쳐난 것은 마찬가지였다. 서기 64년부터 로마에서 활동했던 시인 마르티알리스(Marcus Valerius Martialis)의 《풍자시(Epigrammata)》에 그려진 거리의 노점 풍경을 비롯해 기원전 1세기의 시인 호라티우스(Horatius)는 로마에서 이탈리아 남동부 도시 브린디시에 이르는 도로인 아피아 가도에 늘어선 음식점에 대해 묘사해놓았을 정도다. 로마 시대에 외식업이 얼마나 번창했는지를 짐작할 수 있다.

먹는 장사가 꽃을 피웠던 만큼 거리 음식점의 종류도 각양각색이었다. 윌리엄 스미스의 《그리스와 로마 고대 유물사전》에 음식점의 종류에 대한 설명이 있다. 간략히 살펴보자면 간이 노점 형태인 테르모폴리아 이외에도 사람들이 간단하게 음식을 먹을 수 있는 음식점 내지는 카페 형식의 '카우포나(caupona)'가 있었다. 카우포나는 일종의 여관 겸용 식당 같은 곳으로 음식만 먹을 수도 있고 숙박을 해결할 수도 있었다. '타베르나(taberna)'라는 곳도 있는데 이곳에서는 간단하게 술도 마실 수 있고 음식도 먹을 수 있었다. 영어로 주막 또는 여관을 뜻하는 '태번(tavern)'의 어원이 되는 곳이다. '포피나(popina)' 역시 간단하게 음식을 먹을 수 있는 곳이다. 음식을 파는 일종의 포장마차 같은 곳이라고 할 수 있는데, 햇빛을 가릴 수 있도록 지붕을 얹은 장소에서 의자에 앉아 음식을 먹는 곳으로 주로 서민들과 노예들이 이용했다. 그 외에도 음식과 술 시중을 드는 여성 작부가 있는 집까지 있었다고 하니까 로마 거리가 얼마나 다양한 활력이 넘쳤는지를 미루어 짐작할 수 있다.

로마의 거리 음식 풍경을 보면 현대와 비슷한 부분이 적지 않다. 그만큼 로마 경제 내지는 로마 사회가 현대사회 못지않게 복잡했기 때문이 아닐까 싶다. 예컨대 우리가 예전 1980~1990년대에 위생 문제 내지는 도시 미화 등으로 노점상을 단속했던 시절이 있었던 것처럼 1세기 무렵의 로마에서도 위생상의 이유 때문이었는지 또 다른 사회문제가 있었는지 정확히는 알 수 없지만 노점 단속이 끊이지 않았다.

수에토니우스의《황제전》에 제2대 티베리우스 황제가 음식점과 노점상들이 음식을 거리에 내놓고 팔지 못하도록 단속했다는 기록이 보이는 것을 비롯해 윌리엄 스미스의《그리스와 로마 고대 유물 사전》에도 여러 황제들이 노점 단속 포고령을 내렸다고 기록했다. 그중 제4대 클라우디우스 황제 때는 거의 모든 노점상을 단속했는데 얼마 지나지 않아 노점들이 단속을 피해 다시 문을 열었다고 한다. 제5대 네로 황제 때는 노점 단속에 한계를 느꼈기 때문인지 완전 폐쇄할 수는 없는 만큼 죽과 채소 요리 정도만 팔도록 조치했고 제9대 베스파시아누스 황제(Titus Flavius Vespasianus, 재위 69~79)도 비슷한 포고령을 내렸다.

단속 이유에 대한 설명은 없다. 하지만 4세기 콘스탄티누스 황제(Constantinus I, 재위 306~337)가 소시지 금식령을 내렸고 10세기 동로마 비잔틴제국 황제 레오 6세(Leo VI, 재위 928)가 식중독이 널리 퍼지자 소시지 금지령을 내렸던 것을 보면 1세기 로마 황제의 잇따른 노점 단속도 위생 문제 및 그로 인한 전염병 발생 등과 관련이 있지 않을까 싶다.

햄버거, 순대, 핫도그… 화려한 로마의 먹거리들 《《《

로마인들이 즐겼던 거리 음식에는 무엇이 있을까? 점심 식사는 주로 외식을 했으니까 평소에 먹는 풀스(죽)나 빵을 비롯한 요리를 먹었을 것이고 일상적인 음식이었을 테니 따로 주목할 필요는 없겠다. 다만 특별히 현대를 사는 우리의 관심을 끄는 부분은 로마의 거리 음식 중에서는 다양한 패스트푸드가 발달했다는 점이다. 특히 뜨거운 음식을 파는 가판대인 테르모폴리아 같은 곳에서 즉석에서 먹을 수 있는 갖가지 간단한 음식을 만들어 팔았다.

그중 로마인들은 소금에 절인 '병아리콩(salted chickpeas)'을 아주 즐겨 먹었다고 한다. 이집트콩이라고도 부르는 병아리콩은 동양에서는 많이 먹는 식품이 아니지만 지중해를 비롯한 서양에서는 우리의 대두만큼이나 오랜 기간 서민들이 즐겨 먹던 콩이다. 병아리콩은 소금에 절여서 찌거나 볶아서 먹었는데 현대인이 영화관에서 팝콘을 먹는 것처럼, 로마인은 콜로세움에서 검투사들의 격투를 볼 때, 또는 거리를 걸어다니며 절인 병아리콩을 먹었다.

로마의 거리에는 대표적인 패스트푸드인 현대의 햄버거와 흡사한 음식도 팔았다. 햄버거는 분명 19세기 무렵 미국에서 생겨나 퍼진 음식이지만 고대 로마에도 햄버거를 닮은 음식이 있었기에 일각에서는 버거류 음식의 기원을 로마 시대에서 찾기도 한다.

로마인은 각종 향신료를 넣어 만든 다진 고기를 좋아했다. 로마의 미식가인 아피키우스의 요리법에는 다진 고기를 둥글게 뭉쳐서 만드는 음식이 많은데 테르모폴리아 같은 곳에서는 뜨겁게 요리한 다진 고기를 빵 위에 얹어 즉석에서 테이블에 내놓거나 빵과 함께 손님에게 제공했으니, 지금의 함박 스테이크나 햄버거, 또는 미트볼과 비슷하다. 이때 고기로는 주로 돼지고기나 염소고기를 선호했고 소고기는 드물었다. 로마 시대에도 소는 동양과 마찬가지로 주로 신에게 제물로 바치는 가축이며 농사를 짓는 가축이었기 때문에 자주 먹지 않았고 별로 즐겨 먹지도 않았다.

지금까지 레시피가 남아 있는 로마의 다진 고기 요리로는 '이시키아 오멘타타(isicia omentata)'가 있다. 돼지고기나 조류를 비롯한 각종 고기류를 다져서 후춧가루와 생선 젓갈인 가룸, 그리고 버섯 등과 함께 버무려 요리하는 음식으로 고대 로마의 요리책《요리에 대하여》에 그 조리법이 실려 있다.

오늘날의 프라이드치킨 같은 튀김 요리도 거리의 패스트푸드로 인기가 높았다. 다만 닭고기 대신에 로마 시대에는 주로 생선 등을 튀겼는데 이는 18~19세기 미국 남부에서 시작된 딥 프라이드(deep-fried) 방식의 튀김 요리와 비슷했다. 미국 남부는 농업지대였던 만큼 돼지의 먹이인 농업 부산물이 많아 양돈업이 발달했고 그 결과 돼지기름인 라드(lard)가 풍부했기에 닭고기를 기름에 푹 담가 튀기는 프라이드치킨 요리법이 만들어질 수 있었다. 반면 로마 제국에서는 올리브 오일이 풍부했던 데다 로마인은 생선을 좋아했기에 생선 튀김을 많이 먹었다. 운동 경기를 관람할 때나 축제 기간 거리를 거닐며 로마인들은 절인 병아리콩을 먹고 생선 튀김 또는 구운 소세지를 먹었다.

로마의 시인 마르티알리스의 풍자시에는 거리의 음식점에서 사람들이 '푸만티아 토마클라(fumantia tomancla)'를 먹는다고 노래했는데 '푸만티아'는 '굽거나 찌다(fumans)'라는 뜻이고 '토마클라 (tomancla)'는 '창자에 고기를 채워 넣은 음식'이니까 순대 또는 소시지인 셈인데, 영어로는 대부분 소시지로 번역한다. 사람들이 거리 음식점에서 즉석에서 구운 소시지를 사 먹은 것이니 생각해보면 지금의 핫도그와 크게 다를 바 없었을 것이다.

　로마 제국의 거리 음식이 이처럼 발달한 것은 로마인이 그만큼 바쁘고 활발하게, 그리고 열심히 일하고 즐기면서 살았다는 뜻이니, 로마의 경제가 얼마나 역동적이었는지를 잘 보여주는 증거라고 할 수 있겠다.

제3장

로마 왕국을 일으킨
하얀 황금

로마 최초의 소금길,
비아 살라리아

로마 제국을 만들었다고 할 수 있는 음식 중에서 로마 제국 번영의 시초가 되고 발단이 됐던 것을 꼽으라면 단연 소금이다. 상인들이 소금을 운반해 나르면서 로마 제국도 함께 쭉쭉 뻗어 나갔다. 그런데 왜 하필 소금일까?

일단 도로는 로마 제국의 상징이다. '모든 길은 로마로 통한다'는 말에서 알 수 있듯이 로마는 잘 닦은 도로와 그물처럼 촘촘히 짜놓은 교통망을 바탕으로 천년 제국을 건설했다. 전성기 때 로마는 29개의 고속도로가 이탈리아 바깥의 13개 속주를 향해 뻗어 있었고, 372개의 간선도로가 당시의 서양 세계 구석구석을 거미줄처럼 연결했다. 이 무렵 주요 도로의 총 길이가 40만 킬로미터를 넘었다니까 우리나라 경부고속도로의 약 1,000배에 육박하는 길이다. 로마 제국은 이렇게 잘 짜여진 도로망을 바탕으로 주변 국가와 전쟁을 했고 세상 구석구석에서 풍부한 자원을 실어왔으며 갖가지 상품을 수출해 부를 축적했다.

초기 로마 발전의 원동력이 된 길

모든 길은 로마로 통한다고 했을 만큼 발달했던 로마 제국의 도로망이지만 언제나 시작은 있는 법, 최초의 로마 가도는 어떤 길이었으며 언제 만들어졌을까? 그리고 그 1번 가도는 로마 제국에서 어떤 의미가 있는 도로였을까? 흔히 최초의 로마 가도로 기원전 7세기 무렵에 시작된 '비아 살라리아(Via Salaria)'를 꼽는다. '살(Sal)'은 라틴어로 '소금'이다. 그러니 비아 살라리아는 곧 소금길이다. 상인들이 소금을 운반했던 길이다.

최초의 소금길인 비아 살라리아는 로마에서 서쪽으로 수십 킬로미터쯤 떨어진 로마 서해안에 위치해 있던 옛 항구 오스티아에서 로마까지 소금을 실어 나르면서 생기기 시작됐다고 한다. 이후 도로가 점점 연장되면서 이탈리아반도를 횡단해 동쪽으로 약 240킬로미터 정도 떨어진 동해안의 아드리아해까지 이어졌다.

로마를 거점으로 이탈리아 서해안에서 동해안까지를 관통하는 도로였으니 지금으로 치면 로마에서 이탈리아 동해안의 도시, 아스콜리피체노(Ascoli Piceno)를 잇는 4번 고속도로가 약 2,600여 년 전 고대 로마에서 생겨난 소금길을 기반으로 하고 있다고 한다.

비아 살라리아는 로마의 역사에서 단순히 제국의 번영을 상징하

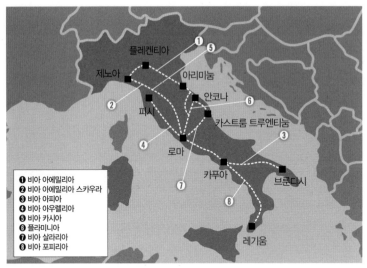

로마 제국 주요 도로

❶ 비아 아에밀리아
❷ 비아 아에밀리아 스카우라
❸ 비아 아피아
❹ 비아 아우렐리아
❺ 비아 카시아
❻ 플라미니아
❼ 비아 살라리아
❽ 비아 포피리아

플레켄티아
제노아
아리미눔
안코나
피시
카스트룸 트루엔티눔
로마
카푸아
브룬디시
레기움

는 거미줄처럼 엮인 로마 가도 중에서 첫 번째 도로였다는 기록적인 가치만 있는 것은 아니다. 경부고속도로가 한국 경제의 발전 과정에서 중추 역할을 했던 것처럼 소금길 비아 살라리아 역시 초기 로마 경제 발전의 원동력이 됐고 로마가 정치적으로 안정되는 계기가 됐다.

이처럼 비아 살리리아에 거창한 역사적 의미를 부여하는 이유는 고대에는 소금이 일부 지역에서 하얀 금(White Gold)라고 부를 만큼 귀한 상품이었고, 로마 초기에는 상인들이 이 길을 통해 소금 장사를 하면서 로마가 발전했기 때문이다. 다시 말해 최초의 로마의 가도 비아 살리리아는 당시 최고의 고부가가치 상품을 생산하고 운반하는 길이었고, 양치기 목동에 지나지 않았던 로마인들은 소금 장사를 시작하면서 경제적 부를 쌓을 수 있었다. 초창기 로마뿐 아니라 이후에도 소금은 로마 제국의 번영에 결정적 역할을 했다.

그렇기에 최초의 로마 가도 비아 살라리아를 통해 로마인들이 어떻게 소금을 확보하고 소금 장사에 나서게 됐는지, 그리고 로마인의 식탁에서 소금이 어떻게 쓰였는지를 보면 초기 로마의 발달사를 또 다른 시각에서 엿볼 수 있다.

최초의 로마 소금밭, 오스티아

인간이 소금 없이는 살 수가 없는 것처럼 국가 역시 소금 없이는 존립하기 어렵다. 소금의 쓰임새가 워낙 다양하기 때문인데, 사람이 먹는 음식에도 소금이 들어가지만 군마를 포함해 가축을 키울 때도 소금은 절대적으로 필요하다. 그렇기에 소금 없이는 군대를 유지할 수 없어 전쟁도 치르지 못한다. 옷을 만들 때도 소금이 있어야 한다. 염색 과정에서 소금이 쓰이기 때문이다.

현대의 석유처럼 고대 국가의 운영에 절대적으로 필요했던 소금을 로마 건국 초기에는 이웃한 에트루리아 부족에게 의존했다. 그랬던 로마가 독자적으로 소금밭을 확보한 것이 제4대 로마 왕인 앙쿠스 마르키우스(Ancus Marcius, 재위 기원전 640~기원전 616년) 때였다. 로마 건국신화에서 로물루스가 나라를 세운 해를 기원전 753년으로 보니까 100년이 넘도록 핵심 전략물자를 이웃 나라에 의존했던 셈이다.

로마는 앙쿠스 마르키우스 왕 시절에 지금의 로마 시내를 관통해 흐르는 테베레강 하구에 있는 지역인 오스티아를 정복했다. 로마에서 남서쪽으로 약 15킬로미터 떨어진 곳으로 현재는 매립됐지만 기원전 7세기 때까지만 해도 이탈리아의 서해인 티레니아해와 맞닿은 항구였다. 현재 오스티아 안티카라고 부르는 지역이다.

오스티아는 로마에서 가장 가까운 곳에 위치한 소금밭이었다. 테베르강 하구의 평야를 따라 펼쳐진 평평한 바닥에 조류를 따라 바닷물이 채워지면서 생긴 천연의 염전에서 소금이 만들어졌다. 전쟁을 통해 이곳을 확보한 로마는 이제 더 이상 에트루리아 부족에 의존하지 않고도 소금을 얻을 수 있게 됐다. 자급자족을 넘어서 당시 소금은 부가가치가 높은 귀한 상품이었고 화폐와 마찬가지였다. 덕분에 로마인은 소금을 이용해 활발한 경제활동을 펼칠 수 있었다.

이전까지 로마는 목축을 겸한 농업 국가였다. 로마 건국신화에서 짐작할 수 있는 것처럼 양치기 목동이었던 로물루스가 목동의 무리였던 라틴족을 이끌고 세운 부족 국가가 로마였다. 그리고 루벤스(Peter Paul Rubens)를 비롯해 여러 화가들이 그린 명화 〈사비니 여인들의 납치(The Rape of the Sabine Women)〉에서 보듯 이웃한 농경 부족인 사비니 부족의 여자들을 납치해 아내로 삼았다.

두 부족이 화해를 하면서 세력이 커졌지만 어쨌든 당시 로마의 기반은 목축과 농업이었다. 그러다 사비니 부족 출신의 왕인 안쿠스 마르키우스(Ancus Marcius) 시절, 오스티아의 소금밭을 확보한 것이 계기가 되어 사비니 부족이 내륙으로 소금을 실어 날랐고 소금 장사를 시작했던 것이다. 최초의 로마 가도인 소금길, 비아 살라리아는 이때부터 생겨난 길이다.

소금을 찾아 나서다 보니 도시가 생기다

로마의 왕정 시대부터 로마가 아직 제국으로 발돋움하기 이전인 공화정 초기까지 소금은 로마 경제에서 상당히 중요한 비중을 차지했다. 고대 로마의 주요 도시들이 소금과 함께 발달한 것에서도 소금의 역할을 짐작할 수 있다. 예컨대 로마가 테베르강 입구의 소금 산지인 오스티아에서 멀지 않은 뒤쪽 언덕에 위치한 것을 비롯해, 로마 시대 초기에 건설된 상당수의 도시들은 소금 산지와 가깝거나 접근이 쉬운 지역을 중심으로 발달했다고 한다. 로마인의 생활에서 소금이 그만큼 다양한 용도로 쓰였기 때문인데, 그런 만큼 로마는 줄곧 소금 산지 확보에 상당한 노력을 기울였다.

예를 들어 로마는 기원전 7세기에 어렵게 소금 생산 지역인 오스티아를 확보했지만 오래지 않아 이곳을 잃는다. 지중해의 해수면이 높아지면서 오스티아를 비롯한 염전이 범람해 더 이상의 소금 생산이 어려워졌기 때문이다. 그래서 오스티아 부근에서 다른 염전을 개발하려고 했지만 성공하지 못한 채 다른 소금 산지를 찾아 나섰다. 그 결과 소금길 비아 살라리아가 개척되면서 도로의 길이가 연장되었다. 소금을 팔러 다닌 소금 장사의 발길로 다져진 길 외에도 새롭게 개발한 멀리 떨어진 염전에서 소금을 실어 날라야 했기 때문이다.

비아 살라리아의 처음 시작은 서해안의 오스티아 소금 산지에서 로마까지 15킬로미터, 길어야 30킬로미터에 지나지 않았지만 이후에는 이탈리아반도 동해안까지 약 240킬로미터로 연장된다. 동해 바다인 아드리아해에서 만든 천일염 소금을 로마까지 운반하기 위해서였다. 아드리아해는 수심이 낮아 염도가 높았고 로마에 훨씬 가까운 이탈리아의 서해 티레니아해보다 천일염 생산에 훨씬 유리했기에, 거리가 멀었음에도 불구하고 비아 살라리아가 만들어졌고 이 과정에서 동쪽 소금 집산지인 아스콜라피체노를 비롯한 다양한 도시가 생겨났다.

이후 로마의 인구 증가와 소금을 재료로 하는 다양한 상품의 수요가 늘면서 그에 맞춰 이탈리아반도 및 인근 지역 곳곳에서 다양한 소금 산지가 개발되고 소금 무역항이 발달한다. 대표적인 지역이 이탈리아 북부에 위치한 곳으로 로마 해군의 모항이었으며 습지를 이용한 소금 산지였던 '클라세(Classe)'이고 여기서 생산된 소금을 운반해 소금 무역항으로 발달한 '라벤나(Ravenna)'를 꼽을 수 있다. 또한 로마로 소금을 날랐던 이탈리아 부근의 소금 무역항으로는 프랑스 남부 마르세이유, 북아프리카 리비아의 고대 로마 유적지 렙티스 마그나(Leptis Magna) 등을 꼽는다.

소금밭 확보가 곧 국가의 경쟁력

로마 언덕에서 양을 기르고 젖을 짜며 농사를 짓던 가난한 부족국가에 지나지 않았던 로마 왕국이 장사를 통해 돈을 벌고 세력을 넓혀 나간 계기가 오스티아의 소금밭 확보였던 것처럼 로마 제국의 팽창 역시 소금 산지의 확보와 궤적을 같이 한다.

소금은 이렇게 초기 로마 제국 건설의 원동력이었다. 기원전 264년부터 기원전 146년까지 약 120년간에 걸친 카르타고와 세 차례 벌인 포에니전쟁 승리를 계기로 로마는 지중해 지역의 주요 소금 산지를 장악하게 된다. 카르타고의 영향권 아래 있던 시칠리아와 스페인 포르투갈, 그리고 북아프리카 등지의 제염소가 로마의 손아귀에 들어온 것이다. 그리고 그리스와 흑해, 사해의 소금 산인 소돔을 포함해 중동 곳곳의 제염소 역시 로마의 통제 아래 놓이게 됐다.

스트라본의 《지리지》와 플리니우스의 《자연사》에 나오는 로마 시대 지중해 지역의 소금 생산 지역만 약 50여 곳 이상이고, 그 밖의 다른 문헌에 보이는 소금 산지까지 합치면 1세기 이전 로마의 주요 소금 산지 숫자만 70여 곳에 이른다고 하니 로마가 얼마나 다양한 소금 산지를 확보했고 또 소금밭 개척을 위해 얼마나 심혈을 기울였는가를 짐작할 수 있다.

비유하자면 20세기에 석유를 '검은 황금'이라고 불렀던 것처럼 고대에는 소금을 '하얀 황금'이라고도 했으니 카르타고와의 전쟁에서 거둔 승리로 로마는 지중해의 소금밭이라는 유전 지대를 확보한 셈이었다. 또한 기원전 58년의 율리우스 카이사르의 갈리아 전쟁 이후 갈리아와 브리타니아 그리고 게르마니아의 로마 점령지에서도 적극적으로 소금 산지를 발굴해 제염소를 건설한다. 소금은 여러 면에서 로마 군인들에게는 필수품이었기에 로마 군단은 주둔지를 건설하면서 주변에 제염소를 설치했다. 이렇게 확보한 소금은 다양한 형태로 로마 시대의 식탁을 풍요롭게 만들었을 뿐만 아니라 정치와 경제, 사회적 측면에서도 로마 번영에 결정적인 기여를 하게 되었다.

소금에 정치 인생을
걸었던 로마인들

로마는 소금으로 일어선 나라다. 정치 발전의 측면에서도 그렇다.
소금밭 오스티아의 확보와 소금 장사로 다져진 소금길 비아 살라리
아가 로마 경제 발전의 계기가 된 것처럼 로마의 정치도 소금 없이
는 논할 수 없다.

왕정에서부터 공화정, 제정 시대에 이르기까지 로마 정치의 특징
을 한마디로 정의한다면 원로원으로 대표되는 귀족과 평민의 대립,
그에 따른 갈등 해소를 바탕으로 한 조화로운 발전이라고 할 수 있
지 않을까 싶다. 그런데 이런 대립의 고비마다 소금이 갈등을 푸는
데 중요한 역할을 했다.

기원전 509년 에트루리아 부족 출신의 로마 마지막 왕 타르퀴니
우스(Lucius Tarquinius Superbus, 재위 기원전 534~기원전 510)가 원로들과

의 갈등으로 달아나면서 로마 왕정이 끝난다. 이어 공화정이 시작될 때 평민의 동요를 진정시켜 정치를 안정시킨 것이 소금이었다.

소금 전매제도 실시의 배경

1세기 무렵 로마의 역사가 티투스 리비우스(Titus Livius)는 《로마사》제2권 9장에서 당시 상황을 이렇게 설명한다.

"왕정이 끝나고 공화정이 시작되면서 로마는 민간의 영역에서 개인이 맡았던 소금 판매를 국가로 이전했다. 그동안 소금 가격이 매우 비싸졌기 때문이다. 소금 판매를 국가가 전담하면서 평민은 항구적인 노역 제공의 의무와 전쟁세가 면제됐다. 대신 이를 감당할 수 있는 부유층이 부담을 맡았다. 평민은 자녀를 낳아 키우는 것으로 국가에 대한 의무를 다하는 것으로 간주했다. 원로원의 이런 노력으로 적의 포위와 기아의 스트레스 속에서 귀족과 평민의 공동체가 조화롭게 유지됐다."

리비우스의 《로마사》에 따르면 상인들의 독과점으로 생활필수품인 소금 가격이 급격히 치솟자 국가가 직접 소금 판매를 관할하고 통제함으로써 서민 물가를 안정시켰다는 것이다. 원로원에서 왜 이런 조치를 취했는지 당시 상황에 대해 조금 더 부연 설명을 하자면 이 무렵 달아났던 로마의 마지막 왕 타르퀴니우스가 에트루리아 도시국가와 연합해 로마를 공격해왔다. 왕과 귀족이 대립하고 갈등하는 모양새였는데, 그 사이에서 평민들이 동요하자 원로원이 평민을 끌어들이기 위한 갖가지 유인 정책을 폈던 것이다. 기원전 6세기 말,

로마가 왕정에서 공화정으로 바뀌면서부터 소금 판매 가격을 나라에서 통제했다는 점에서 로마도 일종의 소금 전매제도를 실시했다고 할 수 있다.

소금은 역사적으로 기원전 중국 한나라를 비롯해 프랑스 혁명 전 부르봉 왕가의 소금세, 가벨레(Gabelle)까지 여러 나라에서 전매제도를 통해 유통을 통제했다. 대부분 재정수입 확대를 통해 국고를 늘리려는 조치였다. 하지만 로마의 소금 전매제도는 달랐다. 오히려 물가 안정 내지는 평민의 지지를 얻어 정치를 안정시키기 위한 재정 지출 목적의 성격이 더 강했던 것으로 보인다. 물론 다른 해석도 있다. 예컨대 시오노 나나미는 《로마인 이야기》 제1권에서 이렇게 설명한다.

"에트루리아인의 유출로 저하된 로마의 경제력을 회복하기 위해 오스티아의 염전에서 나오는 소금 판매를 개인으로부터 국가로 이관하려 했다. 유통화폐가 없던 당시의 로마에서, 소금은 타국에서 물산을 수입할 때 화폐 대용으로 쓰였다. 가장 중요한 생필품인 소금을 국유화한다기보다는 오히려 통화의 국유화를 생각한 것이다. 무엇보다 국고 수입의 확보가 선결문제였다.

하지만 소금 판매를 국유화함으로써 값이 오른 소금을 수입 대금으로 사용할 수밖에 없게 되자 무역상들은 의욕이 떨어졌고 경제력 회복은 바랄 수도 없게 됐다. 푸블리콜라는 무역상들에게 부과되고 있던 간접세를 경감했다. 그러자 이때까지 상인이 아니었던 사람들까지 무역업에 뛰어들게 되었다. 이에 따라 줄어든 간접세가 소금 판매 수입으로 상쇄되었을 뿐 아니라 로마는 이제 에트루리아인에게 의지하지 않아도 농업 국가로 되돌아갈 위험에서 벗어날 수 있었다."

참고로 여기서 푸블리콜라는 초기 공화정을 이끌었던 집정관이다. 국고 수입을 늘리려고 소금 전매를 시도했지만 나중에는 세금 경감을 통해 소금 유통의 자유화가 이뤄졌다는 해석이다.

소금 가격을 결정하는 소금관을 임명하다 《《《

물론 로마가 소금의 시장가격을 안정시키기 위해 국가의 재정 지출에만 의존했던 것은 아니다. 필요한 경우에는 시중의 소금 가격을 통제하고 소금세를 부과해 국고 수입을 늘린 경우도 있었다. 다만 막대한 전쟁 비용이 소요되는 전쟁 기간 중 제한적으로 소금을 이용해 국고를 채웠을 뿐이다. 그것도 로마의 속주 내지는 점령 지역에서만 해당됐고 로마 시민을 대상으로 추가로 소금세를 부과하지는 않았다.

예를 들어 로마가 국가의 명운을 걸고 카르타고와 필사적으로 싸울 때, 특히 한니발 장군과 싸운 제2차 포에니전쟁(기원전 218~기원전 201) 무렵에 소금세를 거뒀다. 한니발과의 전쟁이 막바지에 접어들 시기인 기원전 204년 무렵, 집정관이 전쟁 지휘를 위해 로마를 비웠을 때 2명의 감찰관이었던 마르쿠스 리비우스와 가이우스 클라우디우스가 소금 판매와 관련해 새로운 세금을 만들었다. 역사가 티투스 리비우스는《로마사》제29권 37장에서 당시 상황을 이렇게 적었다.

"이 무렵 로마와 이탈리아에서는 소금이 섹스탄(sextans, 공화정 시대 로마 동전)의 가격으로 거래되고 있었다. 새로운 세금이 부과된 이후에도 소금 판매업자는 로마에서 옛날 가격 그대로 소금을 판매해야 했다. 하지만 로마 이외 지방의 마을과 시장에서는 더 높은 가격으로 소금 판매가 허용됐다. 이와 관련해 로마에서는 예전에 부당하게 탄핵을 받아 쫓겨난 적이 있는 감찰관 중 한 명이 자신을 몰아낸 세력에 앙심을 품고 골탕을 먹이려고 이런 세법을 만들었다는 소문이 돌았다. 소금 가격이 올라 감찰관 탄핵과 관련됐던 부족이 사는 지역에서 심한 경제적 압박을 받고 있다는 것이다. 이로 인해 해당 감찰관이었던 마르쿠스 리비우스에게 '살리나토르(Salinator)'라는 별칭이 주어졌다."

이상이 《로마사》에 나오는 내용인데 두 명의 감찰관 중 마르쿠스 리비우스는 카르타고와의 전쟁 중 불명예를 얻어 자리에서 해임돼 쫓겨난 적이 있다. '살리나토르'는 소금 가격을 결정하는 사람, 즉 '소금관'이라는 의미다.

마르쿠스 리비우스는 한니발과의 제2차 포에니전쟁 중 있었던 로마의 파벌 싸움에 휩쓸렸던 인물이다. 그런 만큼 여러 문헌을 종합해보면 살리나토르라는 별칭에도 상반된 시각이 반영되어 있다. 하나는 역사가 리비우스의 《로마사》에 기록된 것처럼 소금 가격 인상에 따른 반발이 반영된 빈정거림이고 또 다른 하나는 전쟁의 와중에서도 로마 평민에게 싼값에 생필품을 제공했다는 긍정의 의미가 담겨 있다.

시민의 복지와 소금 〰〰

살리나토르라는 별명에서 볼 수 있는 것처럼 로마 시대에는 소금 값을 잘못 건드리면 당장 대중의 반발로 이어졌고 소금값 통제에 성공하면 대중의 지지를 받았다. 소금은 이렇듯 빵 못지않게 중요한 정치 도구였다. 그래서 훗날 소금 역시 로마의 정치인이나 황제가 정치 안정과 평민의 호응을 얻기 위해 시행했던 복지 정책인 아노나에 포함되기도 했다.

흔히 로마 몰락의 배경 중 하나로 과도한 복지 포퓰리즘, 인기 영합의 무상복지를 꼽는다. 대중에게 생활필수품 등을 공짜로 나누어주는 '에우어제티즘(Euergetism)'이 그것이다. 보통 '공공자선'이라고 번역하는 에우어제티즘은 권력자나 부자들이 무상으로 내놓은 재화를 바탕으로 시작됐다. 그리고 나중에는 국가가 복지를 책임지는 공공복지 제도인 아노나로 발전한다.

어쨌거나 넓은 의미의 공공자선 제도인 에우어제티즘이나 좁은 의미의 공공복지 제도인 아노나나 절대적으로 좋은 관습이고 정책인데 왜 로마 몰락의 원인으로 꼽을까 싶지만 일단 무상복지에 길들여진 로마 시민의 요구가 과도해진 데다, 아노나가 처음에는 얼핏 정치인 개인의 재산을 무상으로 기부한 것 같지만 나중에는 상당 부분 속주에서 거둔 세금으로 이뤄졌기 때문이다. 덧붙여 로마의 경제 시스템은 시장경제와 더불어 아노나에 기반을 둔 공공자선 제도인 에우어제티즘이 바탕이 됐는데 공공자선 제도가 과도한 무상복지로 문제를 일으키면서 로마의 경제 시스템이 몰락하는 데 역할을 했기 때문이다.

다시 소금 이야기로 돌아오자면, 보통 로마의 무상복지를 말할 때는 공짜 빵만을 가리키지만 평민들에게 공짜로 나눠준 것은 빵뿐만이 아니었다. 물 대신 마셨던 와인과 로마인의 식탁에서 빼놓을 수 없는 올리브 오일과 함께 소금 역시 그 대상이었다.

로마에서 평민들에게 처음으로 소금을 무상분배한 사람은 초대 황제인 아우구스투스였다. 그는 이집트 여왕 클레오파트라와 연합한 안토니우스와 악티움해전에서 싸울 때 평민들의 지지를 얻기 위해 아노나 형식으로 빵과 함께 소금을 무상으로 분배했다. 물론 형식은 부하인 아그리파의 기부로 되어 있지만 아그리파 자신의 돈과 아우구스투스가 지원하는 기금으로 소금을 사서 나누어 주었다.

소금 무상분배는 이후에도 종종 이뤄진 것으로 기록에 나온다. 대표적인 사례가 셉티미우스 세베루스 황제(Septimius Severus, 재위 193~211) 때다. 아들에게 황제 자리를 물려줌으로써 처음으로 세습제를 시작한 황제다. 이때 16명으로 구성된 재정 위원회 위원들이 황제의 딸과 함께 기금을 마련해 황제 가족의 건강을 기원한다는 명목으로 소금을 구입해 도시 전체에 나누어주었다. 그러면서 무상복지인 아노나가 빵뿐만이 아니라 소금에서 올리브 오일로 확대됐고 세베루스 알렉산데르 황제(Severus Alexander, 재위 222~235)때는 돼지고기로까지 품목이 확장됐다. 언제까지 무상분배에 소금이 포함됐는지는 분명치 않지만 로마에서 소금 무상복지가 사라진 시기는 콘스탄티누스 황제 사후 수도를 콘스탄티노플로 옮긴 이후로 추정한다.

하얀 황금에서 모두의 필수 식품으로 ✨

소금을 통한 국고 수입 확대보다는 정치 및 경제 안정이 훨씬 중요하다고 보았기에 소금의 공급가를 유지하는 데 각별한 주의를 기울였던 로마였다. 로마 시대 소금의 가격은 대략 얼마쯤이었을까?

로마 공화정 말기에는 소금 분배 재무관에 의해 소금이 유통됐는데 이들은 소금을 시장가격 아래로 분배했다고 한다. 아마 국가로부터 받는 보조금이 있었기 때문에 가능했을 것이다. 덧붙여 당시 소금 판매를 나라에서 통제했다고는 하지만 시장가격에 국가 공급 가격 등 다양한 유통 경로가 있었던 것으로 추정된다. 어쨌든 로마의 소금 값을 현대 기준으로 정확하게 환산할 수는 없지만 비슷한 시기의 다른 나라에 비해서는 엄청나게 싼 가격이었던 것만큼은 틀림없다.

예를 들어 서기 301년 공표된 디오클레티아누스(Gaius aurelius Valerius Diocletianus, 재위 284~305) 황제의 가격 통제 칙령에는 소금값이 현대의 무게로 환산해 약 18킬로그램에 100데나리우스를 초과할 수 없다고 나온다. 당시 숙련 벽돌공의 일당이 약 8데나리우스였는데 얼추 계산해도 반 달치 수입으로 2년 넘게 쓸 수 있는 소금을 구입할 수 있었을 것이다. 소금을 쉽게 생산하는 현대와 비교해봐도 결코 비싼 가격이라고는 할 수 없다.

여러 상황을 종합해보면 기원전 7세기 안쿠스 마르쿠스 왕에서부터 4세기 초반까지 로마의 소금 정책은 전매제도를 통해 국가 재정을 늘리는 수단이라기보다는 생필품을 싸게 공급하는 공공 서비스 성격이 더 강했다. 로마에서 '소금은 곧 정치였다'고 보는 이유다.

소금 정신으로 이룬
로마 사회

누구나 쓸 수 있었을 정도로 소금값이 저렴하고 풍부했기 때문일까, 로마의 소금 종류는 매우 세분화되어 있었고 로마인은 다양한 용도로 소금을 활용했다. 소금을 즐겨 먹었고 많이 사용했으며 식용뿐만 아니라 약용과 미용, 공업용으로도 소비하는 등 현대인의 광범위한 소금 사용에 결코 뒤지지 않았다.

현대인은 소금의 과다 섭취를 걱정하며 건강을 해치는 주범으로 경계하는 한편으로 다양한 기능성 소금을 만들어 사용한다. 천일염, 정제염뿐 아니라 조미 기능을 첨가한 맛소금에 대나무 통에 넣어 구운 죽염, 소금기를 머금은 풀에서 뽑아낸 염초 소금, 봄철 한때 송홧가루가 내려앉을 때 만드는 송화 소금과 심지어 히말라야산맥에서 수입해 온다는 핑크 암염까지 갖가지 기능을 강조한다.

소금으로 병을 고친다? ⟪⟪⟪⟪

고대 로마인은 소금을 일종의 건강식품으로 생각했다. 그렇기에 소금의 성질을 철저하게 파악했고 그래서 지역별, 종류별, 용도별 특성을 살려 다양하게 소금을 이용했다. 플리니우스가 쓴 《자연사》 31권 41장을 보면 로마의 소금이 얼마나 다양했는지를 알 수 있다. 플리니우스는 지중해에서 가장 높게 평가를 받는 소금으로 키프로스(Cyprus) 섬의 살라미스(Salamis) 소금과 프리지아(Phrygia)의 타렌툼 (Tarentum) 소금을 꼽았다. 키프로스 섬은 그리스 동남쪽과 터키 서남쪽에 위치한 섬으로 지중해에서 세 번째로 큰 섬이다. 살라미스는 이 섬 최대의 항구도시로 로마 시대에는 이곳의 소금 품질이 좋기로 소문났던 모양이다. 프리지아 소금은 오늘날 터키의 아나톨리아 지방에 있던 왕국에서 나오는 소금이다. 우리에게는 '미다스의 손'으로 유명한 기원전 8세기 미다스(Midas) 왕이 다스렸던 지역으로 고대에는 이곳에 소금 호수가 있었다. 이 두 곳에서 나오는 소금은 특히 눈에 좋은데 그중에서도 프리지아의 타렌툼 소금은 의료용으로 명성이 높았다고 한다. 다음으로는 특정 지역의 소금이 아닌 파도 거품에서 얻어지는 소금이 치료에 좋다고 적었다.

반면 카파도키아(Cappadocia) 소금은 작은 덩어리 형태로 수입하는데 빛깔이 좋은 데다 피부에 좋다고 기록했다. 카파도키아는 터키 아나톨리아 고원 한가운데 위치한 곳으로 실크로드가 통과하는 길목이었으며 제주도보다 큰 소금 호수가 있다. 현재는 관광지로 한국에 많이 알려진 곳이다.

그런가 하면 주름살을 제거하는 데는 키티온(Kition) 소금이 최고로, 여성들이 주로 쓰는데 특히 출산 후 복부에 튼 살을 제거할 때 바르면 효과가 좋다고 나온다. 키티온은 로마 시대에 키프로스 섬 남쪽에 있었던 소왕국이다.

약용 소금뿐만 아니라 결정과 빛깔로도 소금을 구분했다. 소금은 건조할수록 맛이 강해지며 흰 소금일수록 더 무르다면서 북동풍은 소금 결정을 더욱 풍부하게 만들지만 남풍이 불면 소금이 결정을 맺지 않는다고 했다. 그러면서 지금의 스페인으로 추정되는 트라가사 소금이나 그리스의 아칸토스(Akanthos) 소금은 불에도 타지 않을 정도로 결정이 단단하며 현재 시칠리아 섬의 아그리젠토(Agrigento) 소금은 불에 저항성이 강하다면서 이들 소금은 동물의 화상을 치료하는 데 효과가 있다고 했다.

또한 소금 빛깔에 대한 설명도 나오는데 멤피스(Memphis)의 소금은 진한 붉은 색이고 그리스에 있는 켄투리파(Centuripa) 소금은 자주빛, 시칠리아의 겔라(Gela) 소금은 사물을 반사할 정도로 빛깔이 밝으며 터키 카파도키아 소금은 향기로운 샤프론 빛깔로 결정이 투명하다고 했다.

요리용 소금에 대한 품평도 보인다. 음식을 조리할 때는 덜 짠 소금이 좋은 소금이라는 평가를 받는데 그리스의 아티카(Attika) 소금이나 에비아(Evia) 소금이 여기에 해당되고 고기 염장용 소금으로는 그리스의 메가라(Megara) 소금을 꼽았다.

소금 없이는 로마인의 인생을 논할 수 없다 〈〈〈〈

산지에 따라 소금의 품질을 세분화해 구분한 것 못지않게 일반 소금 역시 다양한 방법으로 가공해 활용했다. 이를테면 후추나 생강 등의 향신료를 가미한 소금은 소화불량이나 질병, 감기를 비롯한 각종 전염병을 막는 데 쓰였다. 이때 향신료와 소금의 비율과 제조법 또한 자세하게 기록돼 있다. 보통 소금 1파운드와 암모니아 소금 2파운드를 갈아서 백후추와 생강, 백리향 씨앗과 샐러리 씨앗, 또는 샤프론이나 후추, 박하 등을 섞어서 만든다는 것이다. 향신료의 배합 비율에 따라 달라지겠지만 현대인에게 인기 있는 값비싼 트러플 소금과 크게 다를 바 없다.

이렇듯 플리니우스의 저작에 적힌 일부 소금만 봐도 현대의 기능성 건강 소금은 저리 가라고 할 정도로 소금 종류를 세분화해서 사용했다는 사실이 놀라울 정도다. 이를 뒤집어 보면 소금 종류를 이렇게 자세하게 구분해 사용했다는 것은 소금 소비 시장이 그만큼 발달했고 활발한 거래가 이루어졌다는 소리다. 소금 시장의 규모도 엄청나게 컸을 것이고 따라서 로마 경제에서 소금 산업이 차지하는 비중 역시 만만치 않았을 것이다. 소금이 로마인의 일상생활에 얼마나 큰 영향을 미쳤는지는 로마 시대 여러 문헌은 물론 서양 언어, 특히 영어에 남아 있는 단어나 숙어와 함께 현재 우리가 먹는 음식 등 다양한 곳에서도 확인할 수 있다.

소금은 로마인의 입맛을 충족시켰을 뿐만 아니라 물질적으로 풍요로운 삶을 살게 만들었고 심지어 정신적 만족감까지 가져다주었다. 소금 덕분에 인생이 즐겁고 재미있다는 것인데 소금 중독자도 아니고 누가 이런 황당한 소리를 했을까 싶지만 《자연사》의 저자, 플리니우스가 자신의 책에 남긴 어록이다.

"소금 없이는 인생의 즐거움을 누릴 수 없다. 소금은 인간에게 절대적으로 필요한 물질로 소금이라는 단어보다 더 마음의 즐거움을 표현할 수 있는 단어는 없다."

소금의 다양한 특성과 소금이 얼마나 광범위하게 쓰이는지를 설명하면서 내린 다소 뜬금없는 결론인데 플리니우스는 소금이 로마인의 정신적인 영역에서도 꽤 중요한 역할을 해왔음을 강조했다. 소금은 개선 용사에게 부여되는 영광의 표상으로서도 중요한 역할을 했는데 '은화(salt money)'라는 뜻을 가진 '살라리움(salarium)'이라는 단어도 여기서 비롯됐다는 것이 플리니우스의 설명이다. 살라리움은 전쟁에서 승리한 장군과 개선식에서 소금을 포상금으로 지급한 것에서 유래했고 어원학자들은 월급을 뜻하는 '샐러리(salary)'의 어원을 여기서 찾는다. 흔히 로마 군인들이 월급을 소금으로 받은 것에서 비롯됐다고 알려진 부분이다.

소금을 나눌 수 있는 사람이야말로 동지

플리니우스는 또 옛날에는 소금을 귀하게 여겼는데 소금길, 비아 살라리아에서 그 증거를 찾을 수 있다며 기원전 7세기 오스티아 소금밭을 획득한 안쿠스 마르쿠스 왕이 일종의 보너스 성격으로 소금을 운반해온 백성들에게 600모디우스의 소금을 기부했다고도 적었다. 이를 현대의 단위로 환산하면 약 5톤 분량의 소금이다. 살라리움은 그러니까 현대의 월급처럼 일을 한 대가로 고정적으로 받는 급여가 아니라 영광의 대가로 얻는 보너스 성격이었으니 로마인들은 소금으로 정신적 만족을 얻었다는 플리니우스의 말을 어느 정도는 이해할 수 있다.

일상생활에서도 소금이 로마인의 심리 안정과 얼마나 밀접한 관련이 있는지를 유추할 수 있다. 흔히 자기가 맡은 바 역할을 제대로 하는 사람을 보고 우리말에서는 '밥값을 한다'고 말한다. 영어에서는 이에 대해서 '소금값 한다(worth salt)'는 표현을 쓴다. 로마 시대부터 생겨난 말이라고 하는데 사람이 제 역할을 제대로 했을 때 마음이 편해진다는 점을 감안하면 로마인의 심리에서 소금이 갖는 의미를 짐작할 수 있다.

여러 문화권에서 찾아볼 수 있듯이 소금을 함께 나눈다는 것은 곧 같은 편 내지는 한 식구라는 의미도 있는데 로마에서도 마찬가지였다. 예컨대 식탁 위에 소금 통을 놓는 것은 각자가 편하게 음식의 간을 맞추기 위한 방편일 뿐 특별한 의미가 없을 것 같지만 여기서도 소금에 대한 로마인의 인식이 반영되어 있다.

테이블 위의 소금은 로마 시대 이래 전해져 내려온 풍습으로 로마 귀족들은 연회 때 은 접시에 소금을 담고, 평민들은 조개에 소금을 담아 제공했는데 밥을 함께 먹는 사람을 우리가 식구(食口)라고 하는 것처럼 로마에서는 소금을 함께 나누는 사람이 나의 동지나 동료라는 의미가 있다는 것이다. 그래서 손님을 초대한 연회 식탁에 소금이 놓여 있지 않으면 비우호적인 표시 내지는 환영하지 않는다는 경계의 뜻으로 해석했다. 플리니우스가 소금이 로마 사회에서 단순히 맛과 경제적 의미를 넘어 정신적 의미가 있다고 말한 배경일 것이다.

이런 풍속은 로마뿐만 아니라 여러 문화권에서도 발견할 수 있다. 예를 들어 아랍 세계에서 소금은 약속과 신뢰의 상징으로 아랍의 부족들이 동맹을 맺을 때는 빵 위에 소금을 뿌리며 "앞으로 그대의 친구가 곧 나의 친구이고 그대의 적이 나의 적이다"라고 외쳤다고 한다.

로마 식탁을
풍성하게 한 소금

"모든 음식은 소금으로 맛을 낸다. 다양한 양념이 있지만 기본은 소금이다"

플리니우스는 《자연사》에서 이렇게 기록했다. 지금이야 당연한 소리지만 2,000년 전이라는 시대 상황을 감안하면 반드시 그런 것만도 아니다. 1세기 무렵 지구촌 다른 여러 지역에서는 소금이 특권층의 조미료였기 때문이다. 하지만 로마에서는 달랐다. 평민도 소금을 흔하게 이용했을 뿐만 아니라 갖가지 방법으로 활용하곤 했다.

플리니우스는 이런 기록도 남겼다. 소금에 갖가지 향신료를 더하면 다양한 양념을 만들 수 있다. 요리할 때 쓰는 젓갈 역시 소금의 종류에 따라 그 맛이 좌우된다. 양과 소 등 가축을 키울 때도 소금을 주면 풀을 더 잘 먹고, 짤 수 있는 우유의 양이 많아진다는 등….

샐러드와 소금의 관계 ✎

로마에서는 평민뿐만 아니라 심지어 노예도 소금을 값싸게 구하고 풍족하게 쓸 수 있었다. 덕분에 채소 이파리 한 조각, 고기 한 덩어리와 그 부스러기, 그리고 생선과 그 내장까지도 한 차원 높게 요리해 먹을 수 있었다. 지금 우리가 먹는 샐러드와 소스, 그리고 소시지 등이 소금으로 차원을 높인 로마 음식의 흔적이다. 또한 현재는 사라지고 기록으로만 남아 있는 음식인 로마의 생선 젓갈, 가룸도 소금을 이용한 음식이다. 이들 음식의 역사를 추적해보면 로마의 음식은 물론 유럽 음식 문화사와 풍속의 흐름까지도 엿볼 수 있다.

먼저 샐러드의 변천사다. 샐러드는 고대 그리스 로마 시대에 귀족을 비롯한 상류층의 사랑을 듬뿍 받았던 요리다. 그러다 중세 유럽에서는 가난한 사람이 먹는 천한 음식으로 전락한다. 이후 그리스 로마의 인본주의가 부활한 르네상스 시대에는 샐러드도 함께 부활해 귀족의 식탁에 오른다. 이어 현대에 이르러서는 계층을 막론하고 누구나 즐겨 먹는 요리가 됐다. 이렇듯 변화무쌍한 변천 과정을 겪었는데 샐러드의 발달은 로마 시대 소금과 밀접한 관련이 있다.

알다시피 샐러드는 익히지 않은 채소를 각종 소스나 드레싱과 함께 먹는 요리다. 소금과는 전혀 관련이 없는 것 같지만 샐러드는 사실 소금 덕분에 발달했다. 샐러드라는 이름의 어원 역시 소금에서 비롯됐다. '샐러드(Salad)'는 라틴어로 소금인 살(Sal)을 뿌려 먹는 것이라는 뜻의 '살라타(Salata)'에서 나온 단어다.

샐러드는 로마 시대에 널리 퍼졌다. 로마인은 채소를 많이 먹었다. 무역으로 번영한 나라지만 로마의 뿌리는 기본적으로 양을 키우며 농사를 짓는 농업 국가였다. 그래서였는지 한국인의 주식이 밥과 김치인 것처럼 로마인의 식사 역시 빵과 채소가 중심이었다. 이때 조리하지 않은 채소를 소스 또는 쌈장도 없이 그대로 날것으로 먹기는 쉽지 않지만 반대로 생 채소에 간장이나 소금을 뿌리면 맛이 확 달라진다. 소금이 풍부했던 로마에서 샐러드가 발달한 이유 중 하나라 볼 수 있다.

아피키우스의 레시피를 바탕으로 썼다는 조리서《요리에 대하여》에는 여러 종류의 채소 요리가 보인다. 그중에는 익혀서 조리한 것도 있지만 오늘날의 샐러드와 비슷한 요리도 다수 등장한다. 이를테면 양배추 잎을 올리브 오일, 큐민과 후추, 부추와 다진 고수풀 등으로 만든 소스를 곁들여 먹는 양배추 샐러드를 비롯해 올리브 오일, 식초, 소금 등을 드레싱으로 곁들이는 순무 잎 샐러드, 상추 샐러드, 당근과 파스닙(parsnip) 샐러드, 아티초크 샐러드 같은 것들이다.

아피키우스는 대단한 재력가이자 유명한 미식가였고 그가 기록한 요리법은 로마 상류층의 주로 즐겼던 음식이었다. 그러니 아피키우스의 요리법에 샐러드가 다수 보이는 것으로 미루어 요즘 고급 레스토랑에서 샐러드를 먹는 것처럼 로마 귀족들 역시 샐러드를 즐겼을 것으로 짐작된다.

귀한 손님에겐 빵과 소금을 〳〳〳〳

로마인들이 익히지 않은 채소에 소금을 뿌려서 샐러드로 먹은 역사는 오래됐다. 카토의 저서 《농업론》에는 양배추를 씻어 물기를 털어낸 후 잘게 썰어 소금과 식초를 가미해 먹으면 그보다 더 맛있고 건강에 좋은 음식은 없다는 내용이 강조되어 있다. 흔히 최초의 샐러드가 채소에 소금물을 뿌려 먹은 것이라고 이야기할 때, 그리고 최초의 소스가 소금물이었고 소스의 어원이 라틴어 소금(Sal)에서 비롯됐다고 말할 때 주로 인용되는 근거다.

카토뿐만이 아니라 옛날 로마 사람들은 양배추를 무척 즐겨 먹었던 것으로 보인다. 카토는 심지어 연회 자리에서 실컷 먹고 마시고 싶으면 식사 전에 식초 등으로 양념한 양배추를 생으로 가능한 한 많이 먹거나, 식후라도 양배추 잎사귀 몇 장을 먹으면 술과 음식을 마음껏 즐길 수 있다고 했다.

현대에도 서양인들이 술을 마신 후 다음날 숙취에 시달릴 때 식초에 절인 양배추 피클을 최고의 해장 음식으로 꼽는 역사적 근거 중 하나인데 어쨌든 기원전 2세기 카토 시대의 로마인들은 이런저런 이유로 익히지 않은 양배추를 열심히 먹었다. 하지만 카토가 《농업론》에 써놓은 것처럼 완전히 생으로 먹지는 않았을 것이니 식초, 소금물 내지는 가미한 소금을 뿌려 샐러드처럼 먹었을 것이다.

로마인들이 소금을 소스로 다양하게 활용했다는 사실은 카토의 《농업론》 이외에도 여러 문헌에서 확인할 수 있다. 플리니우스는 《자연사》에서 기원전 1세기, 율리우스 카이사르와 같은 시대에 활동한 로마의 정치가이며 학자인 바로(Marcus T. Varro)가 귀한 손님을 환대하며 대접할 때 빵과 함께 소금을 내놓았다며 '빵과 소금(bread and salt)'이라는 속담을 소개하고 있다.

빵을 소금에 찍어 먹듯 채소에도 역시 소금을 뿌려 맛있게 먹었던 것인데 기원전 2세기 때 인물인 카토에서부터 기원전 1세기의 바로, 그리고 서기 1세기 때의 아피키우스와 플리니우스, 그리고 서기 5세기 때의 요리책인 《요리에 대하여》까지 로마 시대 전체에 걸쳐 소금을 뿌린 채소 요리, 샐러드에 대한 기록이 골고루 보이니 로마인들이 얼마나 샐러드를 즐겼는지를 미루어 짐작할 수 있다.

생각보다 깊은 샐러드의 역사

물론 샐러드가 로마 시대에 처음 생겨난 요리는 아니다. 어떤 소스를 사용해 어떻게 샐러드를 먹었는지는 자세히 알 수 없지만 샐러드는 최소 고대 그리스에서부터 전해져 내려온 요리였다. 이는 로마 제국 시대인 서기 1세기 말, 2세기 초에 활동했던 역사가 플루타르코스가 쓴 《플루타크 영웅전》에서 확인할 수 있다. 기원전 6세기 아테네의 정치가 솔론(Solon)에 대한 기록 부분에 샐러드가 보인다.

우리에게 솔론은 아테네 시민의 참정권을 인정한 솔론의 개혁으로 유명한 인물이지만 그의 개혁에는 지나치게 엄격한 법의 완화도 포함돼 있다. 이전까지 아테네의 법률인 드라콘 법전은 모든 범죄에 대한 처벌이 대부분 사형이었다. 게으른 자도 사형, 과일을 훔친 자도 사형, 샐러드를 훔친 자도 사형이었으니 이는 곧 기원전 6세기에도 샐러드가 있었다는 뜻이다. 이렇듯 샐러드 요리의 역사는 생각보다 꽤 깊다.

지금은 샐러드를 다이어트 목적 등으로 메인 요리로 먹거나 아니면 본격적인 식사를 하기 전의 전채 요리로 먹는 것이 보통이다. 하지만 고대 그리스와 로마에서는 샐러드를 식전, 식후 언제 먹는 것이 바람직한지를 놓고 논쟁까지 벌였던 모양이다.

기원전 5세기 그리스 의사 히포크라테스(Hippocrates)와 서기 2세기 무렵 로마 제국에서 활동한 그리스 출신 의사 갈레노스(Claudios Galenos)는 샐러드를 식전에 먹는 것이 바람직하다고 주장했다. 익히지 않은 채소들은 먹을 때 여러 소화기관에 쉽게 미끄러져 들어가기 때문에 다음에 먹는 음식을 소화시키는 데 아무런 장애를 일으키지 않는다는 것이다.

반면에 샐러드는 식후에 먹는 것이 좋다고 주장한 사람들은 소스에 포함된 소금이나 식초가 와인의 맛을 파괴하기 때문에 샐러드는 식후 디저트로 먹는 것이 더 바람직하다고 주장했다. 의학적 관점이냐 미식의 관점이냐의 차이겠는데 어쨌든 이런 대립된 주장들은 그리스에서부터 로마 시대까지 이어졌다고 한다. 얼핏 사소한 일을 가지고 다투는 황당한 논쟁이지만 달리 보면 그만큼 로마인의 식생활에서 샐러드의 비중이 컸다는 것을 알 수 있다. 또 로마인이 샐러드를 많이 먹었다는 것은 그만큼 소스가 발달했기에 가능했을 것이다. 동시에 소스의 기본이 되는 소금을 풍부하게 사용했다는 소리가 된다.

로마 멸망과 함께 사라진 샐러드

샐러드를 로마 시대에 국한해서 본다면 단순한 흥밋거리 역사에 불과할 수도 있겠지만 중세 유럽과 르네상스, 그리고 현대까지로 확장해보면 이야기가 또 달라진다.

로마의 상류층이 즐겨 먹었던 샐러드는 로마 제국의 멸망과 함께 중세 시대가 시작되면서 귀족들의 식탁에서 자취를 감췄다. 중세 유럽에서 채소는 농노들이나 먹을 수 있는 천한 음식으로 전락했기 때문이다. 귀족들은 사냥에서 잡은 신선한 고기와 질 좋은 과일, 그리고 곡식으로 만든 빵을 먹었고 채소도 조리를 해서 익혀 먹었지 날것으로는 거의 먹지 않았다. 왜일까? 귀족이 샐러드를 먹지 않았던 논리는 꽤 흥미롭다. 당시 유럽의 귀족들은 고귀한 신분으로 태어난 자신들은 위가 연약하기 때문에 농부들이 먹는 채소와 같은 거친 음식은 소화할 수 없다는 터무니없는 주장을 폈다.

중세 귀족들은 익히지 않은 생식에 대해 편견을 갖고 있었다. 익히지 않은 음식을 먹는 것은 자살행위에 버금가는 어리석은 짓이기에 문명인은 익히지 않은 채소인 샐러드를 먹어서는 안 된다는 것이다. 이런저런 이유로 중세 귀족에게는 샐러드가 기피 식품이 됐다.

이 외에도 로마에서 유행했던 샐러드가 중세 유럽에서는 사라진 배경에 대해서는 여러 해석이 있다. 그중 하나로 민족적인 음식 문화의 차이를 꼽는다. 로마인은 기본적으로 농업을 중시한 농경민족이기 때문에 채소를 즐겨 먹었다. 반면 로마의 멸망과 함께 유럽 사회의 중심 세력이 된 게르만 민족은 목축을 중시한 부족이다. 게르만 부족이 살던 땅은 환경이 척박했기에 우거진 숲속에서 돼지를 키우고 좁은 농토에서는 보리와 호밀 같은 곡식을 재배했을 뿐 채소는 가꾸지 못했다. 그 때문에 로마인처럼 채소를 먹는 문화가 발달하지 않아서 샐러드는 농민의 음식으로 전락했다는 것이다.

샐러드가 사라진 이유를 사회경제적 구조에서 보기도 한다. 봉건 사회였던 중세 유럽은 로마처럼 활발한 무역을 바탕으로 한 개방 경제가 아니라 자급자족 중심의 폐쇄경제였다. 샐러드를 맛있게 먹으려면 소금과 젓갈을 기본으로 한 소스가 발달해야 하는데 중세 시대 소금은 세금 징수의 대상이었고 그래서 무역 제한 품목이었다. 그 때문에 소금과 생선이 있어야 만들 수 있는 젓갈은 유럽 사회에서 로마의 멸망과 함께 아예 자취를 감추게 된다. 소금과 젓갈이 없으니 소스로 맛을 살린 맛있는 샐러드가 아닌 거친 날것의 채소를 먹어야 했기에 귀족들은 채소를 거들떠보지도 않게 됐다는 것이다.

사라진 샐러드가 유럽 귀족의 식탁에 다시 등장한 것은 르네상스 이후다. 피렌체 메디치 가문(Medici family)의 딸인 캐서린 디 메디치(Catherine de Medici)가 프랑스 왕 앙리 2세(Henri II, 재위 1547~1559)에게 시집을 가면서 샐러드가 유럽에 퍼지게 됐다고 한다. 하지만 캐서린 왕비 덕분에 샐러드가 부활했다는 것은 표면적인 이유일 뿐 샐러드의 재등장 역시 여러 요인을 꼽는다.

그중 하나는 이탈리아에서 농업이 발달하면서 품종 개량을 통해 질 좋은 채소가 재배됐기 때문이라는 것이다. 또한 상공업의 발달에 의한 시민계급의 형성과 성장을 이유로 꼽기도 한다. 중산층이 형성되면서 질 좋은 음식의 수요가 늘었는데 신선한 고기의 공급은 부족했다. 때문에 채소를 이용하는 다양한 요리가 발달하게 됐고, 샐러드가 주요 요리로 자리 잡게 되었다는 설명이다. 그러나 무엇보다도 주된 배경은 유럽 요리의 중심이 다시 이탈리아와 프랑스 등 채소가 발달한 라틴 음식 문화권으로 넘어왔고 중세의 폐쇄경제가 다시 개방경제로 바뀌면서 이후 소스를 비롯해 유럽의 음식 문화가 비약적으로 발전했기 때문이라고 볼 수 있다.

이교도의 축제와
소시지 금식령

‘소시지(sausage)’의 어원은 소금이다. 라틴어로 ‘소금(salsus)’에 절였다는 뜻에서 비롯된 단어다. 소시지는 지금도 많은 사람들로부터 사랑받는 음식이지만 로마인들 역시 요즘 못지않게 소시지를 즐겨 먹었다. 소금이 그만큼 풍부했기 때문에 소시지라는 먹거리가 발달했을 것이다. 로마 시대에 소시지가 얼마나 인기가 많았던지 한때 이런저런 이유로 황제의 명령에 따라 소시지 금식령이 내려진 적도 있었다.

물론 평소 식사 때도 소시지를 많이 먹었지만 로마인에게 소시지는 축제의 음식이기도 했다. 아직 기독교를 인정하기 이전의 로마에서는 2월 14일과 15일, 이틀 동안 ‘루퍼칼리아(Lupercalia)’라는 축제가 열렸다. 이 축제는 늑대 젖을 먹고 자란 로물루스와 레누스 형제가 로마를 세웠다는 로마 건국신화와도 관련이 있는데, 봄이 시작되는 것을 계기로 한 해의 풍요를 기원하는 축제였다. 동서양의 신화에서 골고루 찾아볼 수 있는 것처럼 축제 때는 농사의 풍년뿐만 아니라 자식 농사의 풍년도 기원했기에 축제 기간 동안 로마의 여성들은 신전에 가서 다산을 빌었다.

발렌타인데이와 소시지

루퍼칼리아 축제 기간에는 자유로운 남녀 교제가 이루어지기도 했다. 축제 기간 중 결혼하지 않은 여자가 자신의 이름을 적은 쪽지를 항아리에 넣으면 남자들이 이름표를 골라 짝짓기를 할 수 있었고, 2월 14일과 15일 이틀 동안 서로 간의 교제를 허용했다고 한다. 이때 만난 청춘 남녀가 사랑에 빠져 결혼을 하는 경우도 있었다. 그렇기 때문에 일부 민속학자들은 2월 14일 발렌타인데이의 기원을 고대 로마의 루퍼칼리아 축제에서 찾기도 한다.

그런데 루퍼칼리아 축제 음식이 바로 소시지였다. 소시지가 루퍼칼리아 축제를 대표하는 음식이었던 건지, 아니면 당시 로마인들이 보편적으로 소시지를 즐겨 먹었기에 축제 기간 중에도 많이 먹었던 것인지는 분명치 않지만 소시지가 철퇴를 맞은 이유는 일단 루퍼칼리아 축제 음식이기 때문이었다. 소시지 금식령이 내려진 배경은 다음과 같다.

서기 306년 콘스탄티누스가 로마의 황제 자리에 올랐다. 그는 313년에 로마 제국에서 박해를 받았던 기독교를 공인한 '밀라노 칙령'

을 선포한 황제다. 기독교를 인정한 콘스탄티누스 황제는 로마의 민속 신앙에서 비롯된 축제, 바꿔 말해 기독교의 관점에서는 이교도의 축제인 루퍼칼리아 축제를 금지시킨다. 동시에 축제 음식으로 널리 퍼졌던 소시지 역시 먹지 못하도록 금식령을 내렸다. 소시지를 이교도의 축제에 먹는 야만적인 음식으로 여겼기 때문일 것이다. 기독교가 박해에서 벗어난 대신 소시지가 박해를 받기 시작한 셈이다. 이처럼 로마 황제가 이교도 축제 음식이라는 표면적인 핑계로 애꿎은 소시지를 먹지 못하게 했다는 것은 어렵게 내린 기독교 공인이라는 황제의 권위를 위협할 정도로 로마인들이 소시지를 많이 먹었기 때문일 것이다.

금식령이 내려진 이후, 로마에서는 소시지가 암시장에서 몰래 거래된 적도 있었다고 한다. 하지만 즐겨 먹던 맛있는 음식을 마음대로 먹을 수 없게 된 데 대해 로마 시민들이 거세게 반발하면서 소시지 금식령은 이후 흐지부지되고 말았다.

로마인의 소시지 사랑

로마인의 소시지 사랑은 굳이 콘스탄티누스 황제의 소시지 금식령이 아니더라도 로마 시대 전반에 걸쳐 여러 곳에서 그 흔적을 찾아볼 수 있다. 1세기 로마의 미식가 아피키우스가 남겼다는 로마 시대의 여러 요리 레시피에서도 다양한 종류의 소시지가 보인다. 그뿐만 아니라 소시지라는 음식 이름 자체에서도 찾아볼 수 있다.

소시지라는 영어 단어의 어원은 로마인의 언어인 라틴어, '살시쿠스(Salsicus)'에서 비롯됐다. 프랑스어와 이탈리아어도 마찬가지다. '소금으로 양념한 고기'라는 뜻이다. 로마인이 소시지를 일컫던 단어가 지금까지도 유럽 여러 나라 언어의 어원이 된 것을 보면 로마인들이 그만큼 소시지를 많이 먹었고 로마를 통해 당시 유럽 곳곳에 소시지가 퍼졌기 때문일 것이다.

물론 소시지는 로마인들이 처음 만들어낸 음식은 아니다. 서양 소시지의 기원은 기원전 3,000년 전에 지금의 이라크 지역에 살았던 고대 수메르인들이 먹었던 음식에서 비롯된 것으로 본다. 그만큼 역사가 오래된 식품이다. 이 음식이 전해져 기원전 6세기 고대 그리스 작가 호메로스(Homeros)의 《오디세이아(Odysseia)》에 혈액과 지방으로 채운 양의 내장으로 저녁을 준비했다는 내용으로 소시지가 보이고, 기원전 5세기 그리스의 극작가 아리스토파네스의 연극 중에는 지도자로 선출된 소시지 업자의 이야기도 있다고 하니까 고대 그리스 시대 사람들도 소시지를 즐겨 먹었음을 알 수 있다.

하지만 소시지가 대중적으로 널리 퍼진 것은 로마 시대 때부터다. 유럽 중부와 북부의 갈리아와 게르마니아에서 훈제한 저장 소시지를 가져다 이탈리아와 같은 남부 유럽에서 소시지를 대중화시킨 것이 로마였다. 로마의 경제적 번영에 힘입어 고기와 소금이 상대적으로 저렴하고 풍부했기에 일반 평민들도 먹을 수 있었을 만큼 소시지의 대중화가 가능했을 것으로 본다. 소시지의 어원이 소금과 관련이 깊은 것을 보면 로마의 소금이야말로 소시지 보급의 일등 공신이었음을 짐작할 수 있다.

이베리코 돼지와 로마의 소시지 ◀◀◀◀

로마인들이 소시지를 즐겨 먹었던 만큼 고대 로마에는 다양한 종류의 소시지가 있었다. 흔히 지금은 독일을 소시지의 나라라고 하지만 살라미 소시지를 비롯해 이탈리아에도 다양한 소시지가 있는 이유다.

이탈리아 소시지는 고대 로마에서부터 이어져 내려온 음식 문화로 미식가 아피키우스의 《요리에 관하여》에도 여러 종류의 소시지가 나온다. 그중에는 '루카니아(Lucania)'라는 소시지가 있는데 향신료를 섞은 돼지고기를 순대처럼 창자에 넣어 훈제해서 만든다. 로마 시대의 기록에 의하면 루카니아는 이탈리아 남부에 있는 고대 루카니아 지방에 주둔했던 로마 군인이 가져와 퍼트린 음식이라고 나온다. 로마 군단은 휴대하기 편하고 장기 보관이 쉬운 소시지를 군대 전투식량으로 삼았다는 주장의 근거라 할 수 있다. 이 외에도 '펜둘루스(Pendulus)', '미루타툼(myrtatum)', '보텔룸(Botellum)' 등 우리에게는 낯설기 그지없는 라틴어 이름의 다양한 소시지가 보이는데, 당시 소시지 수요가 얼마나 많았는지 소시지는 로마 시대 히스파니아, 갈리아, 그리고 게르마니아 속주와의 주요 교역 품목 중 하나였다. 스트라본은 그의 저서 《지리지》 곳곳에서 로마는 갈리아와 히스파니아에서 소시지와 햄 베이컨 같은 육가공 식품을 수입한다고 적어놓았다.

현대에도 세계적으로 알려진 스페인 돼지고기가 이베리코 흑돼지, 그리고 이베리코 흑돼지로 만든 햄인 하몽(jamón)이다. 이베리코 흑돼지가 맛있는 이유는 고유의 품종인 데다가 숲속에서 도토리와 밤 등을 먹고 자연 상태로 키우기 때문이라고 하는데 2,000년 전 로마 시대에도 이베리코 하몽과 소시지는 꽤나 명성을 떨쳤던 모양이다. 스트라본은 《지리지》 제3권 4장에서 이렇게 기록해놓았다.

"이베리아 쪽의 피레네산맥은 갖가지 나무로 울창한 숲을 이룬다. 이곳은 이베리아에 사는 케레타니 부족이 살고 있다, 이들이 소금에 절여 만드는 햄은 맛이 아주 뛰어나다. 칸타브리아(이베리아반도의 스페인 북부)지방 햄과 쌍벽을 이루는데 주민들이 이 햄으로 적지 않은 수익을 올린다."

갈리아 지방 곳곳에서도 소시지와 햄을 만들어 로마로 수출했다. 《지리지》 제4권 3장에서는 갈리아 중부 지방을 소개하면서 로마 시대에는 지금의 프랑스 리옹에서 햄을 만들어 로마에 수출했다고 기록했다. 당시에 '루그드넨시스이'라고 불렸던 리옹은 프랑스의 손강과 스위스 알프스에서 발원해 프랑스로 흐르는 론강이 합쳐지는 지역의 언덕 아래 위치한 도시인데 이곳에서 최고의 품질을 자랑하는 소금에 절인 돼지고기가 생산되어 물길을 통해 로마에 수출됐다는 것이다.

《지리지》 제4권 4장에서는 지금의 벨기에에서도 햄과 소시지를 로마로 보냈다고 기록했다. 벨기에 부족은 양과 돼지를 많이 키우며 소금에 절인 돼지고기를 대량으로 로마와 대부분의 이탈리아 지역에 공급했다고 한다.

이밖에도 로마에서 최고로 인기 있는 소금에 절인 돼지고기는 부르군디 숲속에서 나온다고 하는 등, 스트라본이 남긴 내용으로 추정해보면 1세기 무렵 지금의 스페인인 이베리아반도와 프랑스인 갈리아 지역 이곳저곳에서 대량으로 소금에 절인 돼지고기, 즉 햄과 소시지, 베이컨 등을 로마와 이탈리아 등지에 팔아 상당한 수입을 거두었던 것으로 보인다. 그러니 로마와 갈리아 및 히스파니아와의 소금과 육가공 식품 교역량이 상당한 규모에 이르렀을 것이다. 이렇듯 로마인의 식탁에 오른 소시지는 로마 제국의 경제를 뒷받침하는 육가공 식품 산업과 무역의 산물이었다.

생선 젓갈이 만든
로마의 부와 영광

고대 로마와 직접적으로 역사적 연결고리가 없는 한국인의 눈으로 로마인의 식탁과 주방을 들여다본다면 깜짝 놀랄 만한 식품이 한 가지 있다. 바로 생선 젓갈이다. 다양한 요리에 멸치젓이나 까나리액젓 등의 젓갈을 첨가해 먹는 우리와는 달리 유럽인들은 젓갈류를 즐기지 않았을 것 같지만 그렇지 않다. 지금은 사라졌을 뿐 고대 로마인들도 우리처럼 생선 액젓을 비롯한 수많은 종류의 젓갈을 즐겼다. 우리가 김치를 담글 때 새우젓이나 까나리액젓을 넣는 것처럼 로마인도 요리할 때 다양한 액젓을 넣어 맛을 냈다. 우리가 돼지고기 수육을 먹을 때 새우젓에 찍어 먹고 밥을 먹을 때 명란젓, 창란젓. 낙지젓을 반찬으로 먹는 것처럼 로마인 역시 고등어젓, 참치젓, 숭어젓을 먹었다.

로마에서는 이런 생선 젓갈을 '가룸(Garum)'이라고 불렀다. 물론 가룸 이외에도 젓갈을 지칭하는 명칭은 여럿 있지만 가장 대표적인 것이 가룸이다. 가룸은 생선 토막이나 작은 생선, 또는 생선 내장을 소금으로 절여 발효시켜서 만든 생선 소스(fish sauce)이니 우리나라의 젓갈과 전혀 다를 바가 없다.

빽빽했던 가룸 생산 공장

로마인은 가룸을 이용해 음식의 풍미를 높였을 뿐만 아니라 다른 향신료나 조미료, 이를테면 후추나 식초, 와인, 또는 올리브 오일 등과 섞어서 다양한 방법으로 맛을 내고 요리를 했다. 귀족은 물론 평민의 요리에도 가룸이 들어가지 않는 음식을 찾아보기 힘들 정도였고, 로마 군인들도 주둔지에서 식사를 할 때나 심지어 전투를 할 때도 가룸과 함께 전투식량을 먹었다. 한마디로 모든 로마인들이 생선 젓갈인 가룸 없이는 식사를 못했을 정도였다.

고대 로마의 생선 젓갈을 강조하는 이유는 가룸에는 단순히 먹는 음식으로의 젓갈 그 이상의 의미가 있기 때문이다. 소금길이 로마 도로의 시작이었고 상징적이든 실제로든 로마 번영이 최초의 로마 가도, 비아 살라리아에서 비롯된 것처럼 생선 젓갈 가룸 역시 로마의 경제 발전과 로마 제국의 번영에서 중요한 의미가 있다.

로마에서는 신분의 높고 낮음과 빈부의 격차를 떠나서 모두가 가룸을 먹었다. 그런 만큼 로마 제국 전체에서 소비되는 가룸 소비량은 어마어마할 정도로 많았다. 이런 가룸 수요를 충족시키기 위해 수많은 곳에서 가룸을 만들어 공급했다. 유럽 남단과 아프리카 북단 사이의 지브롤터해협에서 시작해 포르투갈 연안과 스페인 해안, 북 아프리카 연안은 물론 지중해 동쪽 끝의 흑해에 이르기까지 곳곳에 가룸 생산 공장이 빽빽하게 들어찼다.

당연한 소리지만 생선 젓갈인 가룸을 만들기 위해서는 생선과 소금이 필수다. 그 때문에 원료인 생선과 소금, 그리고 완제품인 가룸과 가룸 제조 과정에서 동시에 만들어지는 절인 생선을 운반해야 했고 광범위한 육상 및 해상 운송로와 무역 네트워크가 형성됐다. 멀리는 브리타니아와 갈리아, 게르마니아에서부터 지중해 구석구석과 동쪽으로는 흑해에 이르기까지 드넓은 지역에서 가룸 무역이 이루어졌다.

당시 가룸이 어찌나 활발하게 거래됐던지 2세기에 로마에서 활동했던 그리스 출신의 의사 갈렌이 "로마 항구에는 엄청난 숫자의 배들이 지중해 동쪽과 서쪽에서 운반해온 절인 생선과 가룸을 하역하느라 항구가 하루 종일 시끌벅적 분주했다"고 기록했을 정도다.

고대 로마의 필수 식품, 가룸

거의 매 끼니마다 가룸을 먹었던 로마인들은 도대체 얼마나 많은 양의 생선 젓갈을 먹었을까? 물론 가룸 소비량을 수치로 직접 계량할 수는 없으나 로마 시대의 유명한 조리서인 《요리에 대하여》에 나오는 레시피 중에서 가룸을 사용한 요리가 얼마나 되는지를 통해 가룸의 쓰임새를 유추해보는 것은 가능하다.

이 요리책에 적혀 있는 레시피는 대략 465가지 정도가 되는데 이 중 4분의 3 정도의 요리에 가룸이 들어간다. 예컨대 수프를 더 맛있게 끓이려면 가룸을 넣으면 된다거나 고기나 생선과 채소로 오믈렛을 만든 후 가룸을 소스로 뿌려 먹는 식이다. 우리 음식에 비유해서 말하자면 겉절이 김치에 액젓을 넣고 간장 대신 액젓으로 잰 양념 불고기와 까나리 액젓으로 콩나물국을 끓이는 것과 비슷하다. 우리의 국과 김치, 반찬에 모두 액젓이 들어가는 것처럼 로마인의 식탁에도 가룸이 빠지지 않았다는 뜻이다.

잠시 우리나라로 시선을 돌려보면 우리 역시 젓갈 왕국이라고 할 수 있을 정도로 젓갈의 종류가 많은데, 바다는 물론 강이나 하천에서 잡히는 모든 수산물로 젓갈로 만들었기에 젓갈 종류가 모두 140가지가 넘는다고 한다. 조미료로 쓰는 새우젓, 멸치젓은 물론이고 반찬으로 먹는 명란젓, 어리굴젓 등 흔한 젓갈에 전어젓, 대구 아가미젓, 토하젓 등 이루 헤아릴 수가 없을 정도로 많다.

그런데 로마의 가룸 역시 우리의 젓갈 못지않게 종류가 다양했다. 생선 종류에 따라서 그리고 만드는 방법에 따라 무궁무진한 종류의 가룸으로 조합할 수 있었다. 그중에서도 가장 흔했던 가룸이 주로 고등어, 참치, 숭어, 정어리, 안초비 등의 생선으로 만든 것들이었지만 실상은 모든 종류의 생선 내지는 내장과 아가미 등 생선 부속물로 만들었다. 게다가 일반적으로 로마의 생선 젓갈을 가룸이라고 하지만 정확하게는 가룸 한 종류만 있는 것도 아니었다.

이름만큼이나 다양한 가룸의 종류 ◀◀◀◀

로마 문헌에 나오는 생선 젓갈은 대략 네 종류로 구분한다. 가룸, 알레크(allec), 무리아(muria) 그리고 리쿠아멘(liquamen)이다. 그중 가룸은 젓갈을 담갔을 때 주로 위에서 떠내는 액젓이다. 그렇다고 우리처럼 액체인 액젓과 젓갈로 명확하게 구분하지는 않았던 것 같다. 종류가 워낙 다양하니까 새우젓처럼 해산물의 형태가 남아 있는 것도 있다.

알레크는 액젓을 떠내고 밑에 남은 찌꺼기로 만든 젓갈이다. 저렴한 형태의 피시 소스로 주로 하층민들이 먹는 젓갈이다. 무리아는 생선을 소금에 절였을 때 나오는 진액을 가공해 만드는 소스다. 리쿠아멘은 가룸과 구분이 애매한데 가룸처럼 생선 소스 전체를 말하는 용어라고도 하고 덜 비싼 형태의 가룸을 말하기도 하는 등 로마 음식을 연구하는 학자들도 정의가 엇갈릴 정도로 명확히 구분되지 않는다.

품질과 제조법에 따라 가룸의 종류는 다양했다. 이를테면 하이마티온(haimation)은 고품질의 값비싼 가룸으로 주로 부자들이 소비했던 가룸이다. 로마 시대 당대의 제조법은 없지만 10세기 동로마 비잔틴제국의 콘스탄티누스 7세 때 발행된 농업서인《게오포티카》에는 하이마티온을 만드는 법이 자세히 나온다.

먼저 참치나 고등어 내장과 신선한 피에 충분한 소금을 뿌린 후 항아리에 담아 두 달 동안 숙성을 시킨다. 그러면 진하고 풍부한 하이마티온 젓갈이 만들어지는데 이것은 아주 비싼 값에 팔렸다고 한다. 참고로《게오포티카》는 로마 시대의 가룸 제조 방법이 구체적으로 적혀 있는 유일한 문헌이다.

또한 앞서 아피키우스의 요리법에서 로마식 오믈렛에 뿌려 먹었다는 소스인 오에노 가룸은 빻은 후추와 미나리를 생선 젓갈인 리쿠아멘과 와인에 혼합한 것이다. 이밖에도 아피키우스의 요리법에는 식초를 섞은 옥시가룸(oxygarum), 물로 희석시킨 가룸, 올리브 오일을 혼합한 엘래오가룸(elaeogarum) 등 여러 종류가 보인다. 고등어 알로 만든 스콤브리(scombri) 가룸은 우리의 알젓과 비슷했을 것으로 보이고 심지어 유대인을 위해 만든 특제 가룸까지 있었다. 무슬림이 먹는 할랄 식품처럼 전통적인 유대교 율법에 따라 만들어진 코셔(Kosher) 가룸이 그것이다. 폼페이에서 발견된 것으로는 가룸 카스튬(castume)이라는 것이 있는데 당시 로마 제국에 살던 유대인들을 위해 특별히 만든 코셔 식품이었을 것으로 추정한다

수많은 종류의 가룸을 하루도 빠짐없이 먹었던 로마인들. 그런데 그 많은 가룸들 중에서도 1세기 플리니우스를 비롯해 여러 로마인들이 극찬한 가룸이 있다. 바로 소키오룸(sociorum)이라는 가룸으로 현재의 스페인 남부지역에서 고등어를 주재료로 만든 젓갈이다, 플리니우스는《자연사》에서 그 맛을 천국의 맛에 비유했고 소키오룸에서 풍기는 냄새는 향수와 같다고 했을 정도다. 소키오룸 가룸은 약 6리터가 빵 덩어리 2,000개의 가격과 맞먹을 정도였다니까 어마어마하게 비쌌던 고급 가룸이었다.

이렇듯 가룸 없이는 식사를 못했을 정도로 널리 쓰였기 때문인지 로마인들은 가룸을 단순히 조미료로만 이용한 것이 아니었다. 아플 때도 가룸으로 치료를 했으니 로마인에게 가룸은 만병통치약이었

다. 플리니우스는《자연사》에서 이질로 설사를 하거나 귀앓이를 할 때도 가룸을 먹으면 낫는다고 했고, 개에 물렸을 때도 가룸을 바르면 좋고, 가룸에 절인 아프리카 달팽이는 위장 장애를 없애는 데 도움이 된다고 했을 정도다. 플리니우스의 기록만으로 보면 가룸이 민간요법으로 많이 쓰인 것은 확실한데 2세기 때의 의사인 갈레노스 역시 위통은 물론 화상 치료까지 다양한 질병 치료에 가룸을 처방했다고 하니, 가룸은 단순한 민간요법 이상으로 의사가 정식으로 처방한 약이었던 셈이다.

가룸의 발달과 포에니전쟁

로마인들은 왜 그토록 가룸을 좋아했을까? 그리고 언제부터 그 맛에 푹 빠졌을까? 한 가지 확실한 것은 로마인의 가룸 사랑이 단순히 입맛의 문제만은 아니라는 점이다. 가룸 소비는 로마 제국의 발전 과정과 밀접한 관계가 있다.

사실, 로마인이 처음부터 그렇게 열심히 젓갈을 먹었던 것은 아니다. 건국신화에 따르면 로마는 늑대 젖을 먹고 자란 로물루스와 레무스 형제가 세운 나라다. 신화를 통해 로마의 뿌리는 목동 지도자가 이끌었던 목축업 부족 집단이었을 것으로 해석한다. 전설을 토대로 한 〈사비니 여인들의 납치〉라는 그림에서 알 수 있는 것처럼 농경 부족인 사비니 부족과 합치면서 목축업과 농업을 바탕으로 한 나라, 로마가 만들어졌다.

이랬던 로마인들이 생선 젓갈에 맛을 들인 것은 바다를 무대로 활동했던 그리스와 페니키아의 영향을 받았기 때문이다. 이는 가룸의 어원을 통해서도 알 수 있다. 가룸은 고대 그리스에서 새우를 뜻하는 단어, '가로스(garos)'에서 비롯된 것으로 추정한다. 그리스 사람들이 먹던 소금에 절인 새우, 즉 새우젓이 원조인 셈이다.

물론 고대 그리스에서만 생선 젓갈을 먹었던 것은 아니다. 지중해를 무대로 활동했던 카르타고인의 조상, 페니키아인들도 젓갈을 먹었다. 기원전 5세기 이전의 그리스, 페니키아의 난파선에서 그 흔적이 발견된다. 그런 면에서 로마인 식탁의 중심 음식인 와인과 올리브, 가룸은 모두 그리스와 페니키아 음식 문화의 영향을 받았다.

이처럼 가룸의 원조는 그리스와 페니키아의 생선 젓갈이지만, 가룸을 발전시킨 것은 분명 로마인이다. 로마인의 식탁이 가룸으로 채워지고 가룸 제조의 바탕이 되는 수산업이 발달한 배경, 그래서 로마의 산업과 경제의 기반이 된 결정적인 계기는 당시 지중해의 패권을 놓고 카르타고와 싸웠던 포에니전쟁이다.

우리는 포에니전쟁을 카르타고의 영웅 한니발 장군과 싸운 전쟁 또는 카르타고를 물리치고 로마가 드디어 지중해의 패권을 차지하게 된 전쟁 정도로만 간단하게 기억한다. 하지만 로마 제국이 경제적으로 발전하게 된 계기, 로마가 풍요로워지고 로마인의 생활이 윤택해진 것도 모두 포에니전쟁의 승리가 밑거름이 됐다. 한마디로 로마 제국의 번영은 '기승전 포에니전쟁의 승리' 때문이라고 결론 내릴 수 있다.

우선 기원전 264년에 시작해 기원전 241년에 끝난 제1차 포에니전쟁이 계기가 되어 로마인의 식탁은 가룸으로 풍성해질 수 있었다.

이때 카르타고를 물리친 결과 지중해에서 가장 큰 섬인 시칠리아가 로마의 통제권 아래 들어왔다. 시칠리아는 로마의 빵 바구니로 알려졌을 만큼 비옥한 토지 덕분에 밀을 비롯한 다양한 곡식을 재배했는데, 그와 동시에 어마어마한 수산자원의 보고이기도 했고, 당시에는 값비싼 자원이었던 소금의 생산지이기도 했다. 시칠리아 사람들은 섬 내륙의 수많은 습지에서 퍼 올린 바닷물을 끓여 소금을 만들었다. 실제로 시칠리아 섬 서부에서는 고대 제염소가 집중적으로 발굴되기도 했다.

이렇게 만든 소금과 풍부한 수확량을 자랑하는 생선으로 시칠리아는 섬 전체가 어업기지인 동시에 소금에 절인 생선과 생선 젓갈 가룸을 만들어내는 공장 역할을 했다. 특히 고대의 시칠리아는 참치잡이 어업으로 유명했는데 기원전 4세기 시칠리아 출신의 그리스 시인이며 미식가였던 아르케스트라투스가 고향의 신선한 참치와 소금에 절인 참치의 맛을 찬양하는 글을 남겼을 정도다.

이 무렵 시칠리아에서는 참치가 잡히는 계절이면 머리 부분은 신선한 채로 먹고 몸통과 하반신은 말리거나 소금에 절여 보관했으며 내장과 부스러기 고기는 소금에 절여 젓갈을 담았다. 이렇게 절인 생선과 젓갈이 로마 시장에 공급되기 시작하면서 로마인들은 가룸에 맛을 들이게 됐다.

이후 기원전 146년에 끝난 제3차 포에니전쟁으로 지중해의 패권이 완전히 로마의 수중에 들어오고 특히 이전까지 카르타고의 직접적인 지배 영역이었던 이베리아반도의 스페인, 포르투갈과 북아프리카 일대가 이제는 완전히 로마의 지배 아래 놓이게 된다. 그 결과 지중해 곳곳에 있던 절인 생선과 생선 젓갈 가룸을 만드는 공장이 로마의 수중에 들어왔고 기원전 1세기부터 서기 1세기 사이에 수없이 많은 수산물 가공 공장이 이 지역에 들어섰다.

100곳이 넘었던 가룸 생산 공장

유럽 대륙의 서쪽 끝인 포르투갈 해안이 접하고 있는 대서양에서 스페인과 아프리카 사이의 좁은 입구의 지브롤터해협을 지나면 바로 지중해가 펼쳐진다. 지브롤터해협에서부터 지중해를 사이에 두고 북쪽으로는 스페인 해안이, 그리고 남쪽으로는 모로코, 알제리, 튀니지로 이루어진 북아프리카가 나팔 모양으로 서서히 넓게 펼쳐진다.

로마 시대에는 이곳에 수없이 많은 가룸 공장이 밀집해 있었다. 일명 '케타리애(Cetariae)'라고 하는 수산물 가공 공장이다. 이곳에서는 어부들이 잡은 생선을 소금에 절이고 해체한 생선의 내장을 비롯한 부속물을 소금으로 절여서 다양한 종류의 가룸을 만들었다.

로마 시대 수산물 가공 공장의 유적지가 다양한 지역에서 발견되고 있는데 지금까지 이베리아반도와 북아프리카 연안에서 발굴된 유적만 해도 포르투갈에 40곳, 스페인에 38곳, 모로코에 10곳 등이다. 이밖에도 프랑스, 알제리, 튀니지 그리고 이탈리아와 터키의 흑해 연안까지 합치면 100곳이 훨씬 넘는다고 한다.

그렇다면 하나의 수산물 가공 공장에서는 얼마나 많은 양의 가룸을 생산했을까? 지역마다 그 규모가 다르지만 예를 들어 모로코에

지중해 가룸 공장의 분포

있는 릭수스(Lixus) 유적지에서 생산된 가룸 생산량은 발굴된 규모로
봤을 때 약 100만 리터를 넘었을 것으로 추정한다. 이 역시 최대 규
모는 아니었다. 스페인에서 발굴된 수산물 가공 공장인 케타리애 중
에서는 지브롤터해협 부근의 대서양 연안에 위치한 바엘로 클라우
디아(Baelo Claudia) 유적지가 현재로서는 가장 큰 규모인 것으로 알
려져 있다. 이 고대 로마 유적지는 주로 참치 어업과 참치 염장업 그
리고 가룸 생산으로 부를 쌓은 도시다. 이 도시의 가룸 생산량이 얼
마 정도였는지는 알 수 없지만 젓갈 생산 시설 규모가 모로코 릭수
스의 약 10배가 넘는 것으로 추정한다. 그러니 가룸 생산 규모 역시
그에 비례하지 않았을까 싶다.

　가룸은 품질에 따라 다양한 가격으로 팔렸다. 로마 제국 후기
프랑스 서부 브르타뉴(Bretagne) 지방의 고대 로마 도시 아모리카
(Amorica)에서는 로마 군단에 공급할 값싼 가룸을 대량으로 생산했

던 지역이다. 심지어 생선 부스러기를 이용해 노예들에게 판매할 가룸을 생산한 지역도 있었다고 한다.

이베리아반도와 북아프리카를 중심으로 유럽 곳곳에서는 품질이 천차만별인 어마어마한 양의 생선 젓갈을 만들어 해상과 육상 운송로를 통해 로마 제국 구석구석으로 실어 날랐다. 포르투갈과 프랑스에서 만들어진 가룸이 로마 군단이 주둔한 브리타니아의 내륙 깊숙이까지 운송됐을 정도다. 그렇기에 가룸은 로마 경제를 뒷받침했던 주요 산업 중 하나로 꼽는다. 생선 젓갈인 가룸 중심으로 이야기했지만 정확하게는 생선과 절인 생선까지를 포함한 수산업이야말로 로마 제국을 지탱하는 기간산업이었다.

가룸과 염장업의 발달 ⟪⟪⟪

가룸의 소비와 생산 규모가 엄청났던 것에 비례해 생선 및 절인 생선의 소비는 그보다 훨씬 규모가 컸다. 생선 젓갈인 가룸이 배꼽이라면 생선 소비 자체는 몸통에 해당되었다. 가룸은 수산물 가공업자들이 소금으로 절인 생선 제품을 만들고 난 후 거기서 생긴 부스러기 토막이나 내장, 아가미와 꼬리 등과 정어리 안초비처럼 작은 생선으로 만들기 때문이다.

로마 수산업은 소금으로 만든 제품이라는 뜻의 '살라멘툼 (salamentum)'이라고 하는 염장업이 핵심이다. 로마인의 식탁에서 빠지지 않는 것 중에는 생선 젓갈과 함께 절인 생선도 있다. 옛날 우리나라에서 절인 고등어나 꽁치, 갈치, 조기 등이 밥상에 자주 올랐던 것처럼 로마인 역시 절인 생선을 많이 먹었다.

생선을 절이거나 젓갈로 만들려면 기본적으로 생선과 소금이 있어야 한다. 가룸 제조법이 상세히 적혀 있는 농업서 《게오포티카》에는 생선을 절일 때 생선과 소금의 비율이 8 대 1이라고 기록되어 있다. 그만큼 많은 양의 소금이 필요했다. 젓갈도 마찬가지다. 암포라라는 항아리에 생선과 소금을 겹겹이 넣고 밀봉해 수개월 동안 숙성시키는데 많은 경우 4 대 1의 비율로 소금을 넣었다고 한다.

절인 생선이나 젓갈 같은 살라멘툼을 만들기 위해서는 수산업과 함께 지속적인 소금 공급이 필요하기도 했다. 살라멘툼의 생산 공장인 케타리애가 주로 포르투갈과 스페인 연안 그리고 북아프리카 연안을 중심으로 밀집해 있었던 이유도 이곳에 어업 항구가 몰려 있으면서 동시에 소금을 만드는 제염소가 많았기 때문이다.

가룸 산업의 파급효과 ⫷⫷

소금길 비아 살리리아를 통해 수집되고 운반된 고대 로마의 소금은 가룸과 절인 생선, 그리고 식품산업은 아니지만 로마 황제의 상징색인 자주빛 염색의 원료에 이르기까지 로마 제국 번영의 기틀이 되는 수많은 산업을 만들어내고 발전시켰다. 이뿐만 아니라 용기업의 발전에도 간접적인 역할을 했다. 와인과 올리브 오일 운반에도 필요했지만 절인 생선과 가룸을 운송하기 위해서는 다양한 크기의 로마식 항아리인 암포라가 있어야 했기에 로마에서는 암포라 용기 산업이 발달했고 운송업과 창고업이 번성했다.

어업과 창고업을 하려면 막대한 자본과 함께 리스크 헷지(risk hedge), 즉 손실의 위험을 분산시키고 회피해야 했다. 그래서 현대로 치면 초기 형태의 선물환 거래에서부터 보험과 유가증권 등 무형자산을 활용한 금융 산업까지 발달한다. 로마인의 식탁 위에 오른 생선과 젓갈 그리고 다양한 음식들은 단순한 먹거리가 아닌 로마 경제를 구성하는 핵심 요소인 것이다.

로마의 국민 생선, 참치와 고등어

로마 제국은 명실공히 생선의 나라였다. 생선 젓갈 가룸뿐만 아니라 온갖 종류의 물고기를 다 먹었다. 그렇다면 로마인이 제일 좋아하고 또 많이 먹었던 물고기는 무엇이었을까?

로마의 국민 생선은 참치와 고등어였다. 고등어야 옛날이나 지금이나 세계적으로 흔한 물고기니까 특히 즐겨 먹었다고 해도 주로 먼 바다에서 잡히는 참치가 어떻게 로마의 국민 생선이 될 수 있었을까? 그 이유는 현대의 한국에서 고등어와 참치가 국민 생선이 될 수 있는 것과도 비슷하다. 한국인은 고등어를 특히 즐겨 먹는다. 우리 바다에서 잡히는 고등어뿐 아니라 멀리 유럽의 노르웨이에서 가져오는 수입산 고등어 덕분이다.

참치도 마찬가지다. 통조림이 됐든 참치 회가 됐든 우리가 먹는 대부분의 참치는 근해에서 잡히는 어종이 아니다. 원양어선이 먼바다에 나가서 직접 잡아 오거나 수입을 해서 해외에서 가져오는 생선이다.

모든 생선도 로마로 통한다

고대의 로마 제국 역시 크게 다르지 않았다. 고등어는 이탈리아반도 인근에서도 풍부하게 잡히긴 했지만 생선 자체는 물론이고 젓갈인 가룸 소비량을 충족시키기에는 턱없이 부족했다. 로마인이 먹었던 고등어의 상당량은 북아프리카 연안을 비롯해 지중해 곳곳에서 수입한 것들이었다. 그나마 이탈리아 인근 해역에서도 많이 잡혔기에 로마에서 고등어는 서민의 생선이었고 고등어를 '가난한 사람들이 먹는 참치'라고 부르기도 했다.

한편 참치는 평민과 중산층이 먹는 생선이었다. 수입을 해서 먹었던 물고기였기 때문이다. 제일 가까운 참치 어장은 시칠리아 바다였다. 로마 시대에는 시칠리아가 본국이 아닌 속주였으니 참치는 수입생선이었고 고등어만큼 저렴하지는 않았다.

이처럼 로마인의 식탁에 고등어와 참치가 놓일 수 있었고 또 고등어, 참치의 부속물로 만든 젓갈 가룸이 빠지지 않았던 것은 로마가 자급자족에 의존하는 나라가 아닌 자유무역 국가였기 때문이다. 그것도 20세기 후반에야 만들어진 글로벌 상품 공급체인(global supply chain)을 지금으로부터 2,000년 전에 벌써 실현했던 나라였다. 덕분에 모든 길은 로마로 통한다는 말이 상징하듯이 참치를 포함한 모든 생선이 로마로 공급될 수 있었다. 고등어와 참치가 로마의 국민 생선이 될 수 있었던 배경이다.

다양한 어종과 함께 발달한 생선 가공 산업

오늘날 우리가 한반도 인근 해역에서는 잡히지 않는 참치를 통조림에서부터 참치 회까지 다양한 방법으로 즐기는 것처럼 고대 로마인들 역시 로마 앞바다에서 잡히지 않는 참치를 절인 참치에서부터 싱싱한 참치 소금구이에 이르기까지 여러 방법으로 요리해 먹었다.

참치를 소비하는 형태 역시 지금과 비슷했다. 현대인에게 참치 통조림은 대중적이지만 참치 회는 비교적 고급 요리인 것처럼 로마에서도 참치로 만든 젓갈인 참치 가룸은 계층에 관계 없이 먹는 대중적인 소스였고 절인 참치 역시 대중적이었던 반면, 신선한 참치 소금구이는 어느 정도 경제력이 있는 계층에서 즐긴 요리였다.

시대와 산지에 따라 참치도 등급이 달랐다. 예컨대 기원전 4세기 그리스 작가 아르케스트라투스는 고대 그리스의 미식을 묘사한《호화 생활(The Life of Luxury)》에서 참치를 상당히 고급 생선으로 그려 놓았다. 그의 고향에서는 참치가 잡히는 계절이면 머리 부분은 신선한 채로 먹고 몸통은 말리거나 소금에 절여 보관하는데 비잔틴에서 가져온 암컷 참치의 꼬리는 잘라서 기름이나 소금구이로 구워 먹거나 소금물 소스에 찍어 먹는다고 적었다. 참치를 여러 지역에서 가져왔을 뿐만 아니라 부위별로 다르게 요리했음을 알 수 있다.

그런데 앞서《호화 생활》이라는 작품에 나오는 요리를 그리스의 미식이라고 했지만 아르케스트라투스는 시칠리아 출신인 데다 그가 활동했던 시기는 그리스가 쇠퇴하고 로마가 부상할 무렵이었다. 이 때문에 그가 남긴 음식 기록은 로마 요리와 중복되는 부분이 많으니 로마의 참치 요리법이라고 봐도 크게 다르지 않을 것이다.

로마의 평민이 먹은 생선은 참치 이외에도 고등어, 숭어, 농어, 도미, 가자미, 넙치, 정어리에 이르기까지 현대에 못지않게 수많은 종류가 있었다. 2세기에 활동한 의사 갈레노스의 기록에서 볼 수 있는 것처럼 지중해 곳곳에서 잡히는 다양한 생선 대부분을 로마로 가져왔기 때문이다.

갈레노스는 자신이 알고 있는 최고의 절인 생선은 '사르다(sarda)'라고 했다. 사르다가 어떤 물고기인지에 대해서는 여러 주장이 있는데 지중해 먼바다에서 잡히는 참치의 한 종류라는 설부터 가다랑어 또는 이탈리아 동쪽 사르데니아 섬 부근 바다에서 잡힌 고등어라는 주장도 있다. 어쨌든 갈레노스는 절인 사르다 이외에도 이집트에서 가져오는 소금에 절인 정어리나 스페인에서 들여온 절인 고등어도 좋다고 했으니 지중해 구석구석을 비롯한 브리타니아의 굴과 생선까지 서양 세계 곳곳의 물고기 요리 재료가 로마로 모여들었다. 이렇게 모인 물고기를 손질하고 남는 내장 등의 부속물은 버리는 게 아니라, 절여서 젓갈인 가룸을 만들었기에 로마 시대의 지중해 곳곳에서 어업과 수산업, 염장업 등의 생선 가공 산업이 발달할 수 있었다.

로마 상류층의 식도락, 해산물 《《《

먹는 음식을 보면 그 사람을 알 수 있다는 브리야 사바랭의 말은 생선을 먹는 로마인들에게도 예외 없이 적용된다. 이를테면 참치, 숭어, 농어, 가지미 등을 먹으면 중산층, 고등어나 정어리 등을 먹으면 서민층, 싱싱한 생선을 소금구이로 먹으면 유산계급, 통조림처럼 절인 생선을 먹으면 무산계급으로 분류할 수 있다. 그렇다면 최상류층, 로마 황제나 원로원 의원 같은 권력층과 부자들은 어떤 생선을 먹었을까?

로마 시대 상류층이 즐겼던 최고급 생선으로는 흔히 철갑상어(sturgeon)를 꼽는다. 현대인도 철갑상어의 알 캐비아를 유럽의 3대 진미로 꼽으며 비행기 일등석 기내식으로 서비스하고 면세점에서는 자물쇠로 잠근 유리 진열장에 넣어 따로 전시할 정도지만, 고대 로마에서는 철갑상어 알이 아니라 철갑상어 자체를 최고의 진미로 여겼다. 철갑상어 요리를 차려내는 방법도 지금의 고급 캐비아 못지않게 화려했다.

철갑상어 요리는 식탁에 놓일 때부터 대접이 달랐다. 철갑상어가 연회 석상에 차려질 때는 마치 황제가 입장할 때와 마찬가지로 팡파르가 울려 퍼졌다. 악사들이 음악을 연주하고 북소리가 요란하게 울리는 가운데 노예들이 철갑상어가 담긴 접시를 두 손에 받들고 들어와 식탁에 차렸다. 심지어 세베루스 황제는 자신이 주최한 연회에서 황제 자신이 철갑상어와 함께 입장했다고 한다. 황제와 동급으로 대우를 받았던 생선이었던 셈이다.

철갑상어는 주로 흑해에서 잡히는 물고기다. 흑해는 남서쪽으로는 터키에서 북동쪽으로는 우크라이나까지 이어지는 바다로, 로마에서 멀리 떨어져 있기도 하지만 로마 시대에는 철갑상어를 잡기가 쉬운 일이 아니었다고 한다. 로마에서 귀한 대접을 받았던 이유다. 그런데 아무리 철갑상어가 진미에다가 희귀했기로서니 정말로 황제와 동급으로 취급했을까?

철갑상어의 등장이 너무나 요란했기 때문인지 당시 로마인들도 진위 여부를 놓고 논쟁을 벌였다. 플리니우스는《자연사》제9권 27장에서 옛날에는 철갑상어가 가장 고귀한 물고기로 대접받았다고 하는데 지금은 그 정도는 아니라고 적었다. 2세기 후반 로마 시대의 그리스 출신 작가 아테나이오스 역시《현자의 연회(Banquet of the learned)》에서 철갑상어가 황제가 등장할 때 음악이 연주되며 함께 식탁에 오른 생선이라고 하는 말이 있지만, 아마도 철갑상어가 아닌 다른 물고기일 것이라며 의문을 제시했다.

1세기의 플리니우스와 2세기의 아테나이오스가 남긴 기록을 보면 이들이 살았던 시대 이전의 고대 로마에는 철갑상어가 왕의 연회에 팡파르를 울리며 차려진 생선이었다는 소문이 있었으며 그런 루머가 로마에 꽤 널리 퍼져 있었던 것으로 추정할 수 있다. 그러면서 철갑상어가 그 정도는 아니었을 것이라는 의문을 제기한 것인데 로마에 왜 이런 풍문이 퍼졌던 것일까?

소문의 진원지로는 앞서 언급한 그리스 작가 아르케스트라투스의《호화 생활》을 꼽는다. 여기에 왕의 연회가 열리면 음악 연주와 함께 생선 요리가 차려졌다는 내용이 있다는 것이다. 이처럼 기원전 4세기 작품에 나오는 내용이 부풀려지고 또 부풀려져 로마 시대

1~2세기 당시에도 마치 진짜 현실인 것처럼 소문이 돌았던 것이 아닌가 싶다. 다만 그 무렵에도 철갑상어가 최고급 생선으로 취급됐던 것은 분명해 보인다. 플리니우스 역시 《자연사》에서 철갑상어가 고귀한 물고기로, 신들의 음식이 될 가치가 있다고 했고 기타 여러 다른 로마 문헌에서도 철갑상어를 '값비싼(multinummus) 생선'이라고 표현해놓았다.

철갑상어는 그리스에서도 제우스와 아내 헤라 여신이 먹는 물고기였다니까 그리스 로마 시대에 철갑상어의 위상을 짐작할 수 있다. 참고로 철갑상어(sturgeon)라고 하지만 라틴어로는 다른 여러 이름으로 표현했기 때문에 지금의 철갑상어와 같은 생선인지 여부는 분명치 않다. 그리고 현대에는 철갑상어 알인 캐비아를 진미로 여길 뿐 생선 자체는 별로 인기가 없는 반면 로마 시대에는 캐비아는 어민이 먹고 부자들은 철갑상어 자체를 즐겼다는 점이 특징이다.

애완용 곰치를 길렀던 여인

로마의 귀족과 부자들이 즐겨 먹었던 또 다른 생선 중 하나는 곰치였다. 그래서 기원전 1세기 이전부터 인공 연못을 만들어 놓고 곰치 양식을 했을 정도였다.

이곳에서 키운 곰치는 돈을 벌 목적으로 키운 판매용이 아니었다. 연회에 초대한 손님과 함께 연못을 거닐다 손님이 연못 속 곰치를 지정하면 해당 생선을 잡아서 요리해 식탁에 올렸다고 하니, 일종의 사교 수단이었다. 로마 상류층이 그만큼 곰치 요리를 즐겼다는 이야

폼페이의 곰치 벽화

기가 되겠는데 곰치는 음식이었을 뿐만 아니라 반려동물 역할도 했다. 로마 시대 최고의 금수저 여인인 안토니아(Antonia)가 곰치를 애완용으로 키우키도 했다.

안토니아는 카이사르와 함께 싸운 장군이며 클레오파트라의 애인으로 잘 알려진 마르쿠스 안토니우스와 로마 초대 황제인 아우구스투스의 누나 옥타비아누스와의 사이에서 태어났다. 그러니 초대 황제의 조카가 되는 셈인데 로마 장군 드루수스의 부인이며 제4대 황제 클라우디우스의 어머니이고 전임 칼리굴라 황제(Gaius Caesar Germanicus, 재위 37~41)의 할머니이며 5대 황제 네로의 증조할머니다.

이런 안토니아가 날카로운 이빨로 공격성이 강한 데다 험악하게 생긴 곰치를 애완 물고기로 키웠다니까 사치가 극에 달한 금수저 여인 같지만 실제로는 교양이 풍부했던 것으로 유명하다. 어쨌든 안토니아가 곰치 지느러미에 귀걸이까지 만들어 달아주며 애지중지했다니까 여기서도 로마 상류층의 호사스러운 생활상을 엿볼 수 있다.

이 밖에도 로마 상류층은 장어 종류를 좋아해서 율리우스 카이사르의 개선 잔치에는 칠성장어 6,000마리를 요리해 내놓았다고 전해진다. 굴과 바닷가재 등도 로마 귀족들이 즐겼던 해산물이었다. 이렇듯 상류층의 식도락에서부터 중산층이 즐긴 참치와 서민의 자반구이 고등어까지 지중해의 다양한 해산물이 로마의 식탁을 풍성하게 하면서 동시에 로마 경제를 살찌우며 로마 제국을 만들었다.

제4장

로마, 빵으로 흥하고 빵으로 망하다

빵심으로 살았던
로마인

로마인의 주식은 빵이었다. 고대 로마인들이 빵을 먹었다고 하니까 혹시 우리가 먹는 식빵이나 바게트(baguette) 또는 베이글(bagel) 같은 빵을 상상할 수도 있겠다. 아니면 로마인을 조상으로 둔 이탈리아 사람들처럼 포카치아(focaccia)나 치아바타(ciabatta) 또는 그리시니(grissini) 같은 빵, 아니면 아예 피자를 떠올릴 수도 있겠지만 로마인이 먹었던 빵은 이런 빵들과는 거리가 멀어도 한참 멀었다.

아무리 로마가 위대한 제국이었다고 하지만 전성기 때라고 해도 2,000년 전에 있었던 나라다. 동양과 비교해보면 로마가 얼마나 옛날 나라였는지를 실감할 수 있다. 당시 우리는 이제 막 신라, 백제, 고구려가 건국되었을 무렵이다. 중국 또한 유방이 항우와 싸워 한나라를 세웠을 때고 유비와 조조, 손권의 이야기가 펼쳐진 삼국시대 이전이다. 이 무렵 밀 문화권인 중국에서 제갈공명이 밀가루 음식인 만두를 발명했다는 엉터리 신화가 전설처럼 생겨났을 때다. 실제로도 중국에서 3세기는 아직 고기를 소로 넣지 않은 밀가루 덩어리인 만두조차 만들어지기 이전이고 심지어 밀이 막 보급되기 시작했을 무렵이었다.

이런 시기였는데 로마에서는 기원전 2세기 무렵부터 죽도 아닌 밀가루로 빵을 만들어 주식으로 먹었다. 1세기 무렵, 동양에서는 중국 황제도 간신히 만두를 먹었던 시기에 로마에서는 평민들도 밀을 빻아 가루를 내어 만든 빵을 매일같이 먹었다.

그러니 고대 로마인들이 먹었다는 빵이 지금 현대인들이 먹는 빵과 어떤 차이가 있었을지 궁금해진다. 단순한 호기심을 넘어 이 무렵 로마의 빵을 살펴보면 옛날 로마인들이 어떤 빵을 어떻게 먹었는지에 대한 이야기뿐 아니라 천년 제국 로마가 어떻게 만들어지고 발전했는지를 알 수 있다. 로마인들은 과연 어떤 빵을 먹었을까?

크루아상과 베이글, 바게트의 기원

우리가 먹는 빵의 대부분은 18세기 이후에 만들어졌다. 뿌리를 거슬러 올라가도 그 흔적을 중세 이후에서나 찾는다. 한 예로 우리가 간식으로 먹는 크루아상(croissant)이라는 빵을 프랑스를 비롯한 유럽에서는 아침 식사로 먹는데, 크루아상의 지금 형태가 완성된 때는 거의 19세기에 이르러서다.

크루아상은 하얀 밀가루에 버터를 듬뿍 넣어 만들었기에 근대까지만 해도 귀족과 부자들이나 먹었던 고급 빵이었고, 오스트리아 공주였던 마리 앙투아네트가 1770년 14살의 나이로 프랑스 왕 루이 16세와 결혼을 한 뒤 크루아상의 제조법을 가져와 프랑스에 퍼트렸다고 한다. 더 거슬러 올라가면 17세기 후반, 오스트리아가 오스만터키와 벌인 비엔나전투의 승리를 기념하기 위해 비엔나 제빵사가 초승달 모양의 빵을 만든 것이 크루아상의 시초라고 한다. 시중에 떠도는 이야기는 그렇고 실제로는 크루아상의 기원을 13세기 오스트리아의 '키페를(Kipferl)'이라는 빵에서 찾는다. 족보가 다소 복잡하지만 이 모든 유래설을 종합해보면 크루아상은 유럽과 오스만터키의 빵 만드는 기술이 합쳐져 생겨난 빵이다. 그 때문에 로마와는 그다지 관련이 없어 보인다.

한편 베이글 같은 빵은 비교적 단순해 보이기에 로마 시대에도 있었을 것 같지만 유래설에 의하면 이 빵 또한 17세기에 만들어졌다. 앞서 언급한 비엔나 전투에서 기병대를 이끌고 와 승리를 도운 폴란드 왕 얀 3세 소비에스키(John III Sobieski)를 기념해 유대인들이 말을 탈 때 발 디딤대 역할을 하는 등자 모양의 빵을 만들어 헌정한 것에서 비롯됐다는 것이다. 물론 이 또한 지어낸 이야기로 실제로 베이글은 중세 때부터 있었던 빵이다. 그 외에 소금과 효모, 밀가루라는 단순한 재료를 반죽해 구운 것처럼 보이는 바게트 빵 역시 프랑스 혁명 이후 발전해 18세기 말쯤부터 대량으로 만들어 퍼지기 시작했다.

물론 로마 시대부터 이어져 내려왔을 것으로 추정되는 빵들도 있다. 시골 빵이라고 부르는 프랑스의 '캉파뉴 빵(pain de campagne)' 같은 빵이다. 옛날 프랑스에서는 농부들이 법적 제약에 따라 흰 빵을 먹을 수 없었기에 밀이나 호밀 농사를 지어 집에서 손으로 직접 빻은 거친 가루와 천연 효모를 이용해 빵을 만들어 먹었다. 얼핏 사소해 보이고 흔한 빵이지만 이런 빵들이 만들어질 수 있게 되기까지는 그만큼 오랜 세월이 필요했다.

최고급 빵, 파니스 실리기네우스

빵의 역사를 더듬어보면 대략 2,000년 전에 살았던 로마인들은 밀가루 품종도 지금과 같지 않았을 테고, 제분 기술도 뒤지는 데다 밀반죽을 발효시키는 효모 역시 지금처럼 풍부하지 않았으니 프랑스 시골 빵처럼 대체로 거칠고 조악한 형태의 빵을 먹었을 것 같다. 하지만 반드시 그랬던 것만도 아니다.

로마 시대에도 현대 못지않게 빵 종류가 다양하고 풍부했다. 거친 보리빵과 호밀빵이 있었던 반면 버터와 치즈가 듬뿍 들어간 하얀 밀가루 빵도 있었고, 나름대로 케이크라고 할 수 있는 빵도 있었다.

문헌을 보면 로마인은 평소에 식사로 먹는 빵, 결혼식처럼 특별한 기념일에 먹는 빵과 더불어 귀족의 빵, 농민의 빵, 군인의 빵, 노예의 빵까지 사회계층에 따라 천차만별로 다양한 빵을 먹었다. 그중에서도 1세기 무렵 로마인들이 최고로 꼽았던 것은 '파니스 실리기네우스(pains siligineus)'라는 빵이었다.

라틴어로 '파니스(pains)'는 빵, '실리기네우스(siligineus)'는 밀가루니까 밀가루 빵이라는 뜻이다. 로마군에서 군의관으로 활동했던 그리스 출신 의사 디오스코리데스(Dioscorides)가 당시 사람들이 많이 먹던 빵 중에서 으뜸이라고 꼽았는데, 부드럽고 가벼우며 탄력이 있는 빵이라고 묘사했다. 하얀 밀가루 빵이 뭐가 그리 대단했을까 싶지만 현대가 아닌 2,000년 전 1세기 때의 상황은 달랐다. 밀이라고 다 같은 밀이 아니었기 때문이다. 이 빵에 쓰인 밀은 이집트에서 자란다는 최고 품종의 밀로 지중해 지역에서도 재배하는 양이 그다지 많지 않았다고 한다. 지금 우리가 먹는 밀과 비슷한 품종 개량된 6배체의 밀과 비슷했을 것으로 추정한다.

이 시대 로마를 비롯한 유럽에서 먹었던 밀은 현재 밀의 조상 중 하나인 '에머 밀(emmer wheat)'이라고 하는 4배체의 밀이었다. 지금은 주로 사료용으로 쓰거나 일부 과자를 만드는 데 사용되는 밀이다. 또한 4배체 밀 중 '듀럼 밀(durum wheat)'은 스파게티를 만들 때 쓰는 밀인데, 로마인들은 에머 밀이나 듀럼 밀로 빵을 만들거나 보릿가루 또는 호밀 가루 등을 사용하기도 했다.

같은 밀을 빻더라도 맷돌과 거르는 채에 따라 밀가루의 종류가 달랐다. 가장 값비싼 밀가루를 '실리고(siligo)'라고 불렀는데 이집트에서 수입한 최고 품종의 밀을 갈아 채로 거르기를 몇 차례 반복해서 생산하는 고운 밀가루였다. 이런 밀가루를 반죽해 구운 빵이었기에 부드럽고 가볍고 탄력이 있었다는 것이니 빵 그 자체로도 맛있었을 것이다. 하지만 빵 종류에 따라 포도주나 계란, 꿀과 올리브 오일로 반죽하고 갖가지 종류의 잼과 향신료, 견과류와 말린 과일, 치즈를 곁들였기에 로마의 빵 역시 현대의 고급 빵 못지않게 화려했다. 이런 빵들은 주로 상류층에서 소비했다.

계층별로 달리 먹었던 빵

윌리엄 스미스는《그리스와 로마 고대 유물 사전》에서 로마 시대에는 밀가루의 제분 방법에 따라 다양한 등급의 빵이 있었으며, 중산층 이상 계층에서는 주로 하얀 밀가루 빵을 소비했다고 기록했다. 기원전 1세기 이전까지의 공화정 시대에는 하얀 밀가루 빵은 상류층 귀족과 부자가 아니면 먹지 못하는 고가의 사치스러운 음식이었다.

그러던 것이 기원전 1세기 후반 초대 황제인 아우구스투스 시대 이후 서기 1세기 무렵 로마 제국 전성기가 시작되면서부터 중산층도 하얀 밀가루 빵을 먹었다. 이 빵은 '파니스 세쿤다리우스(pains secundarius)', 즉 두 번째로 좋은 빵이다. 최고급 빵인 파니스 실리기네우스 다음으로 좋은 빵이라는 의미였을 것으로 추정된다.

로마에서는 어떤 빵을 먹는지에 따라 신분을 구분할 수 있었다. 사회계층별로 각각 다른 색깔의 빵을 먹었기 때문이다. 물론 대혁명 이전의 프랑스에서처럼 계층에 따라 먹을 수 있는 빵 종류를 제한했던 것이 아니라 경제력에 따라 자연스레 먹는 빵이 달라졌다. 부자는 흰 밀가루 빵, 평민은 갈색의 에머 밀빵이나 보리빵, 빈민과 노예는 검은색 호밀빵이나 죽을 먹었다.

그래서 빵 이름 자체도 파니스 실리기네우스, 파니스 세쿤다리우스 외에도 평민(plebs)들이 먹는 빵인 '파니스 플레베이우스(pains plebeius)', 가난한 사람들이 먹는 지저분한 빵이라는 '파니스 소르디두스(pains sordidus)', 시골 농민들이 먹는 시골 빵인 '파니스 루스티쿠스(pains rusticus)' 등이 있었다. 또한 군인의 식량인 '파니스 밀리타리스(pains militaris)', 선원들이 먹는 빵인 '파니스 나우티쿠스(pains nauticus)' 등으로도 구분했다.

로마인의 다양한 입맛을 증명하는 빵들

로마인들이 식사 때 먹었던 가장 일반적인 빵은 '파니스 콰드라투스(pains quadratus)'였다. 사각형의 빵이라는 이름과는 달리 둥근 모양인데 윗부분에 네 개의 선을 그어 쉽게 여덟 조각으로 나누어 먹을 수 있었다. 이 빵은 폼페이 유적지에 파묻힌 빵 공장에서 약 80여 개가 발굴됐다.

이 밖에도 로마 문헌에 등장하는 여러 종류의 빵 중에는 살라미 소시지를 토핑으로 잔뜩 올린 지금의 페페로니 피자와 비슷한 빵도 있었다. 바로 '파니스 아다파트스(pains adipatus)'로 '기름진 빵'이라는 뜻이다. 평평한 빵에 베이컨을 넉넉히 올려 굽는다고 나온다. 화덕에 구운 빵이라는 뜻의 '파니스 포카치우스(pains focacius)'는 현재 우리나라에서도 볼 수 있는 피자 빵인 포카치아 빵의 원형으로 본다

'파니스 피첸티노(pains picentino)'는 일종의 크래커와 유사한 빵으로 보이는데 먹을 때 우유나 꿀을 탄 와인인 '물숨(mulsum)'에 찍어 먹는다고 나오고 버섯빵이라는 뜻의 '파니스 볼레투스(pains boleus)'는 꼭대기가 버섯 모양으로 불룩 튀어나왔으니 지금의 머핀과 비슷한 형태가 아닐까 싶다.

2,000년 전 유럽 전체를 지배했던 로마 제국이었던 만큼 다양한 지역의 외국 빵도 수입해 먹었던 것으로 보인다. 그중 '파니스 알

파니스 콰드라투스 빵

렉산드리누스(pains alexandrinus)'는 로마 시대에 인기가 높았는지 문헌에 자주 보인다. 양꼬치 향신료인 큐민을 사용한 빵으로 이집트 알렉산드리아에서 수입한 빵이고 '파니스 카파도치아누스(pains cappadocianus)'는 터키 스타일의 빵으로 인기가 높았다고 한다.

건빵이 로마의 음식이었다?

현대 서양 문화의 뿌리는 상당 부분 로마 문화에서 찾을 수 있는데 음식 문화, 빵 문화 역시 예외가 아니다. 특별한 날을 기념해 먹는 케이크의 기원도 그리스와 로마의 축제 문화에서 찾는다. 최초의 생일 케이크 역시 로마 시대에 등장한다. 서기 1세기 초에 활동했던 로마 작가 오비디우스의 작품 《변신(Trista)》에는 생일에 케이크를 먹는다는 내용이 보인다.

로마에는 현대 웨딩 케이크의 원형으로 추정할 수 있는 빵도 있다. '파니스 무스타케우스(pains mustaceus)'라는 음식으로 흔히 잔치 빵쯤으로 번역한다. 햇 포도주 종류인 무스툼으로 반죽하고 가장자리를 월계수 잎 내지는 그 모양으로 장식한 빵이라고 하는데 주로 결혼식 때 먹었던 빵이다. '파니스 파레우스(pains farreus)' 역시 결혼식 때 먹는 빵으로 현대에는 사료로 주로 쓰는 거친 곡식인 스펠트 밀가루로 반죽해 구운 가운데가 뻥 뚫린 반지 모양의 빵이다. 첫날밤 반으로 잘라 신랑과 신부가 함께 나누어 먹었다고 한다.

군인들의 간식이며 전투식량인 건빵의 원형이 되는 빵도 이미 로마 시대에 있었다. 군용 빵인 '파니스 밀리타리스(pains militaris)'와 항해용 빵인 '파니스 나우티쿠스(pains nauticus)'가 그것으로 밀리타리스 빵은 주둔지에서 먹는 빵과 행군용 빵으로 또 나누어진다.

이들 군용 빵은 모두 바싹 말린 '하드태크(hard tack)'라고 하는 군용 비스킷 형태로 너무 딱딱해서 먹을 때는 로마 군인들이 마시는 포스카 같은 군용 음료에 적셔 먹어야 했다. 이 빵이 기나긴 세월 동안 포르투갈과 네덜란드를 거쳐 일본으로 전해지면서 지금 우리가 먹는 건빵으로까지 발전했으니 로마 제국이 끼친 영향이 서양에만 국한되는 것이 아니다.

죽 먹는 것들에서
빵 먹는 사람으로

"죽 먹는 것들….."

로마가 아직 힘이 없고 가난한 나라였던 시절, 당시 문명국이라고 자부했던 그리스인들이 로마와 카르타고 사람들을 얕잡아 부를 때 쓰는 말이었다. 그러다 기원전 2세기가 시작될 무렵에는 양상이 다소 바뀌었다. 이번에는 로마인들이 카르타고 사람을 두고 '죽 먹는 것들(porridge-eaters)'이라고 비웃었다.

죽 먹는 사람들이라는 말은 로마의 희곡 작가인 티투스 마키우스 플라우투스(Titus Maccius Plautus)가 기원전 195년에서 189년 사이에 쓴 것으로 추정되는 희곡《젊은 카르타고인》에서 썼던 표현이다. 로마가 카르타고와 싸운 포에니전쟁 무렵이었으니까 결코 우호적인 표현이라고는 볼 수 없다. 아직도 빵 대신 죽을 먹는다는, 덜 깨어 있는 야만적인 사람들이라는 빈정거림이 담겨 있는 말이다.

　죽이 건강에도 좋고 얼마나 맛있는 음식인데 웬 시비냐 싶겠지만 음식 문화사적인 의미는 조금 다르다. 서양에서는 빵을 먹기 전, 동양에서는 밥이나 국수가 등장하기 전에 먹었던 음식이 죽이기 때문이다. 죽이라는 음식은 낟알의 껍질을 벗긴 후 곱게 가루로 만들어 반죽해 빵으로 굽지 못하고 거칠게 빻아서 끓여 먹는 원시적 형태의 조리법으로 만든 음식이다. 그 때문에 죽 먹는 사람들이라는 표현에는 아직 문명화가 덜 됐다는 조롱의 의미가 있었던 것인데, 그렇다고 로마 시대의 죽이 그렇게 형편없었던 것만은 아니다. 로마에서도 여전히 서민들은 보리죽 같은 것을 먹었고 부자는 고기와 함께 채소, 치즈, 달걀 등을 넣어 끓인 먹음직스러운 죽을 먹었다.

　로마인들은 빵을 주식으로 먹기 전까지만 해도 극소수의 상류층을 제외하고는 모두 식사 때마다 풀스라는 죽을 먹었는데, 어느 때부터인가 빵을 먹게 되면서 카르타고 사람들을 죽 먹는 것들이라고 비아냥거리기 시작한 것이다. 로마인은 과연 언제부터 죽 대신 빵을 먹기 시작했을까? 그리고 로마인들이 빵을 먹게 됐다는 것은 과연 어떤 의미가 있을까?

빵이 잘 구워지기를 기도했던 로마인 〳〳〵

　해마다 2월이 되면 로마에서는 두 개의 커다란 축제가 열렸는데, 이때 로마 시민들은 모두 광장에 몰려나와서 흥취를 즐기곤 했다. 그 중 하나는 풍요와 다산을 기원하는 루퍼칼리아(Lupercalia) 축제로, 우리의 입춘처럼 새봄이 시작되는 것을 기념하는 성격의 축제였다.

그리고 또 하나는 포르마칼리아(Formacalia) 축제다. 오븐의 여신, 즉 빵 굽는 난로인 화덕을 지키는 '포르막스(Formax)' 여신에게 바치는 축제로 역시 옛날 우리 할머니들이 섣달 그믐날 부엌을 지키는 조왕신에게 고사를 지냈던 것과 비슷하다.

세기가 바뀔 무렵인 서기 1세기 초에 활동했던 로마 작가 오비디우스는 포르마칼리아 축제가 시작되면 수많은 로마 시민들이 광장으로 쏟아져 나와 포르막스 여신에게 가져온 곡식으로 제물을 바치며 일 년 내내 화덕에서 빵이 타지 않고 제대로 맛있게 구워지게 해달라며 기도했다고 전한다. 로마인들이 빵을 얼마나 중요시했는지를 이 축제를 통해서도 알 수 있다.

로마 시대의 이런 풍속은 지금까지도 그 흔적이 남아 있다. 동유럽에서는 새해가 되면 속에 동전을 감춘 빵을 만들어 먹는데 동전 든 빵 조각을 먹는 사람에게는 행운이 깃든다고 한다. 이때 먹는 빵이 우리나라 제과점에서도 볼 수 있는 '포카치아'라는 빵으로 그 원형이 로마 시대의 '파니스 포카치우스(panis focacius)'라고 부르던 빵이다. 포르막스 여신이 만들고 지키는 화덕에서 구웠다는 의미를 담고 있다.

로마의 빵은 포에니전쟁의 결실

대다수 로마인들이 죽 대신 빵을 먹기 시작한 때는 대략 기원전 2세기가 시작될 무렵 이전으로 보는 것이 일반적이다. 이 무렵에 활동한 작가 플라우투스가 카르타고 사람들을 죽 먹는 사람으로 묘사한 부분에서도 짐작할 수 있다. 또 비슷한 시기에 활약했던 카토 역시 《농업론》에서 빵 반죽하는 법에 대해 자세히 기록해놓았다.

카토는 《농업론》 제74장에서 빵 반죽하는 법에 대해 "손과 그릇을 깨끗이 닦는다. 곡식을 그릇에 붓고 물을 조금씩 부어가며 잘 반죽한다. 반죽이 끝나면 둥글게 말아 통에 넣어 굽는다"고 적었다. 또 제75장과 제76장에서는 곱게 빻은 하얀 고급 밀가루와 치즈, 꿀, 올리브 오일을 섞어 신들에게 바치는 음식인 '리붐(libum)'과 '플라켄타(placenta)'를 반죽하는 법에 대해 적어놓았는데 리붐과 플라켄타는 케이크의 일종이다. 물론 지금처럼 크림을 입힌 케이크가 아닌 빵의 형태다.

빵을 반죽하는 기초적인 방법을 이렇게 적어 놓은 것은 카토가 《농업론》을 집필한 2세기 초반 무렵부터 대부분의 로마인들이 본격적으로 빵을 만들어 먹기 시작했기 때문일 것이다. 그리고 이때부터 로마인이 죽 대신 빵을 먹게 됐다는 사실에서 몇 가지 시대사적 의미를 찾을 수 있다.

먼저 로마인의 주식이 죽에서 빵으로 바뀌는 시기는 로마가 세 차례의 포에니전쟁을 통해 지중해의 숙적, 카르타고를 물리친 시기와 맞물려 있다. 로마는 기원전 264년에서 241년까지의 제1차 포에니전쟁에서의 승리를 통해 시칠리아 섬에서 카르타고를 몰아냈다. 지중해 최대의 섬인 시칠리아는 비옥한 농토로 이탈리아의 곡식 창고라 불리는 지역이다. 전쟁에서 승리한 결과, 로마는 죽 대신 빵을 먹어도 좋을 만큼 풍부한 시칠리아의 밀밭을 확보하게 됐다.

이어서 기원전 219년에서 201년까지의 제2차 포에니전쟁 승리를 통해 스페인과 아프리카 북부 등 지중해 서부를 차지했다. 그리하여 지금과 달리 광활한 밀밭이 있었던 북아프리카를 손아귀에 넣었다. 그리고 기원전 146년 카르타고를 최종적으로 멸망시키면서 지중해 전체를 차지하게 된다. 이처럼 로마가 지중해의 패권을 장악했기에 지중해 구석구석에서 곡식을 자유롭게 이탈리아로 실어올 수 있게 되었고, 이는 로마인이 빵을 주식으로 삼게 된 1차적 배경이라고 할 수 있다.

중국에 밀이 퍼질 때 로마는 이미 빵을 먹었다

기원전 2세기부터 로마인이 빵을 먹었다는 사실을 같은 분식 문화권인 중국과 비교해보는 것도 음식 문화는 물론 정치 및 경제사적으로 의미가 있다. 중국은 밥과 함께 국수와 만두를 먹는 분식 문화권이다. 특히 고대 중국은 남방의 쌀이 아닌 북방의 밀과 잡곡이 주식이었다. 이런 중국에서 최초의 밀가루를 반죽해 조리한 음식이 등장한 것은 서기 1세기 전후다.

전한 시대 말기의 학자인 양웅(揚雄)이 쓴 한자 사전인《방언(方言)》에 밀가루 요리를 뜻하는 글자(餅)가 처음 보이는데 우리에게는 쌀가루로 만드는 떡을 의미하는 이 한자는 쌀가루가 됐든 밀가루가 됐든 가루로 만드는 음식을 뜻한다. 중국에서는 아직 쌀을 먹지 않았던 북방의 한나라에서 비롯된 글자이니 밀가루 음식을 의미한다. 아마 밀가루 덩어리, 즉 초기 형태의 수제비 같은 음식이었을 것으로 추정된다.

서양에서 처음 곡식 가루를 뭉쳐 만든 빵을 먹은 것은 고대 이집트에서부터다. 기원전 10세기도 훨씬 이전이다. 그런데 중국에서는 왜 또 다른 형태의 밀가루 음식인 수제비(餠)가 이렇게 늦게 등장했을까?

그 이유는 중앙아시아에서 자라는 밀(小麥)이 우리가 생각하는 것보다 중국에 늦게 전해졌기 때문이다. 밀을 뜻하는 한자 맥(麥)은 기원전 10세기 무렵에 보이고 밀이 처음 중원에 전해진 것도 기원전 7세기 춘추시대 무렵으로 보지만 널리 퍼지기 시작한 것은 기원전 2세기 이후다.

이 무렵 한 무제의 명에 따라 서역으로 간 장건이 그곳 들판에서 왕이나 부자들만 먹는 곡식인 밀을 대량으로 재배하는 모습을 보았고, 그 말을 전해 들은 역사가 사마천과 훗날 서역을 다녀온 또 다른 사람의 말을 들은 반고가 《사기(史記)》와 《한서(漢書)》에 서역에서는 나라마다 밀(麥)과 쌀보리(田稻)를 재배한다고 기록했다.

이렇게 실크로드가 열리면서 중국에 서역의 밀이 빠른 속도로 전해졌고 동시에 맷돌을 비롯한 연마 도구와 함께 제분 기술도 전해지면서 밀가루가 만들어졌다. 그 결과 1세기 전후에 수제비 비슷한 밀가루 덩어리인 '병(餠)'이라는 음식이 생겼다. 그리고 2세기 무렵 밀가루를 새끼줄처럼 꼬아서 길게 만든 국수의 원형이라고 할 수 있는 '삭병(索餠)'이 보이고 3세기 삼국시대 말기에 만두가 나타났다.

밀과 밀가루가 그만큼 귀했기에 한나라 때 만두와 탕병 같은 밀가루 음식은 천자나 부자들이 먹었다. 심지어 조정에는 천자한테 밀로

된 음식을 만들어 주는 벼슬까지 있었다. 《한서》〈백관공경표(百官公卿表)〉에 '탕관(湯官)'이라는 직책이 보이는데 글자 뜻 그대로 풀이하면 국 끓이는 관리라는 뜻이다. 물론 실제 조리 담당 업무와는 관계 없는 벼슬 이름일 수도 있지만 일반적으로는 국수나 만두 같은 밀가루 음식인 탕병(湯餠)을 담당하는 관리였을 것으로 해석한다.

로마에서 평민들이 밀가루로 만든 빵을 먹을 무렵인 서기 1세기 전후, 중국에서 밀가루 음식인 만두와 탕병은 황제가 특별한 날에 먹는 특별한 음식이었으니 당시 로마인들이 빵을 먹었다는 사실에서 로마의 음식 문화와 밀을 바탕으로 한 농업경제가 얼마나 발전했는지를 짐작할 수 있다.

값싼 곡물이 쏟아져 들어오다 ◀◀◀◀

중국의 황제를 비롯한 상류층이 겨우 밀가루 음식을 먹었던 시절에 로마에서는 평민까지 빵을 주식으로 먹을 수 있었던 배경에는 여러 요인이 있겠지만, 지리적인 조건을 빼놓을 수 없다. 중국은 밀의 원산지 소아시아와 밀의 집산지 이집트에서 비교적 멀리 떨어진 서역을 통해 간접적으로 어렵게 말을 구했던 반면 로마는 이웃해 있는 이 지역에서 직접 밀을 비롯한 다양한 곡식을 대량으로 조달할 수 있었다.

특히 로마 제국은 기원전 2세기 카르타고를 멸망시킨 포에니전쟁의 최종 승리로 곡창지대인 이탈리아 서해안의 두 섬 시칠리아와 사르디니아, 그리고 북아프리카를 차지한 데 이어 기원전 58년부터

51년까지 율리우스 카이사르의 갈리아 원정을 통해 갈리아와 브리타니아를 정복하면서 또 다른 곡창지대를 확보했다.

제국의 팽창과 함께 로마의 인구 역시 폭발적으로 늘어나기 시작했다. 기원전 3세기 이전의 왕정 시대와 공화정 초기까지만 해도 로마인들은 주변의 농경지와 이탈리아에서 재배한 작물로 풀스라는 죽을 끓여 먹으며 살았지만 더 이상의 자체적인 식량 조달은 한계에 이르렀다. 그 대신 확보한 정복지에서 값싼 곡물이 쏟아져 들어오기 시작했다.

기원전 2세기에서 기원전 1세기 무렵, 로마는 주변 속주의 다양한 지역에서 곡물을 조달했다. 밀은 처음에 시칠리아와 사르디니아에서 그리고 나중에는 북아프리카에서 들여왔고 브리타니아에서는 호밀(rye)과 귀리(oat), 그리스 등지에서는 보리(barley) 그리고 사료용 곡물로 이용 가능했던 스펠트 밀(spelt) 등을 가져왔다.

귀족과 부자들이 먹는 하얀 빵을 만드는 밀가루부터 평민과 서민 음식인 갈색의 보리빵과 호밀빵, 죽의 원료, 그리고 가축용 사료까지 대부분을 정복지인 속주에서 조달해 로마의 입구에 위치한 오스티아 항구에 줄지어 늘어선 창고에 쌓아 놓고 시민들에게 공급했다.

빵과 이집트, 그리고 클레오파트라

나라가 부강해지면서 경제가 발전하고 해외에서는 곡식이 풍부하게 들어왔다. 그 결과 마치 보리밥만 먹다가 쌀밥에 고깃국을 먹게 된 것처럼 로마는 2,000년 전에 벌써 부자와 가난한 자를 가리지 않고 시민 대부분이 빵과 생선으로 식사를 할 수 있게 됐다. 빵만 놓고 본다면 로마에서 누구나 빵을 먹을 수 있게 된 결정적 계기는 기원전 30년 이집트가 로마 제국의 손안에 들어온 덕분이었다.

그런데 로마인 모두가 매일 빵을 먹으려면 얼마나 많은 양의 밀이 필요했을까? 또한 로마 제국은 이 밀을 어디서 어떻게 조달했을까? 이에 관해서는 로마 경제사를 연구하는 논문에 따라 천차만별의 차이가 있지만 적게는 약 20만 톤에서 많게는 40만 톤 이상이 필요했을 것으로 추정한다. 그중 20만 톤으로 보는 근거는 로마 시민 한 명이 연간 약 200킬로그램의 곡식을 소비한다고 했을 때 전성기 때인 1세기 무렵 로마 인구가 약 100만 명이니까 20만 톤으로 계산한 것이다. 한편 40만 톤은 곡식을 무상으로 나주어 주는 복지 제도인 '아노나'에서 빈민 1인당 한 달에 약 33킬로그램의 곡식을 분배한 것을 근거로 계산한 것으로 보인다. 로마는 이 막대한 양의 곡식을 다 어디서 가져왔을까?

서기 70년 무렵, 로마에서 활동한 유대인 출신의 정치가이자 역사가였던 플라비우스 요세푸스가 《유대 전쟁사(The Jewish War)》에서 유명한 말을 남겼다.

"로마는 아프리카가 8개월을 먹여 살리고, 나머지 4개월은 이집트가 먹여 살린다."

로마 경제사를 연구하는 학자들은 요세푸스가 로마의 또 다른 곡식 창고였던 시칠리아의 역할을 무시했다고 비판하지만 어쨌든 로마가 어떻게 식량을 조달했는지를 그의 말에서 단번에 이해할 수 있다.

리비아, 알제리, 튀니지 등 북아프리카는 지금 사하라 사막이 대부분을 차지하고 있고 그래서 모래바람이 몰아치는 열사(熱砂)의 나라, 척박한 땅으로 알고 있지만 1세기 로마 시대에는 관개수로가 잘 갖춰진 비옥한 땅에 넓게 펼쳐진 밀밭에서 풍부한 밀을 재배했던 곳으로 로마의 식량 공급 기지였다. 《플루타크 영웅전》에는 율리우스 카이사르가 지금의 리비아인 트리폴리타니아 원정에서 승리하고 돌아와 그곳에서 해마다 약 7,000톤 정도인 20만 부셸의 곡식과 100만 리터의 올리브 오일을 공물로 받기로 했다는 연설을 한 기록이 보인다. 비단 트리폴리타니아뿐만이 아니다. 카르타고가 위치한 지금의 튀니지 역시 끝없는 밀밭이 펼쳐졌기에 일 년 열두 달 중에서 8개월 동안 아프리카가 로마를 먹여 살린다고 했던 것이다.

나머지 4개월 동안 로마의 식량을 책임졌다고 하는 이집트는 인류 최초의 빵이 만들어진 곳일뿐더러 나일강을 따라 펼쳐진 비옥한 농토에서 생산되는 밀 덕분에 이집트는 물론 지중해 세계 최대의 식량 창고로 불리던 곳이다. 이집트 여왕 클레오파트라를 마지막으로 로마가 이집트를 속주로 병합하면서. 여기서 나오는 밀을 포함한 곡식을 로마로 실어 날랐다. 그 결과 로마에서는 귀족은 물론 평민과 노예까지도 죽 대신 빵을 먹을 수 있었다. 특히 이집트는 로마 제국의 땅이 아닌 아우구스투스 황제 이래로 로마 황제의 직속 사유지였기에 로마 황제는 이집트에서 생산된 밀을 토대로 로마 시민에게 무료로 식량을 나누어주는 이른바 무상복지 제도, 아노나를 실시할 수 있었다.

이집트에서 수확한 밀을 포함한 곡식은 이집트의 관문인 알렉산드리아 항구에서 로마의 오스티아 항구, 그리고 나폴리 포추올리 항구의 곡식 창고까지 약 보름에 걸쳐 배로 운반했다.

이때 수백 척의 대형 선단을 이뤄 곡식을 실어 날랐으니 황제가 이집트를 장악했다는 것은 곧 평민들의 환심을 얻을 식량을 확보한 것과 동시에 해군력을 장악했다는 의미가 된다. 이집트가 로마 권력 구조에서 얼마나 중요한 위치를 차지했는지 알 수 있다.

그러고 보면 이집트 여왕 클레오파트라 이야기 또한 다른 각도로 해석된다. 흔히 율리우스 카이사르와 안토니우스, 그리고 클레오파트라의 관계를 사랑에 초점을 맞춰 클레오파트라의 코가 1센티미터만 낮았어도 세계 역사가 달라졌을 것이라고 하지만 이집트가 로마의 식량 기지였다는 권력 구조의 관점에서 보면 클레오파트라의 코가 아무리 낮았어도 역사는 달라지지 않았을 것이다.

카이사르와 안토니우스가 클레오파트라 여왕과 사랑을 나눈 것도 그녀가 미인이고 진정으로 사랑했기 때문이라기보다는 로마 시민들에게 빵을 공급할 이집트의 밀밭과 해군력을 차지하기 위해서였을 것이다. 옥타비아누스가 정치적 생명을 걸고 악티움해전에서 안토니우스와 클레오파트라 연합군을 물리친 것 역시 마찬가지 이유다.

속된 표현으로 로마 황제에게 이집트는 돈줄이었고 칼과 창이었으니 결국 이집트를 차지한 옥타비아누스는 마침내 로마 초대 황제인 아우구스투스 황제가 됐다. 음식으로 로마 역사를 보면 클레오파트라의 사랑 이야기 속에서도 로마의 경제 구조와 냉혹한 권력 구조의 이면을 엿볼 수 있다.

거리마다 빵집,
제빵업자 전성시대

식사 때마다 빵을 먹었다는 로마인은 매끼마다 어디서 어떻게 빵을 구했을까? 현대와 마찬가지로 로마 시대에도 빵 공장이 있어서 빵을 대량 생산했고 집 밖에 나가면 제과점이 있어서 쉽게 빵을 살 수 있었을까, 아니면 주부가 매일 집에서 일일이 빵을 반죽해 구워서 먹었던 것일까?

결론부터 말하면 로마인은 시장의 빵집에서 빵을 사다 먹었다. 집에서 직접 빵을 만들었든 시장의 빵집에서 사왔든 뭐가 그렇게 중요하기에 따지고 있나 싶지만 로마인이 빵을 밖에서 사다 먹었다는 사실에는 꽤 다양한 의미가 있다. 고대 로마인의 생활 방식은 물론 로마의 시장, 로마 경제 그리고 로마의 산업화 정도가 얼마나 발달했는지 가늠해볼 수 있는 척도가 되기 때문이다.

로마 시대에도 제과점이 있었다 〰️

빵을 사 먹으려면 규모가 크든 작든 누군가가 밖에서 빵을 만들어 시장에서 팔아야 한다. 게다가 매일 물물교환으로 빵을 살 수는 없기에 화폐가 유통돼야 한다. 참고로 우리의 경우는 12세기 무렵에도 밥집이 그다지 활성화되지는 못했다. 여러 이유가 있겠지만 화폐 사용 여부와도 직접적인 관련이 있다. 《고려사(高麗史)》의 〈식화지(食貨志)〉와 《고려사절요(高麗史節要)》에 자세한 내용이 나온다.

고려 숙종 9년인 1104년, 왕이 각 고을에 명령을 내려 쌀과 곡식을 내어준 후 밥과 술을 파는 주막(酒食店)을 열어 백성들이 장사를 하도록 허가했다. 동전(금속화폐)을 만들어 유통시킨 지 3년이 지났지만 백성이 잘 사용하지 않자 화폐 사용의 편리함을 널리 알리기 위한 조치였다. 정부가 일부러 재정을 투자해 주막 설치를 유도하고 장려했다는 것은 그만큼 주막이 많지 않았음을 뜻한다.

고려와 로마를 직접 비교하는 것은 무리가 있지만 900년 전인 12세기 고려에도 밥집이 흔치 않았는데 지금으로부터 2,000년도 훨씬 전인 1세기 이전 로마에서 모든 시민들이 시장의 빵집에서 매일 빵을 사다 먹는 일이 어떻게 가능했을까?

주방에서 빵 공장으로 〰️

로마에 빵 공장과 제과점이 등장한 정확한 시기는 알 수 없다. 하지만 현대의 로마사 학자들이 아닌 당대의 고대 로마인들은 공장에서 빵을 대량으로 만들기 시작한 시기를 대략 기원전 173년 전후부터였을 것으로 추정했다. 플리니우스는《자연사》제18권 28장에 이렇게 기록했다.

"페르세우스 왕과의 전쟁 이전까지만 해도 로마에는 전문 제빵업자가 없었다. 로마가 세워진 후 580년 이후에야 등장했다. 옛날 로마 사람들은 자신들이 직접 빵을 구웠고 (플리니우스 시대 당시인) 지금도 다른 많은 나라에서 그런 것처럼 빵 만드는 일은 전적으로 가정주부의 몫이었다."

보충 설명을 하자면 페르세우스 왕은 그리스 북쪽 마케도니아의 왕이다. 기원전 4세기 지중해 세계를 정복했던 알렉산더 대왕이 다스렸던 바로 그 나라다. 로마는 여러 차례에 걸쳐 마케도니아 왕국과 전쟁을 했는데 페르세우스 왕과의 전쟁이란 기원전 171년부터 168년 사이에 있었던 제3차 마케도니아전쟁을 말한다.

이 전쟁에서 승리한 이후부터 로마에서는 전문적인 제빵사, 제빵업자가 빵을 만들어 공급했다는 것이다. 그리고 당대를 살았던 로마 사람들이 전문 제빵업자의 등장 시기를 콕 집어 기원전 173년이라고 하는 이유는 플리니우스가 페르세우스 왕과의 전쟁 이후라고 언급한 것에 뒤이어 로마가 건설된 지 580년 이후라고 했기 때문이다. 로마 건국을 기원전 753년으로 보기 때문에 580년을 빼면 기원전 173년이 되고 대략 로마가 페르세우스 왕과 전쟁을 벌였던 시기와 일치한다.

그런데 로마에 전문 제빵업자가 등장한 것이 제3차 마케도니아전쟁과 무슨 관계가 있기에 플리니우스가《자연사》에서 굳이 이 전쟁을 빵 만들기가 가정에서 공장으로 바뀌게 된 전환점이라고 콕 집

로마 제빵업자 에우리사케스의 무덤에 새겨진 제빵 벽화 조각

어서 이야기했던 것일까?

제3차 마케도니아전쟁은 정치적으로 또 경제적으로 그리고 제빵 기술의 발달과 관련해서도 로마인들에게 중요한 의미가 있다. 일단 이 전쟁의 승리로 로마는 지중해의 동쪽에서도 패권을 장악하게 됐다. 기원전 201년, 카르타고의 한니발 장군을 물리친 제2차 포에니전쟁의 승리로 로마는 지중해 서쪽을 지배하게 됐다. 경제적으로는 스페인과 북아프리카 일부 곡창지대를 차지한 것이다. 그리고 뒤이어 기원전 168년에 제3차 마케도니아전쟁에 승리하면서 그리스에 이어 발칸반도, 터키의 소아시아까지 이어지는 지중해 동쪽을 평정한 것이다.

아직 기원전 146년 카르타고의 최종 멸망까지 이르지 못했기에 지중해 전체에서 패권을 완전하게 장악한 것은 아니지만 지중해 이곳저곳에서 빵을 만드는 데 필요한 밀과 에머 밀, 스펠트 밀, 보리 등의 식량 자원을 확보해 로마 시민 대부분이 죽 대신에 빵을 먹을 수 있게 됐다. 게다가 이 무렵, 로마인들이 먹는 빵이 획기적으로 발전하게 된다. 이전까지 로마인들은 빵을 먹더라도 반죽이 발효되지 않은 딱딱한 빵을 먹었다. 성경에 나오는 이른바 '무교병(無酵餠)'이다. 심지어 로마인들은 발효시킨 빵은 건강에 좋지 않다며 배척했을 정도였다. 그러다 제3차 마케도니아전쟁을 계기로 그리스의 앞선 제빵 기술이 전해지면서 밀반죽을 발효시켜 빵을 만드는 기술이 로마에 도입됐다. 이는 전문 제빵업자가 빵을 만들었기에 가능한 일이었는데, 로마에 전문 제빵업자가 등장한 계기 역시 제3차 마케도니아전쟁 이후 곡물이 풍부해진 덕분이었다. 그 결과 개인적으로는 집집마다 하루 세끼 빵을 먹을 수 있게 됐고 사회적으로는 대량으로 빵 수요가 생겨나면서 빵의 대량 생산이 산업적으로 가능해질 정도로 경제성이 확보됐다.

빵과 로마의 여성 해방

가정주부가 집에서 직접 빵을 만드는 대신 시장에서 빵을 사다 먹게 되면서 로마 사회는 여러 측면에서 변화를 겪는데, 가장 먼저 주부가 가사 노동에서 해방됐다. 또 제빵사라는 새로운 직업과 제과점 내지는 빵 공장 같은 새로운 산업이 생겨났다. 그뿐만 아니라 제빵사가 현대의 사회복지사처럼 공공복지 시스템의 일부를 담당하는 등 여러 방면으로 파급효과를 만들어냈다.

먼저 가정주부의 측면에서 살펴보자. 플리니우스가 《자연사》에서 언급한 것처럼 기원전 2세기 이전까지만 해도 로마의 주부들은 집에서 직접 빵을 굽고 식사를 장만했다. 현대도 아닌 옛날에 당연한 일 아니냐고 할 수도 있겠지만 빵을 만든다는 게 이만저만한 중노동이 아니다. 빵은 벼를 빻아 껍질을 벗긴 쌀을 씻어서 밥을 짓는 것처럼 그렇게 간단하게 만들어 먹을 수 있는 음식이 아니다. 밀은 벼처럼 쉽게 껍질이 벗겨지지도 않는 데다가 밀을 빻아 가루를 만든 후 밀가루를 반죽해 화덕에 굽는 복잡한 과정을 거쳐야 비로소 빵이 된다. 평소 풀스라는 죽을 먹거나 어쩌다 한번 빵을 먹었던 시절에는 여성들이 이런 부엌일을 도맡아 했고 귀족을 비롯한 부잣집에서는 노예가 주방 일을 대신했다. 그러다 기원전 173년을 전후로 제빵사, 전문 제빵업자가 등장하면서 주부들이 이런 중노동에서 해방됐고 대신 남는 시간을 다른 일에 쓸 수 있게 되었다.

로마 시대 여성들은 투표권도 없었고 공직에 나서 정치활동을 할 수도 없었다. 하지만 그렇다고 육아나 가사와 같은 전형적인 역할만 맡았던 것도 아니다. 귀족이든 평민이든 간에 여성들이 해야 할 일은 많았고 복잡했다. 로마의 부자들은 집도 여러 채였고 시골에 별장도 있었으며 집안에 수십 명 내지 수백 명의 노예를 거느렸다. 노예 중에는 고학력의 능력자도 많았기에 이들을 통제한다는 것은 지금의 기업 경영과 비슷했다. 그런데 로마 남성들은 전쟁을 비롯한 여러 이유로 장기간 집을 비우는 경우가 많았기에 재산을 지키고 사업 결정을 내리는 것은 아내의 몫이었다.

또한 로마 사회는 유대관계를 중시하는 대면 사회였기에 사교활동이 중시됐는데 연회를 열어 손님을 접대하는 일 역시 여성의 몫이었다. 상류층 여성들만 이런 활동을 한 것이 아니었다. 평민 여성들은 빵을 만드는 시간이 줄어든 대신 옷을 만들고 장사를 하면서 집안일을 이끌었다.

따지고 보면 로마 시대 이후 현대에 이르기까지 약 2,000년의 역사에서 현대 여성과 가장 근접한 차원에서 자유롭게 활동하고 역할을 담당했던 쪽은 로마 시대의 여성들이 아니었을까 싶다. 물론 이모든 일은 여성들이 빵 만드는 중노동에서 벗어났기에 가능했다.

제빵업자는 어떻게 생겨났을까?

로마에서 빵 만드는 일을 하는 제빵업자는 어떻게 생겨났을까? 시장의 필요에 의해 자연스럽게 생겨난 직업일까, 아니면 시장 이외에 또 다른 사회적 요구가 있었기 때문에 만들어진 업종일까?

빵 만드는 일은 오븐에서 반죽을 굽기에 앞서 밀을 빻는 일에서부터 시작된다. 로마 시대는 대형 물레방아 같은 수차가 발명되기 이전이었다. 유럽에서 수차는 5세기 이후에나 등장한다. 따라서 로마 시대 초기에는 사람이 직접 맷돌로 밀을 갈았고 나중에는 여러 명의 노예, 또는 당나귀가 연자방아를 돌려 제분했다. 이런 식으로 곡식을 가루로 빻아서 만들었기에 기원전 2세기 무렵에 등장한 전문 제빵업자, 제빵사를 로마에서는 '피스토르(pistor)'라고 불렀다.

피스토르의 어원은 엉뚱하게도 '절구 공이'라는 뜻이다. 라틴어로 절구 공이를 뜻하는 '핀세레(pinsere)'에서 비롯됐다. 절구에서 공이로 방아를 찧어 곡식을 가루로 만들던 노예가 전문 제빵업자가 됐기 때문에 생긴 말이다.

피스토르, 즉 로마의 제빵업자는 노예 또는 해방 노예들이 대부분이었다. 그만큼 빵 만드는 일이 힘든 노동이었음을 보여준다. 이들은 지금의 제빵사처럼 빵만 만든 것이 아니라 제분에서부터 제빵에 이르는 전 과정을 담당했다. 마치 현대의 방앗간에서 쌀도 빻고 떡도 만들어 파는 것과 비슷하다. 한마디로 곡식을 빻아주던 노예들이 빵집 주인이 된 것인데, 이들이 일찌감치 비즈니스 감각을 갖고 시장 변화에 눈을 떠서 재빠르게 방앗간과 빵집을 창업해 전문 제빵업자가 된 것은 아니다.

제빵업자가 등장하고 활성화된 것은 다소 엉뚱하지만 로마의 공공복지 제도와 관련이 있다. 많이 알려진 것처럼 로마 제국에서는 도시 빈민들에게 곡식을 시장가격보다 싼 값에 공급했고 나중에는 무료로 배급했다. 그리고 3세기 무렵부터는 아예 빵으로 지급했다. 훗날 로마 제국 쇠퇴의 원인으로 꼽힌 포퓰리즘 정책이자 무상 배급제도인 아노나의 일환이었다.

말이 도시 빈민을 위한 무료 급식제도이지 로마 시민 대부분이 죽이 아닌 빵을 먹게 된 시기인 기원전 1세기 후반 무렵의 수혜자는 최대 32만 명에 이르렀던 것으로 추산한다. 서기 2세기 로마 제국이 전성기에 접어들기 시작했을 때 로마 인구는 약 100만 명에 육박했다. 100년 전인 기원전 1세기 무렵 인구는 당연히 그에 훨씬 못 미쳤을 것인데 그렇다면 로마 인구 중 최소 30퍼센트 이상에서 50퍼센트 이상이 저렴한 가격 또는 무상으로 곡식을 받았다는 소리다. 이 과정에서 바로 제분업자이자 제빵업자인 피스토르가 곡식 배급에 관여했다. 정부가 이들을 통해 곡식을 나누어 준 것이다.

곡식을 나누어 받은 로마 시민들은 일단 그 곡식을 빻아서 가루로 만들어 빵을 만들어야 한다. 그런데 배급받은 곡식을 집으로 가져가 쌓아 놓은 후 필요할 때마다 제빵사인 피스토르에게 가져다가 제분을 해서, 각 가정의 화덕에서 빵을 구워 먹으려면 그 과정이 번거롭기 그지없다. 그래서 곡식을 받은 로마 시민 중 대부분은 배급받은 곡식의 일정 분량을 피스토르에게 제분과 제빵 비용으로 지불하고는 곡식 대신에 아예 빵을 지급 받았다. 이로써 전문 제빵업자가 등장하고 빵 공장이 활성화된 것이다.

제빵의 산업화와 제빵소의 부흥

빵을 굽는 일은 주로 노예 출신의 남성들이 했지만 시장에서 빵을 파는 것은 여성들의 몫이었다. 빵을 파는 곳도 다양해서 지금의 제과점 비슷한 '피스트리나(pistrina)' 또는 빵 공장인 '코르푸스 피스토룸(corpus pistorum)'이 있었고, 아니면 '제빵사들의 조합(colleqium pistorum)'에서 직접 제분과 제빵을 함께하는 빵 공장을 운영하기도 했다.

로마를 비롯해 폼페이 등의 주요 도시에는 곳곳에 제빵소가 있었다. 폼페이에는 이런 제빵소가 최소 30곳 이상이 있었을 것으로 추정한다. 서기 79년 폼페이가 화산재에 파묻힐 무렵의 도시 인구를 약 25만 명으로 추산하니까 한 제빵소에서 적어도 8,000명 내지 1만 명을 먹일 빵을 만들었을 것이다. 그러려면 끊임없이 막대한 양의 밀이 공급되는 한편 당나귀가 쉬지 않고 방아를 돌려 밀가루를 만들어내야 했으며 오븐을 달궈야 했을 것이니 이 정도면 현대의 식품 공장 수준이었다.

폼페이가 이 정도였으니 인구 100만 명의 로마에는 최소한 120개 이상의 제빵소가 있었을 것이다. 뿐만이 아니다. 일상의 식사로 먹는 빵 이외에도 현대의 제과점처럼 간식으로 먹는 빵과 케이크, 페스트리, 디저트 등을 파는 빵집도 많았다. 로마 시내 중심부에 있었던 당시 유흥업소가 밀집한 번화가였던 '수부라(subra) 지구'에도 빵집이 늘어서 있었다고 한다. 서기 1세기 때 활동했던 로마 풍자시인 마르티알리스의 시에는 해가 뜨면 왁자지껄 소란스러워지면서 좁은 거리에 들어선 상점과 포장마차에서 향긋한 빵과 수프 냄새, 그리고 맛있는 소시지를 굽는 냄새가 퍼져 나갔다고 읊었다.

이렇게 빵을 만들고 파는 일이 산업화됐으니 제빵사들은 비록 노예 출신이 대부분이었지만 상당한 재산을 축적할 수 있었다. 그중에는 어마어마한 부를 쌓은 인물도 있었는데 가장 대표적인 사람이 '에우리사케스(Eurysaces)'였다. 에우리사케스는 기원전 50년에서 20년 사이에 활동했던 제빵업자로 해방 노예 출신이었던 그는 자신과 부인 아티스타를 위해 무덤을 만들었다. 그를 통해 당시 로마 제빵사와 제빵소의 위상을 엿볼 수 있는데 지금도 로마 시내 동쪽 성문인 포르타 마조레에 잘 보존된 채 남아 있는 그의 무덤은 화려하고 거대하지만 대표적인 평민 스타일의 무덤이라고 한다.

로마에서 제빵업자는 사회적 신분은 비록 낮았지만 경제적으로는 적지 않은 재산을 축적할 수 있었고 또 전문 숙련 기능공으로 대

제빵사 에우리사케스의 무덤

제빵사의 무덤

접을 받았다. 정부로부터는 협동조합인 길드를 조직할 수 있는 특권을 받았고 이 외에도 여러 가지 혜택이 있었다. 로마 정부가 이처럼 제빵업자를 특별하게 대우했던 이유는 이들이 공공복지 제도의 중심에 있었기 때문이다. 무료 식량 배급이 이들을 통해 이루어졌기에 로마 감찰관의 주요 임무 중 하나는 이들이 시민들에게 공급할 빵을 제대로 준비하고 있는지, 빵 무게를 속이지는 않는지 등을 감시하는 일이었다.

제빵업자의 입장에서는 빵을 일정 정도 낮은 가격으로 공급해야 하기에 풍년일 때는 많은 이익을 보지만 흉년으로 곡식이 부족하면 손해를 볼 수 있었다. 그런 경우 부정을 저지를 여지가 생기기도 하고, 만일 제빵업자가 적정량의 빵을 적당한 가격에 때맞춰 공급하지 못하면 도시의 식량 공급 체계가 마비되고 폭동이 일어나는 등 사회가 불안정해질 수 있었다. 그렇기에 정부와 제빵업자는 상호 보완적이면서 동시에 갈등 관계이기도 했다. 로마는 이렇듯 빵의 수급에 대단히 민감했다.

로마 시민 절반이
공짜 식량을 먹다

로마인들은 빵에 대해 무척 민감했다. 이집트 알렉산드리아 항구에서 빵의 재료인 밀을 비롯한 갖가지 곡식을 실은 배가 로마의 관문인 오스티아 항구에 들어오곤 했는데, 그 시기가 좀 늦어지기라도 하면 로마 시내에는 곧 뒤숭숭한 소문이 나돌았다. '폭풍우를 만나 수송 선단이 몽땅 바다에 가라앉았다더라', '아니다, 그냥 운항에 차질이 생겨서 예정보다 늦어지는 것일 뿐이다' 등 이른바 '카더라 통신'이 난무했다.

이집트 곡식뿐만이 아니었다. 로마 제국의 또 다른 빵 창고인 시칠리아에 흉년이 들었다는 소식이 돌면 시민들은 공황에 빠졌다. 그로 인해 빵 공급이 충분히 이뤄지지 않으면 우선 빈민들이 거리에 나앉아 굶주렸고 평민들은 동요했으며 폭동이 일어날 조짐마저 보였다. 그러니 시칠리아의 흉년 소식에, 이집트의 수송 선단 사고 뉴스에, 시민들은 곡물 사재기를 시작했고 빵값은 하늘 높은 줄 모르고 치솟았다.

기복이 심했던 식량 공급

로마 시민들이 이처럼 이집트를 비롯해 시칠리아, 북아프리카의 곡물 작황과 곡물 운송 소식에 촉각을 곤두세웠던 데는 이유가 있었다. 로마는 시민들이 먹을 식량을 전적으로 해외로부터의 수입에 의존했는데, 외부로부터의 식량 공급이 끊기는 일이 종종 발생했기 때문이다. 전쟁이나 흉작이 원인이 되거나, 수송 선단이 폭풍우로 침몰하거나 해적들한테 곡물을 털리게 되는 일이 생기면 로마 시민들이 빵 부족으로 인해 힘들어하는 경우가 발생했다. 그러면 빵값이 천정부지로 치솟으면서 빈민들, 평민들이 폭동을 일으켰고 사회가 불안해졌다.

이를 막기 위해 빵값이 오르면 당장 굶주린 채 거리에 나앉아야 할 사람들을 대상으로 처음에는 싼값에, 나중에는 무료로 곡식을 나누어주는 제도가 생겼다. 훗날 로마 제국이 무너지는 계기 중 하나가 되었다고 지적받는 무료 배급제도다.

로마 제국은 언제부터 그리고 왜 공공복지 배급제도를 시행했을까? 가난한 사람을 돕는 공공복지 제도가 어떻게 변질되었기에, 로마 멸망을 앞당기는 계기가 되고 만 것일까?

큐라 아노나의 탄생 배경

로마 사람들은 공공복지 배급제도를 '큐라 아노나(cura annona)'라고 불렀다. 라틴어로 '큐라(cura)'는 '관심과 배려(care)'라는 뜻이고 '아노나(annona)'는 '수확한 농산물, 노동의 대가로 주는 식량'이라는 뜻이다. 사전적 의미는 그렇지만 원래는 로마신화에서 곡물의 여신을 의미하는 말이었다. 그러니까 굳이 번역하면 곡물의 여신이 베푸는 배려, 관심이라는 뜻이다.

참고로 아노나를 곡물의 여신이라고 했지만 사실 로마신화에는 곡물의 여신이 또 있다. 아노나보다 많이 알려진 것은 그리스 신화의 데메테르에 해당하는 '케레스(Ceres) 여신'이다. 케레스 여신은 농업의 여신이며 동시에 곡물의 여신이다. 개념상으로는 곡물 그 자체이며 우유에 타서 먹는 곡물인 '시리얼(cereal)'의 어원이 되는 여신이다.

반면 아노나는 같은 곡물의 여신이지만 일 년 동안 먹고 사는데 필요한 곡물, 즉 생계에 필요한 곡식을 책임지는 여신이다. 그래서 아노나라는 여신의 이름도 일 년 동안의 기간 내지는 매년을 뜻하는 영어 '애뉴얼(annual)'의 어원인 라틴어 '아누스(annus)'에서 비롯됐다. 로마인들이 왜 케레스와 아노나를 따로 구분했는지는 알 수 없지만 어쨌든 큐라 아노나라는 공공복지 배급제도는 아노나 여신의 은총으로 사람들에게 먹고살 곡식을 나누어 준다는 의미다.

큐라 아노나의 시행 시기는 정확히 알려져 있지 않다. 다만 기원전 509년부터 297년 사이의 로마 공화정 초기에도 분명 존재했으며, 전쟁으로 인해 식량 사정이 어려워졌을 때나 흉년이 들어 물가가

치솟았을 때 시민들에게 곡식을 싼값에 나누어 주었던 것으로 보인다.

포에니전쟁 무렵만 해도 원로원에서 아노나를 담당했다. 국가가 위험에 처했을 때 평민들의 동요를 막고 전쟁 중 평민들을 달래기 위해 특별히 곡식을 운송해 배급했다. 나라에서 빈민을 구제하는 공공복지 제도라고 하지만 책임 있는 자리에 있는 고위직 정치인이 개인 재산을 기부하는 일종의 노블리스 오블리주(noblesse oblige), 로마식 표현으로는 공공 자선 기부인 '에우어제티즘' 형식이었다. 그것도 정기적으로 빈민들에게 공짜로 나누어 주는 것이 아니라 비정기적으로 부자들이 곡식을 사들여서 시장가격보다 싼 가격에 곡식을 되파는 방식이었다.

이처럼 비정기적으로 필요할 때마다 이뤄졌던 싼값의 곡식 판매 제도가 정기적인 사회복제 제도로 자리를 잡게 된 것은 기원전 133년에서부터 123년 사이에 있었던 호민관 가이우스 그라쿠스(Gaius Gracchus) 형제 때부터다. 그라쿠스 형제는 개혁정치를 통해 일련의 개혁법을 통과시키면서 가난한 평민들을 수혜 대상자로 등록시켰다.

대상자는 로마 시민 중에서도 14살 이상의 성인 남자로 제한했으며 매달 약 33킬로그램 이하의 곡물을 시장가격의 60퍼센트 정도 수준으로 싸게 살 수 있었는데, 이 무렵만 해도 해당자가 약 4만여 명에 지나지 않았다고 한다. 물론 기원전 123년 무렵인 당시 로마 인구를 감안하면 그래도 10퍼센트 수준에 육박했을 것이다. 이때는 카르타고를 최종적으로 멸망시킨 제3차 포에니전쟁도 끝났을 때고 그에 앞서 제3차 마케도니아전쟁도 승리해 지중해 동쪽도 안정시키면서 해외로부터 곡물이 풍부하게 들어올 때였다.

그럼에도 이런 복지 정책을 펼쳤던 데는 배경이 있었다. 이 때가 '기원전' 세상이었던 만큼 당시만 해도 농업 생산이 안정적이지 못해 해마다 곡물 생산량이 들쑥날쑥하곤 했다. 기상 조건에 따라 작황에도 차이가 컸고 운송 조건에 따라 곡식값이 요동을 쳤으니 빈민들이 춤추는 빵값을 감당할 수 없었기에 큐라 아노나 같은 제도가 필요했던 것이다.

포퓰리즘과 무상 배급

기원전 1세기로 접어들면서 아노나의 수혜 대상자는 빠르게 늘어났다. 여러 차례의 법 개정을 통해 대상자를 확대했던 것인데 여기에도 배경이 있다.

기원전 75년 무렵에 로마를 비롯한 지중해 일대에는 홍수를 비롯한 자연재해로 인해 엄청난 기근이 발생했다. 그뿐만 아니라 기원전 89년부터 63년까지 로마 제국의 팽창에 반발해 지중해 여러 도시국가들이 연합해 전쟁을 일으키면서 지중해 지역이 심각한 식량난을 겪었다. 약 26년 동안 세 차례에 걸쳐 발발한 일명 '미트리다트전쟁(Mithridatic Wars)'이다. 옛날 페르시아 지역이었던 폰토스(Pontos) 왕국의 미트리다테스 6세 왕(Mithridates VI)의 주도로 여러 그리스 도시국가들이 연합해서 로마 제국에 맞서 싸웠다.

자연재해와 겹쳐서 일어난 전쟁으로 로마 속주에 대규모 기근이 발생했다. 게다가 전쟁으로 지중해 일대에 치안의 공백이 생기면서 해적이 준동했고 식량 운송에도 차질이 생겼다. 그 결과 기원전 75년의 기근으로 가난한 사람이 빵을 사 먹을 수 없을 정도로 식량 가격이 치솟았고 배고픈 평민들이 폭동을 일으켜 두 명의 집정관과 치안관을 몰아냈다. 이에 놀란 원로원이 성난 민중을 달래기 위해 아노나를 개혁해 수혜 대상자를 늘렸다.

사회가 계속 혼란스러웠기 때문에 원로원은 몇 차례의 법 개정을 통해 아노나 대상자를 계속 확대했다. 기원전 73년에 개정된 법(Lex Terentia et Cassia)을 통해 일정량의 곡식을 일정 가격에 살 수 있는 계층을 확대했고 또 시칠리아에서도 직접 곡식을 구매할 수 있도록 허용했다.

기원전 67년에는 해적이 로마의 관문 항구이자 곡식 저장 창구가 줄지어 있는 오스티아 항구를 습격해 식량에 불을 지르고 털어가는 사건이 발생했다. 그 결과 로마 시내는 식량 수급에 큰 차질을 빚으면서 식량 가격이 폭등했다. 이런 난국을 수습하기 위해 또다시 아노나 대상자를 확대하는 법(Lex Gabinia)이 개정됐다.

그러다 기원전 58년 선동 정치가였던 호민관 클로디우스가 자신의 정치적 기반인 평민들의 지지를 얻기 위한 정치적 목적에 따라 공짜로 대중들에게 곡물을 무상으로 분배하는 법률(Lex Clodia)을 통과시켰다. 이 법의 통과는 선심성 포퓰리즘 정치의 전형으로, 무상 곡식 분배뿐만 아니라 자신의 재산 관리 대리인인 섹스투스 클로에리우스를 전체 아노나 시행을 관장하는 절대 권한을 가진 자리에 임명한 것이 문제가 됐다. 막대한 양의 곡물을 취급하는 어마어마한 이권과 권력을 행사할 수 있는 자리였기 때문이다. 이런 급진적 권력 행사에도 원로원은 거의 반대를 하지 못했다.

참고로 클로디우스는 귀족 출신이지만 호민관이 되기 위해 스스로 평민이 된 인물로 카이사르와 폼페이우스 크라수스의 삼두정 시절, 정치계의 이단아로 소용돌이를 일으키다 대로에서 살해당했다.

기원전 75년부터 기원전 58년 클로디우스의 법 개정까지 아노나 관련법이 여러 차례 개정되면서 저렴한 가격으로 곡물을 제공하는 빈민구제 제도였던 아노나는 공짜로 곡식을 분배하고 수혜 대상자도 대폭 늘어나는 선심성 정치제도로 바뀌게 됐다. 그리고 기원전 46년부터 44년 사이에 율리우스 카이사르가 아노나를 개혁하기 전까지 수혜 대상자가 무려 32만 명으로 늘어났다. 로마 시민 중 거의 절반 가까운 사람들이 식량을 공짜로 배급받았을 것이다.

빵과 기름, 와인과 돼지고기도 공짜

하루 세끼 음식을 모두 공짜로 먹을 수 있다고 가정해보자. 정부 또는 지방자치단체에서 한 달에 한 번씩 나눠주는 식권을 갖고 매일같이 하루 세끼를 음식점에 가서 일정 가격대의 음식을 무료로 먹을 수 있다. 게다가 돈 안 내고 먹는 음식이라고는 하지만 형편없는 음식도 아니다. 나라에서 원가는 보장해주는 데다가 또 질이 떨어질까 봐 감시를 하니 질 낮은 음식 먹을 걱정도 없다. 게다가 나만 동정받고 없이 사는 사람 취급을 받는 것도 아니니 눈치 볼 필요도 없다. 그러니 순전히 개인으로서는 공짜 음식에 신이 날 것 같다. 그런데 예를 들어 서울 시민 중 절반이 그런 혜택을 받는다면 이야기가 달라진다. 자칫 나라가 휘청일 수도 있다.

모든 재산을 나라가 소유한 공산주의 사회, 그래서 마을에다 밥 공장을 만들어 놓고 모두가 그곳에서 밥을 타다 먹었다는 1960년대 중국조차도 결국에는 그런 철밥통, 큰 솥밥(大鍋飯)을 견디지 못해 결국 덩샤오핑의 개혁개방, 사회주의 시장경제로 노선을 바꿨다.

극단적 포퓰리즘으로 변질된 아노나 제도의 심각성을 파악한 율리우스 카이사르가 마침내 무료 식량 배급제도를 수술하기 위해 나섰다. 무료로 식량을 배급받을 대상자를 32만 명에서 15만 명으로 절반가량 줄였다. 또한 명단을 작성해 관리함으로써 부정 수급을 막는 것은 물론 더 이상 숫자를 늘리지 못하도록 고정시켰다.

무료 배급에서 제외된 8만여 명의 로마 시민은 카르타고 등지의 해외로 이주시켜 토지를 나누어주며 정착시키는 방법으로 식량 배급 문제를 해결했다. 하지만 카이사르가 줄인 무료 식량 배급 대상자는 뒤를 이은 초대 아우구스투스 황제 때 다시 20만 명으로 늘어난다.

기원전 24년 로마 시내를 관통하는 티베르강이 홍수로 범람하면서 로마의 식량 저장 창고 상당수가 강물에 떠내려갔다. 그러면서 이듬해인 기원전 23년 식량 부족에 시달린 로마 시민들이 아우구스투스 황제에게 아노나 대상 범위를 확대해줄 것을 강력하게 요구했다. 서기 6년에도 또 한 번 로마에 식량 기근 현상이 발생했는데 이런 일련의 과정을 거치면서 아우구스투스 황제는 제도를 개혁해 아노나를 황제 직속의 정부 산하 공식기구로 설치하면서 수혜 대상자를 20만 명으로 늘렸다.

아우구스투스 황제 이후 로마 제국이 전성기를 구가할 때는 무료 식량 배급제도로 인한 별다른 부작용은 생기지 않았고 수혜 대상자의 수 또한 공식적으로 늘어나지는 않은 것으로 보인다. 하지만 로마 제국이 쇠퇴의 전환점을 맞게 되고, 정통성이 부족한 인물이 로마 황제가 되면서 아노나는 다시 빈민을 위한 공공복지 제도에서 선심성 포퓰리즘의 수단이 된다.

그러다가 193년, 셉티미우스 세베루스가 군단끼리 싸우는 내란의 와중에 황제가 됐고, 장차 자신의 아들에게 황제 자리를 물려줘 세습 황제 시대를 열었는데, 이 무렵 황제에 의해 아노나 제도가 바뀌었다. 그동안 곡식을 무료로 나누어 주던 것에서 이제는 곡식 대신에 아예 빵을 배급하기 시작했다. 그동안 곡식으로 배급을 받았던 서민이 빵을 먹으려면 제분과 제빵 비용을 제외하고 나머지를 빵으로 받았는데 아예 빵으로 지급을 했으니 쉽게 말해 복지 수당 인상이 이뤄진 셈이다.

또한 세베루스 황제 때는 로마인의 식생활에서 빼놓을 수 없었던 올리브 오일까지도 아노나에 포함시켰고 공식적인 것은 아니지만 생필품인 소금까지도 나누어주었다. 그리고 서기 270년의 아우렐리우스 황제(Marcus Aurelius Antoninus, 재위 161~180) 때는 여기에 더해서 와인과 돼지고기까지 포함시켰으니 우리 식생활에 비유해 말하자면 치면 밥에서 반찬 그리고 음료수까지 로마 시민의 식생활 일체를 정부에서 책임졌던 셈이다.

부정부패의 온상이 된 아노나 ◀◀◀

많은 이들이 복지 정책이자 무상 식량배급 제도인 아노나를 로마의 쇠퇴 원인 중 하나로 지적한다. 대중의 인기에 편승한 선심성 퍼주기 정책으로 국가 재정이 악화됐기 때문이라고도 하고, 공짜에 길들여진 로마 시민의 도덕적 해이를 문제 삼기도 한다. 이런 두 가지 요인 외에도 여러 이유가 있겠지만, 무엇보다도 아노나는 로마의 권력 구조와 밀접한 관계가 있다. 권력과 아노나의 특수 구조가 복잡하게 얽히면서 로마 쇠퇴의 계기를 제공한 것이다.

큐라 아노나 제도에 따라 공짜로 지급되는 곡물의 상당 부분은 주로 이집트에서 조달했다. 그리고 이집트 영토 중 많은 토지는 로마 황제의 직속 사유지였다. 다시 말해 로마의 평민들에게 공짜로 지급된 곡식과 빵의 일정 이상 부분은 국가에서 지급하는 형식이지만 사실상 황제의 개인 재산 내지는 노블리스 오블리주의 형식으로 아노나에 재정적 참여를 하는 귀족의 사유재산에서 나왔다.

또한 무료로 식량을 받는 로마 시민들에게 곡물이 적절하게 공급되는지를 감독하고 장려하는 일차적 책임을 맡고 있는 아노나 집행 기구(Praefectus annonae) 역시 황제 직속이었고 그에 따른 관리자는 황제가 임명했다. 그리고 이 관리자는 로마와 관문인 오스티아 항구에 사무실을 두고 곡물 창고의 건설과 관리를 담당했다. 그런데 여기서 주목할 부분이 있다.

아노나 집행 기구를 황제 직속의 기관으로 만든 아우구스투스 황제가 최초로 책임자로 임명한 인물은 그에 앞서 이집트의 행정을 맡았던 사람이었다. 로마의 곡식 창고였던 이집트의 농업을 관리했던 사람이니 최고의 적임자였을 것이다. 그러나 뒤집어서 말하면 로마 시민의 밥줄, 로마 경제를 책임지는 조직을 로마 황제가 장악하고 있었다는 이야기가 된다.

권력은 총구에서 나온다는 마오쩌둥의 말처럼 어쩌면 로마 황제의 권력은 아노나에서 나오는 것이었을지도 모른다. 그래서인지 역대 로마 황제는 로마의 곡물 공급 전문가로 임명된 자를 이후에 이집트 알렉산드리아의 곡물 창고 책임자로 임명하거나 그 역순으로 임명했다.

밀과 같은 곡물만 황제의 관리 대상 품목이었던 것은 아니다. 셉티미우스 세베루스 황제 때부터 올리브 오일도 공식적으로 아노나에 포함됐지만 사실은 그 이전부터 간헐적으로 로마 시민들에게 올리브 오일을 무상으로 공급했다. 117년부터 138년까지 황제를 역임한 하드리아누스(Publius Aelius Hadrianus) 황제 때도 아노나로 올리브 오일을 공급한 적이 있었는데 그 또한 아노나 집행기구 책임자가 맡았다. 그런데 이때 곡물 및 올리브 오일 상인들이 연합해서 그 책임자에게 바치는 기념비를 세웠다. 맡은 바 업무를 책임 있게 완수했기에 세운 공덕비였을 수도 있지만 귀족을 포함한 자본계급인 상인과 아노나 관리, 나아가 황제와의 유착 관계를 짐작할 수 있는 부분도 된다.

아노나는 형식적으로는 나라에서 가난한 로마 시민에게 무료로 식량을 제공하는 복지 수당이지만 일정 부분은 황제나 귀족들이 노블리스 오블리제, 공공자선 기부인 에우어제티즘으로 이루어졌다. 자발적인 자선 기부가 로마 귀족의 명예고 의무처럼 여겨졌지만 그렇다고 언제 어디서나 자발적이었던 것은 아니다.

로마 제국 후기로 갈수록 아노나의 유지를 위해 부자들이, 그리고 국가 내지는 황제가 이탈리아가 됐든 속주가 됐든 농민들을 쫓아내고 농지를 사유화하는 경우가 있었고 아노나를 핑계로 부자들이 재물을 착복하는 경우도 있었다. 복지 제도 아노나가 부정부패의 온상이 된 것이다.

결국 남의 돈으로 환심을 사려 했던 국가와 황제 및 귀족, 공짜를 좋아했고 그 폐해에 둔감했던 로마 시민의 도덕 불감증이 얽히고설키면서 로마가 쇠퇴의 길을 걷게 됐다. 이상이 무료 식량 배급제도, 아노나를 로마 몰락의 계기 중 하나로 꼽는 이유다.

제5장

와인이 만든
로마의 전성시대

폼페이의 멸망에
로마가 패닉에 빠진 까닭

서기 79년 8월 24일, 나폴리 남쪽 베수비우스 화산이 폭발했다. 어마어마한 검은 화산 구름이 솟구쳐 하늘을 뒤덮었고 비 오듯 쏟아져 내린 화산재가 순식간에 폼페이를 덮쳤다. 약 2,000명의 시민이 목숨을 잃었다. 로마 상류층의 휴양지이자 농업과 상업의 중심지였던 폼페이가 순식간에 사라졌다. 우리에게 이미 잘 알려진 폼페이 최후의 날 풍경이다.

폼페이가 화산재에 파묻히면서 나폴리를 비롯한 주변의 도시는 물론이고 멀리 약 220킬로미터나 떨어진 로마 시민들 역시 패닉에 빠졌다. 뜨거운 열기와 화산재에 파묻혀 고통스럽게 죽어간 폼페이 주민들에 대한 안타까움 때문만은 아니었다. 로마에서 멀리 떨어진 베수비우스 화산 폭발이 로마를 덮칠 수도 있다는 공포 때문은 더

더욱 아니었다.

조금 엉뚱하지만 그 이유는 바로 폼페이가 파묻히면서 당장 식사 때 마실 와인이 부족해졌기 때문이다. 로마로 들어오는 와인 공급에 차질이 생겼기에 와인값이 하늘 높은 줄 모르고 치솟았고 그래서 와인 사기가 더더욱 힘들어졌다. 기록에는 나와 있지 않아 폼페이가 화산재에 파묻힌 날 로마의 풍경을 정확히 알 수는 없지만, 이 무렵 로마 시내에서는 아마 이곳저곳에서 와인 사재기가 벌어졌을 것이다.

와인 공급처가 한순간에 사라지다 ◀◀◀◀

이탈리아를 여행하며 폼페이 유적지를 돌아봤거나 폼페이 관련 기록과 작품을 보고 읽은 현대인들은 대부분 폼페이 최후의 날을 다른 일들과 분리해서 떠올리지만, 멀리 떨어진 로마의 시민들이 일상생활에서 겪었던 후유증도 만만치 않았다. 대표적 사례 중 하나가 와인 부족으로 인한 와인 사재기였다.

1세기 무렵의 폼페이는 로마 경제를 뒷받침하는 로마의 배후 산업도시였다. 그중에서도 와인 산업의 비중이 높았고, 로마 제국에서 가장 중요한 와인 공급 기지이기도 했다. 폼페이는 와인용 포도를 재배하는 지역이었을 뿐만 아니라 로마 시내를 비롯해 폼페이와 나폴리 주변의 휴양도시에 와인을 공급하는 와인 집산지였다. 폼페이 주민들이 술의 신인 바쿠스(Bacchus)를 도시를 지키는 수호신으로 받들었던 사실에서도 와인 산업이 폼페이에서 얼마나 중요한 비중을 차지했는지를 엿볼 수 있다. 폼페이 유적지에서 발굴된 건물에도 바쿠스 신의 프레스코 벽화가 그려져 있을 정도다.

이뿐만이 아니다. 지금도 프랑스의 유명한 와인 산지인 보르도와 툴루즈, 그리고 스페인을 비롯한 유럽 곳곳에서 폼페이 상인의 문장이 새겨진 포도주를 담는 항아리, 암포라가 발굴된다고 한다. 심지어 폼페이산이 아닌 암포라에도 가짜 폼페이 상인의 문장이 새겨진 위조 와인 용기가 발견될 정도로 폼페이 포도주의 인기와 위상은 대단했다. 그랬던 폼페이가 눈 깜짝할 사이에 화산재에 파묻히면서 와인 저장고는 물론 주변 포도밭까지 모두 사라졌으니 로마 시내의 와인값이 폭등하는 것은 어쩌면 당연했다. 하지만 그 여파는 단순히 와인의 수급 차질과 가격 폭등 정도에 그친 게 아니었다.

폼페이가 화산재에 묻힌 이후 로마 근교를 비롯한 이탈리아 각지에서는 그동안 폼페이에서 공급해오던 와인을 대체하기 위해 앞다투어 포도를 심기 시작했다. 급기야는 곡물을 재배하던 농장에서도 채소를 심었던 밭을 갈아엎어버리고 경작지를 포도밭으로 바꾸는 경우가 생겼다.

그 결과 이번에는 또 다른 후유증이 생겼다. 세월이 흘러 새롭게 심은 포도가 영글어 와인이 생산될 무렵이 되자 이번에는 공급 과잉으로 인해 와인값이 폭락한 것이다. 풍자 시인 마르티알리스가 라벤나 지역은 와인이 물보다 더 싸졌다고 언급했을 정도다. 라벤나는 로마에서 북쪽으로 약 350킬로미터 떨어진 볼로냐 부근의 도시다. 로마 시대에는 이곳에 포도밭이 밀집해 있었다고 한다.

이처럼 와인값이 폭락하는 동안 식품값은 오히려 폭등했다. 밀과 보리 같은 곡물과 채소를 경작하던 밭을 포도밭으로 전환한 후유증을 비롯해서 때마침 닥친 흉년과 로마의 인구 증가 등 여러 요인이 겹치면서 식량이 부족해졌다. 그리하여 베수비우스 화산 폭발로 폼페이가 화산재에 파묻힌 지 13년이 지난 서기 92년, 당시 황제였던 도미티아누스(Titus Flavius Domitianus, 재위 81~96)가 칙령을 발표하기에 이르렀다.

포도 재배를 제한한 배경

도미티아누스의 칙령은 로마 시민의 일상생활 중 일부를 통제하는 포고령이었는데 여기에는 포도 재배를 제한한다는 내용도 포함돼 있었다. 로마를 비롯해 이탈리아반도와 일부 속주, 그리고 지금의 터키 일대인 소아시아 지방에서는 새로운 포도밭을 만들지 못하도록 하고, 일부 속주에서는 기존에 심어 놓은 포도나무의 절반을 뽑아버리라는 내용을 담고 있었다. 이는 포도 재배를 제한해 와인값을 안정시키기 위한 고육지책이었다. 그런데 아무리 가격 안정이 중요하다지만 왜 이렇게 극단적인 포고령을 발표했을까?

로마의 역사가 수에토니우스는 《황제전》에서 도미티아누스 칙령이 발표된 시기의 시대적 배경을 설명해놓았다. 당시는 식량난에 허덕이던 시기였고 곡물 생산에 차질이 빚어질 정도로 포도 재배가 널리 만연되어 있었다고 한다. 그래서 곡식 재배가 가능한 땅에서 키우는 포도는 뽑아버리고 로마 제국의 곡물 생산을 늘리는 것이 해결책이 될 수 있었다. 서민들의 생활 안정을 위해 식품 가격을 저렴하게 유지하는 것은 로마 정치인들이 평민들의 지지를 얻기 위해 흔히 썼던 수단이었기 때문에 결국 이처럼 포도 재배를 제한하는 칙령을 내렸다는 것이다.

하지만 도미티아누스 황제의 칙령이 적극적으로 집행된 것 같지는 않다. 수년 후 황제가 살해됐을 뿐만 아니라 이탈리아 밖 속주의 포도밭이 현저하게 줄어들었다는 명확한 증거가 전혀 없기 때문이다. 로마 속주에서는 로마 군단의 경고에도 불구하고 이 칙령을 무시했고 갈리아 남부인 프랑스 보르도 지방의 포도 농장은 지속적으로 유지되었다. 역사학자들은 오히려 도미티아누스의 칙령으로 인해 칙령에서 제한한 범위 바깥인 히스파니아(지금의 스페인)와 갈리아 남부로 포도밭이 확장되는 결과를 만들었다고 주장한다. 이처럼 도미티아누스의 칙령은 제대로 실효를 거두지 못했지만, 서기 280년 로마 제국 41대 황제인 프로부스 황제(Marcus Aurelius Probus, 재위 276~282)가 칙령을 폐기할 때까지 188년 동안 지속됐다.

프로부스 황제의 농지 개척 사업

프로부스 황제는 로마 황제 중에서 별로 주목을 받지 못하는 인물이지만 유럽에서 포도 재배를 확장한 데는 크게 기여한 인물로 평가를 받는다. 서기 276년에서 282년까지 황제를 지내며 재임 기간 중 제국의 북방을 괴롭히던 게르만 부족을 토벌한 후 건축과 도로, 교량 등 다양한 인프라 건설에 힘을 쏟았는데 그중에서도 역점을 두었던 것이 포도 농장 확대였다. 주로 갈리아 북부와 라인강 유역의 게르마니아, 다뉴브강 일대의 판노니아(Pannonia) 속주에서 포도 농장의 확대 정책이 추진됐는데, 프로부스 황제가 이처럼 열정적으로 포도밭을 넓혔던 데는 배경이 있다.

먼저, 프로부스 황제의 정책이 시행된 데는 경제적인 이유가 컸다. 포도 농장 확대 정책은 일종의 농지 개척 사업이었다. 또한 노동 집약적인 산업이기에 건설 사업이나 다른 곡식을 경작하는 것보다 로마 군단에 확실하게 일자리를 제공하는 고용 효과를 거둘 수 있었다. 또한 일부 역사학자는 포도 재배 지역을 확장함으로써 야만 지역을 그리스 로마 세계로 문명화했다는 평가를 받는 데 목적이 있었을 것이라고 풀이하기도 한다. 하지만 프로부스 황제는 서기 282년 계속되는 공사에 동원되어 불만을 품고 폭동을 일으킨 병사들의 손에 의해 살해됐다.

다시 폼페이 최후의 날과 로마의 와인 이야기로 돌아오자. 브라질 나비의 날갯짓이 일으킨 공기의 미세한 파장이 미국 텍사스에 토네이도를 일으킨다는 나비효과처럼, 아무 관련도 없을 것 같은 폼페이 최후의 날이 로마 제국의 포도 농업과 와인 산업에 엄청난 파장을 몰고 왔다. 로마 경제가 요동을 치고 산업 구조가 재편되는 계기가 됐으며 갈리아와 히스파니아, 게르마니아 등 속주 개척과 산업 발전에도 지대한 영향을 미쳤다. 로마인에게 와인이란 도대체 무엇이기에 이런 파급효과가 생겨났을까?

그에 대한 답은 최초의 질문으로 돌아가면 찾을 수 있다. 폼페이가 화산재에 파묻혀 와인값이 폭등했다고 해도 와인을 마시지 않으면 그만이지 왜 그렇게 난리가 났을까 싶지만, 로마인에게 와인은 그렇게 쉽게 끊을 수 있는 것이 아니었다. 와인은 기호품으로서 마시는 술이 아니라 필수적으로 마셔야 하는 물과 같은 생필품이었기 때문이다. 현대인이 수돗물 대신 정수된 물이나 생수를 마시듯 로마인은 물과 와인을 혼합해 정화시킨 음료를 마셨다. 폼페이 최후의 날에 관한 소식을 들은 로마인이 공황에 빠졌던 이유도 그 때문이다.

폼페이에서 가져오던 와인 공급이 끊겼다는 말은 곧 대도시에 생수 공급이 중단됐다는 의미다. 다시 말해 내키지 않는 식수, 오염된 물을 마셔야 한다는 소리와 다름없었다.

로마인에게 와인은 곧 물이었다. 로마가 제국 전체에 포도 재배를 확대하고 와인 산업을 발전시키면서 와인 확보에 열심이었던 중요한 이유다. 그리고 와인이 물 대신 마시는 생필품이었기에 와인 산업은 로마 제국에서 경제적으로 큰 비중을 차지하는 거대 산업으로 발전할 수밖에 없었다.

로마는 어떻게
와인 제국이 되었나

로마인은 와인을 기호 식품으로서가 아니라 말 그대로 '물처럼' 마셨다. 그런데 하필이면 왜 와인이었을까? 먼 옛날부터 서양에서 발달한 대표적인 알코올음료는 포도주와 맥주다. 그런데 왜 맥주가 아닌 와인일까? 와인과 맥주, 두 종류의 술이 발달하는 과정을 살펴보면 몇 가지 흥미로운 차이를 발견할 수 있다.

먼저 고대 문명 중에서도 가장 오래된 메소포타미아와 이집트에서는 와인과 맥주가 동시에 발달했다. 하지만 이후에 등장한 그리스와 로마 문명에서는 와인이 집중적으로 퍼졌다. 그 이유에는 기본적으로 포도와 보리, 밀이 자라는 기후 조건과 농사 조건이 영향을 미쳤을 것이다.

메소포타미아는 밀의 원산지이고 이집트는 인류 최초로 빵을 구위 낸 지역이다. 보리와 밀이 그만큼 풍부했기에 맥주를 빚기에 좋은 조건이다. 반면 그리스와 로마는 포도 재배에 적합한 지역이다. 그런 이유 때문인지 이들 지역에서는 와인을 주로 마셨고 맥주는 거의 마시지 않았다. 심지어 맥주를 아예 열등한 술로 취급했다. 한 예로 4세기 중반의 로마 황제 율리아누스(Flavius Claudius Julianus, 재위 361~363)는 와인이 생명수 또는 과일즙인 넥타(nectar)와 같다면 맥주는 염소젖을 마시는 것과 비슷하다며 게르만 부족이 마시는 최고의 맥주도 와인과 비교하면 그 맛이 역겨울 정도라고 조롱했다.

와인은 맥주보다 고급술?

한편 맥주와 와인을 동시에 마셨던 메소포타미아와 이집트에서도 사실은 신분과 계층에 따라서 두 종류의 술을 구분해 마셨다. 맥주는 주로 평민들이 마시는 술이었고, 귀족들은 와인을 마셨다. 맥주와 와인의 이런 차이는 대부분의 문화권에서 공통적으로 나타나는 현상이다. 고대에는 와인이 고급술이었기 때문이다. 물론 이런 인식에는 나름의 이유가 있다. 먼저 포도는 밀이나 보리에 비해 재배 지역이 제한적이다. 또한 곡식 형태로 저장했다가 필요하면 술로 빚을 수 있는 맥주와는 달리 와인은 포도 수확 철에 단 한 차례만 만들 수 있다. 이 외에도 다양한 요인으로 와인의 희소가치가 높았으니 맥주에 비해 고급술로 여겨진 것이다. 그렇다면 로마인들은 언제부터 그렇게 와인을 즐겨 마셨을까?

흔히 로마는 '와인 제국'으로 알려져 있지만 로마인들이 처음부터 와인을 많이 마셨던 것은 아니다. 고대에 와인은 고급술이었던 만큼 가난한 부족국가였던 초기 로마에서도 와인은 흔하지 않은 음료였다. 지금의 이탈리아 땅에 언제부터 와인이 퍼졌는지에 대해서는 학자들 사이에서도 논란이 많다. 포도 재배에 관한 초기 기록은 기원전 800년 무렵이라고 하는데 와인 문화가 전해진 것은 일반적으로 그리스인이 남부 이탈리아와 시칠리아 섬에 정착한 이후로 본다.

고대 서양에서는 와인이 고부가가치가 있는 주요 무역 품목이었기에 그리스인들은 정착하면서 포도를 심었고 포도주를 빚어 그리스 본국과 지중해를 대상으로 교역을 했다. 다시 말해 기원전 753년, 늑대 젖을 먹고 자랐다는 로물루스가 로마를 건국했을 무렵은 물론이고 기원전 509년, 마지막 왕이 물러나고 로마 귀족들이 주도하는 공화정이 들어섰을 때만 해도 로마는 가난한 나라였기에 일부 귀족들이나 부유층이 아니면 와인을 마실 엄두도 내지 못했을 것이다.

맥주 역시 초기 로마에서는 원료인 밀과 보리를 식량으로 먹기에도 부족했을 것이니 평범한 로마 시민에게 술은 언감생심 넘볼 수 없는 사치스러운 음료였다. 그랬던 로마가 부족 집단에서 왕국으로, 그리고 공화국으로 성장하고 발전하면서, 특히 기원전 264년에서 기원전 146년 사이에 세 차례에 걸친 카르타고와의 포에니전쟁에서 승리하면서 로마는 시칠리아와 남부 이탈리아를 비롯해 지중해 전역의 패권을 장악했다. 그리고 로마를 포함한 이탈리아 전체에 와인이 널리 퍼지기 시작했다.

이상의 포도 재배와 와인 양조 시기의 전파 경로를 정리해보자면 고대 문명의 발상지인 메소포타미아에서 시작된 와인 문화는 뒤이

어 발달한 이집트문명에 전해진다. 그리고 쇠퇴한 이집트를 식민지로 삼은 그리스가 와인 문화를 전수받아 남부 이탈리아에 퍼트렸고 비슷한 시기에 지중해 무역을 장악한 페니키아인들을 통해 시칠리아 히스파니아 북아프리카 등등 지중해 곳곳으로 퍼져 나갔다.

지중해 일대의 포도는 전부 로마의 수중에

　로마가 포에니전쟁에서 승리를 거두면서 페니키아의 중심 세력인 카르타고를 멸망시켰다는 것은 군사적으로 숙적인 한니발 장군을 패배시켰다는 의미 정도가 아니라 지중해 일대의 경제권을 장악했다는 뜻이다. 이를 와인에만 국한시켜봐도 로마가 지중해 일대의 포도 재배 지역을 손안에 넣은 것은 물론 당시 최첨단 기술인 와인 양조 기술을 확보했다는 의미가 된다. 이로써 로마에는 와인 전성시대가 활짝 열렸다. 마치 미국이 제2차 세계대전에 승리하면서 중동의 유전 지대를 영향권 아래 두고 미국 다국적 기업이 최고 수준의 최첨단 기술을 확보하면서 명실공히 '슈퍼파워'를 갖게 된 것에 비유할 수 있는 일이다.

　로마는 기원전 146년의 제3차 포에니전쟁 승리 후 카르타고가 두 번 다시 재기하지 못하도록 도시 전체를 갈아엎은 후 소금을 뿌려 황무지로 만들어버렸다는 말이 있을 정도로 카르타고를 무참하게 파괴했지만, 포도 재배법과 와인 양조 기술 등 당시 세계 최고 수준이었던 카르타고의 농업기술은 철저하게 흡수했다. 특히 지중해 세계에서 농업의 아버지로 명성을 떨쳤던 베르베르족 출신의 농업학자 마고(Mago)의 농업 관련 저서 28권을 로마로 가져와 라틴어와 그리스어로 번역을 하기도 했다. 마고의 저서는 지금 남아 있지 않지만 플리니우스, 바로(Varro) 등 다수의 로마 역사가들이 작품에 인용하면서 그 내용이 지금까지 전해지고 있다.

마고가 남긴 책 중에는 포도 농장의 생산성을 높이는 법, 포도나무 키우는 법, 포도나무 전지법 등 포도 재배에 관한 내용이 많아 이 무렵 포도 재배와 와인 양조 기술을 얼마나 중요시했는지를 짐작할 수 있다.

물 탄 와인을
물 대신 마셨던 로마인

기원전 2세기 이후부터 로마인들은 너도나도 와인을 마시게 됐다. 이전까지는 술을 많이 마셨다는 기록이 없는, 그래서 이렇다 하게 알려진 술이 없었던 로마인들이었는데 왜 갑자기 매일 같이 와인을 마실 정도로 그 맛에 빠지게 됐을까?

한마디로 그 이유를 설명할 수는 없지만 가장 큰 요인은 일단 로마가 풍요로워졌기 때문일 것이다. 지중해 무역을 장악해왔던 페니키아의 카르타고를 물리친 결과 로마는 서양 세계 최고의 군사 강국이 됐을 뿐만 아니라 풍요로운 경제 대국으로 떠올랐다. 이탈리아 남부를 비롯해 시칠리아 섬, 그리스와 터키, 갈리아 남부 등 와인과 그 원료인 포도 생산 지역이 모두 로마 제국의 영향권 안으로 들어왔다.

기원전 지중해를 중심으로 한 서양 세계에서 와인은 최고의 술이었다. 앞서 말한 것처럼 맥주는 고급술이 아니었고 브랜디나 위스키 같은 증류주는 기원후 약 1,500년이 지난 이후에야 등장했으니 로마 시대에는 와인이야말로 부가가치가 가장 높은 알코올음료였다. 그런 데다가 로마가 기존의 와인 양조법을 발전시켜 상품 가치를 더욱 높였기에 로마에 와인이 급속도로 퍼질 수 있었다. 이것이 바로 로마 시대를 와인의 황금시대라고 부르는 까닭이다.

다품종 와인이 쏟아져 나오다 ⋘

카르타고 멸망을 전후로 로마는 와인 생산의 중요성을 제대로 인식하고 있었다. 로마의 지도층에서는 이때부터 이미 와인 산업의 경제적 가치와 발전 가능성을 간파하고 있었던 것으로 보인다. 집정관 카토는 기원전 160년에 로마의 와인 문화에 관한 조사서인 《농업론(De Agicultura)》을 통해 농업경제에서 포도 재배가 얼마나 중요한지를 제시했고, 노예제도에 기반을 둔 거대 농장에서 와인을 생산하는 방법에 대한 의견을 내놓았다. 현대식으로 말하자면 미래 로마 제국의 경제를 이끌어갈 와인 산업 육성 정책에 대한 의견을 제시한 것이다.

로마가 제3차 포에니전쟁 후 기원전 146년 카르타고와 관련된 것은 철저하게 파괴했으면서도 원로원에서 카르타고 언어로 쓰여진 와인과 포도 농업에 관한 마고의 논문만큼은 로마로 가져와 라틴어로의 번역을 승인했던 배경도 여기에서 찾을 수 있다.

기원전 2세기 무렵 로마는 알프스산맥 너머에 있는 갈리아 지방에서는 포도를 재배하지 못하도록 규제하기도 했는데, 국부가 빠져나가는 것을 막기 위해서였다. 대신 포도의 완제품인 와인은 포도밭 경작에 필요한 노예와 교환하는 형식으로 갈리아와의 무역을 허용했다. 우리나라에서 고려 시대에 문익점이 목화씨를 몰래 감춰 들여오거나, 명나라 말 복건 상인이 필리핀에서 고구마 종자를 새끼줄에 숨겨 가져온 사실을 떠올리게 한다. 식물 종자 자체가 보호해야 할 첨단 기술이었기 때문에 벌어진 일인데, 로마에서 와인 재배를 금했던 이유 역시 비슷했다.

이렇듯 기원전 2세기부터 기원전 1세기 초대 아우구스투스 황제 시대까지 100년에 걸쳐 로마에서는 포도 재배 지역 확보와 함께 질 좋은 와인의 생산에서부터 보관에 이르기까지 와인 관련 연구가 활발하게 이뤄졌다. 그 결과 서기 1세기 무렵부터는 다양한 품종의 와인이 쏟아져 나오기 시작했다.

플리니우스는 《자연사》 14권 13장에서 세상의 모든 와인 중에서도 품질 좋은 와인이 약 80종류가 있는데 그중에서는 로마산이 3분의 2를 차지한다고 기록했다. 또 로마에는 와인의 종류가 195종이 넘는다고 했으니 얼마나 다양한 종류의 와인이 만들어졌고 동시에 그 품질이 얼마나 뛰어났는지를 짐작할 수 있다.

오염된 식수를 정화해준 와인

로마 시대에 그토록 다양한 종류의 와인이 만들어졌다는 것은 사람들이 일상생활에서 그만큼 많은 양의 와인을 마셨고, 그에 따라 거대한 와인 시장이 형성되면서 활발한 거래가 이루어졌기 때문일 것이다. 도대체 얼마나 와인을 많이 마셨기에 기원전 1세기와 서기 1세기 사이에 200여 종에 육박할 정도로 다양한 와인이 시중에 쏟아져 나왔을까?

로마인들은 평균 하루에 0.5리터, 그러니까 하루에 와인 한 병쯤을 마신 것으로 추정한다. 물론 이런 추정치에는 성인 남성들이 마신 분량만 해당되는지 여성과 아이도 포함되는지 등 여러 측면에서 논란이 있다. 어쨌든 하루 한 병의 와인이라면 주량에 따라 다르겠지만 은근히 취할 수 있는 정도의 양이다. 게다가 매일 한 병씩 거르지 않고 와인을 마셨다면 거의 알코올 중독 수준이다. 그렇다면 로마 제국이 강대해짐에 따라 로마 시민들이 매일 흥청망청 와인을 마시며 사치와 향락에 빠져 살았다는 소리인가 싶지만 그런 것은 또 아니다.

이 무렵 로마인에게 와인은 쾌락을 위해 마시는 기호품인 술이 아니라 물과 함께 일상적으로 마시는 음료수였다. 그렇기에 현대인처럼 와인을 마시는 것이 아니라 대부분의 경우 물을 타서 희석해서 마셨다. 와인을 왜 물에 타서 음료수처럼 마셨는지, 그리고 기원전 1세기 이후에 와인 소비량이 왜 그렇게 급속도로 늘어났는지에 대해서는 다양한 해석이 있다.

우선 물을 대신해 와인을 마신 배경으로는 오염된 식수를 꼽는다. 지금도 유럽 상당수의 나라는 물에 석회질이 섞여 있어 자연 상태의 물을 그대로 마시기에 적합하지 않다고 한다. 유럽에서 생수나 탄산수가 발달한 이유이기도 하다. 현재도 그런데 로마 시대에는 하수 시설의 미비 등으로 마시는 물이 상당 부분 오염된 상태였다. 일반적으로 로마 제국은 곳곳에 수로를 건설하는 등 상수도 시설이 발달한 것으로 알고 있지만 이 물은 주로 목욕탕용, 세탁용 등이지 식용수가 아니었다. 게다가 정화 시설이 제대로 갖춰져 있지 않아 그대로 마시기에는 적합하지 않았다. 그렇기에 이런 물을 소독하고 정화해서 마시기 위한 용도로 매일 와인을 마셨다는 것이 일반적으로 알려진 정설이다.

또 다른 배경으로는 식습관의 변화를 꼽는다. 로마 건국 초기부터 공화정 시대까지 로마 평민들의 주식은 통보리 같은 곡물을 물과 함께 끓여 먹는 풀스라고 부르는 죽 종류였다. 그러다 로마 제국이 강성해지고 지중해의 패권 국가가 되면서 주식이 빵으로 바뀌게 된다. 이때 액체 상태의 죽 종류인 풀스는 음료를 곁들이지 않아도 되지만 마른 음식인 빵에는 목넘김을 돕는 음료수가 필수다. 하지만 맹물은 마시기에 적절하지 않았기 때문에 물과 혼합해 마시는 음료로서 와인 소비가 크게 늘었고 발달하게 됐다는 것이다.

와인 소비가 급증하게 된 또 다른 요인으로는 인구 증가를 꼽는다. 공화정 초기 로마의 인구는 약 10만 명 정도에 불과했지만 제국이 팽창하면서 기원전 1세기 말을 전후한 공화정 말기와 제정 초기에는 인구가 약 100만 명에 육박할 정도로 크게 늘어났다. 당연히 물 대신 마시는 와인 소비 역시 증가할 수밖에 없었다. 이상의 요인들이 복합적으로 얽히고설키면서 하루 평균 한 병 이상씩 마실 정도로 로마인들의 와인 소비량이 크게 늘게 되었다.

모든 시민이
와인 애호가였던 시대

로마인에게 와인이 물과 같은 음료였다는 사실은 로마에서 와인은 모두에게 평등했다는 점을 암시한다. 실제로도 그랬다. 공화정 시대의 집정관이나 제정 시대의 황제, 그리고 원로원 의원이나 가난한 평민과 로마 군단의 말단 병사도 똑같이 와인을 마셨다.

노예조차 예외가 아니었다. 기원전 2세기의 집정관 카토는 심지어 노예들도 일주일에 1갤런(gallon) 이상의 와인을 배급받아야 한다고 주장했다. 1갤런은 3.8리터니까 하루에는 약 0.5리터 정도로, 로마인의 하루 평균 소비량에 해당하는 양이다. 그러니 와인만큼은 노예도 예외가 아닐 정도로 모두가 평등하게 마셨다. 물론 카토의 주장은 노예도 사람이니까 하루의 힘든 노동을 끝낸 후 와인을 마시며 휴식을 취할 권리가 있다는 '인권과 평등 의식'에서 나온 말은 아니다. 노예의 건강과 힘을 유지시켜 노동력을 최대한 활용해야 한다는 실용적 이유에서 한 말이지만, 어쨌든 카토의 주장에서도 로마인의 와인에 대한 인식을 엿볼 수 있다.

와인의 가격은 천차만별

와인 앞에 평등하다고 해서 로마인들이 모두 같은 종류의 와인을 마신 것은 아니었다. 빈부 차이에 따라서 다른 와인을 마시곤 했다. 먼저 로마의 상류층은 최고급 와인을 마셨다. 현대의 로마네 콩티(Romanée-Conti)처럼 로마 시대에도 와인 애호가라면 누구나 한번쯤 마셔보고 싶어 하는 그런 최고급 와인이 있었다. 기원전 1세기 로마 정치가였던 키케로(Marcus Tullius Cicero)가 쓴《편지(Cicero's Letter to Atticus)》에는 율리우스 카이사르가 개선 잔치를 열었을 때 '팔레눔(Falenum)' 와인과 '카이오스(Chios)' 와인을 내놓았다고 적혀 있다. 이 두 와인이 당시 세상에서 제일 좋다는 와인으로 평가받았던 최고급 와인이었다.

그중 팔레눔 와인은 플리니우스가 쓴《자연사》를 비롯해 다양한 로마 문헌에 자주 등장하는 로마 시대 최고의 화이트 와인이었다. 특히 알코올 함량이 높은 독한 와인으로 유명했다. 그리고 카이오스 와인은 그리스 카이오스 섬에서만 소량으로 생산됐다는 레드 와인이다. 이밖에도 초대 아우구스투스 황제가 즐겨 마셨다는 '세티눔(Setinum)' 와인을 비롯해 현대 못지않은 최고급 와인이 즐비했다.

로마인들이 와인을 즐기는 방식 역시 현대인들과 크게 다르지 않았다. 로마 시대 와인의 생산 및 소비 지역으로 유명했던 폼페이의 술집에서는 벽에다 다양한 와인의 종류와 가격을 표시한 메뉴판을 걸어 놓고 와인을 팔았다고 한다.

한편 와인은 약으로도 쓰였다. 로마인은 와인 속에 병을 치료하는 데 필요한 성분이 들어 있다고 믿었다. 그래서 슬픔과 우울증이나 기억력 상실 같은 신경정신과적 치료에도 와인을 처방했고 육체적인 상처의 치료는 물론 변비 치료와 구취 제거, 뱀에 물린 데, 어지러운 현기증을 물리치는 데도 와인을 사용했다. 서기 2세기 중반에 활동한 로마 의사 갈레노스도 검투사들의 상처를 소독하고 치료할 때 와인과 약을 혼합해 사용했다는 기록이 보인다.

로마인은 와인의 부작용도 알고 있었다. 와인 중독에 따른 육체적·심리적 부작용에 대한 기록도 남아 있다. 그렇기에 정적을 제거하는 데 와인을 이용하기도 했다. 상대방을 형편없는 술꾼, 알코올 중독자로 몰아 책임 있는 자리를 맡을 자격이 없는 사람이라고 공격하는 일도 있었다.

와인과 물의 희석 비율 〰〰

때로는 쾌락의 수단으로서, 때로는 치료제로서 로마 시대의 와인은 다양하게 쓰였지만 기본적으로는 물 대신에 마시는 음료 역할을 했다. 그런 만큼 와인을 물에 희석시켜 마시는 것이 일반적이었고, 이는 그리스에서부터 이어져 내려온 음용 방식이었다. 귀족들 역시 매일의 식사와 연회 때 와인을 마셨지만 특별한 경우를 제외하고는 원액 그대로 마시는 경우가 드물었다. 술집에서조차 보다 적은 양의 물을 섞었을 뿐 대다수가 희석된 와인을 마셨고 물을 덜 타면 오히려 희석이 덜 됐다고 불평을 했을 정도였다.

그렇다면 로마인은 와인에 얼마만큼의 물을 타서 마셨을까? 기술적으로만 보면 와인에 물을 타서 마신 것이 아니라 물에 와인을 섞어 마셨다고 보는 것이 더 정확한 표현일 것 같다. 가족들이 식사할 때는 보통 물과 와인의 비율을 3 대 1의 비율 또는 4 대 1의 비율로 희석시켜 마셨다지만, 일률적으로 정해져 있던 것은 아니고 와인의 종류, 마시는 연령층이나 취향에 따라 달랐던 것으로 보인다. 플리니우스는 《자연사》에서 호머의 《오디세이》를 인용해 물과 와인을 20 대 1의 비율로 섞었다고 하고 8 대 1의 비율로 섞는 경우도 있었다고 기록했다.

와인에 물을 섞는 방법도 다양했다. 보통의 경우에는 찬물과 혼합했지만 용도에 따라서는 따뜻한 물을 타기도 했고 바닷물을 섞기도 했다. 와인에 각종 향신료나 꿀, 심지어 소나무 진액인 송진을 타서 마시기도 했다. 물이라면 몰라도 바닷물을 포함해 별별 향신료를 다 섞었다는 게 현대인의 시각에서는 쉽게 이해가 가지 않는데 이와 관련해서는 다양한 해석이 있다.

일단 로마 시대 때 와인은 재료로 쓰인 포도의 품종이 지금과는 많이 달랐기에 훨씬 더 쓴맛이 있어 그대로 마시기는 힘들었기에 바닷물을 섞어 중화시켜 마셨다는 분석이 있다. 또 다른 견해로는 우리가 말하는 '단짠'의 개념으로 바닷물을 섞으면 맛이 더 좋아지는데 이렇게 마시면 술이 들어간 '펀치(spiked punch)' 같은 맛이 난다는 의견도 있다.

바닷물 이외에도 향신료나 과일 등을 더하면 술이 가미된 후르츠 칵테일(fruits cocktail) 맛이 나고, 꿀을 넣어 달콤하게 마시기도 했으며 우리의 약술처럼 여러 종류의 향신료와 약초(medical herbs)를 혼합해 마시기도 했다.

용도와 신분에 따라 각각 다른 와인을

'비눔(vinum)'이라고 불렸던 로마의 와인은 종류도 다양했다. 먼저 비눔이라는 용어는 와인과 마찬가지로 포도주의 총칭이지만 보다 구체적으로는 충분히 숙성된 잘 익은 포도주를 가리키는 말이다.

일단 포도를 수확하면 발로 밟아 즙을 짜냈고 적갈색 항아리(암포라)에 담은 후 밀랍을 발라 열을 가해 밀봉한 후 땅에 묻는다. 이렇게 비눔의 원료가 되는 발효되지 않은 달콤한 포도 주스를 로마에서는 라틴어로 새롭고 신선한 포도즙이라는 의미에서 '무스툼(mustum)'이라고 했다. 무스툼에도 여러 종류가 있다. 먼저 포도송이를 따서 그대로 즙으로 만든 것은 '무스툼 프로트로품(protropum)'이라고 하는데 풍부한 맛을 내기 때문에 특별한 와인을 만드는 데 사용했다. 포도를 충분히 으깨지 않은 것은 '릭시비움(lixivium)'으로 장기 보관에 좋으며 포도를 충분히 으깨 즙을 짜낸 것은 '토르트붐(tortivum)'인데 품질이 떨어지는 와인을 만드는 데 사용했다.

이처럼 포도 산지와 품종에 따라, 그리고 포도즙인 무스툼의 종류에 따라 다양한 와인이 만들어졌다. 이렇게 만들어진 와인에 갖가지

방법으로 물이나 바닷물, 향신료 등을 섞으면 또 각각의 다른 이름을 가진 와인 음료가 만들어지곤 했다. 맥주에도 생맥주가 있는 것처럼 로마 시대에는 생맥주와 비슷한 생와인 격인 드래프트 와인도 있었는데 '돌리움(dolium)'이라고 했다. 하지만 뭐니 뭐니 해도 일반적으로 가장 많이 마신 것은 물로 희석시켜 마시는 비눔이었고, 가장 인기 있고 유명했던 와인 음료는 와인에 물과 꿀을 섞어 마시는 '물숨(mulsum)'이었다.

물숨은 그리스 신화에서 최초로 벌꿀을 키운 아리스타이오스(Aristaeus)가 처음 만들었다고 하는 음료로 와인과 벌꿀, 향신료와의 혼합 비율에 따라 여러 가지 용도의 각기 다른 물숨을 제조해 마셨다. 벌꿀이 들어가 달콤했기 때문에 많은 경우 식전에 애피타이저로 마시기도 했고 향신료를 섞어 약용으로 마시기도 했다. 물숨이 로마 시민에게 인기가 많았던 만큼 때때로 중요한 정치적 행사에서는 대중의 지지를 얻기 위해 참석한 시민들에게 제공되기도 했다고 한다. 또한 수요가 많았기 때문에 멀리 해외로 수출하는 것보다 로마 국내에서 파는 것이 더 비싸게 팔렸을 정도로 인기가 높았다고 한다.

현대인이 붉은 고기에는 레드 와인을, 흰 살 생선에는 화이트 와인을 맞춰 마시는 것처럼 로마인들도 음식에 따라 각기 다른 와인을 마셨다. 예컨대 '콘디툼(conditum)'은 허브와 향신료를 첨가한 와인으로 주로 붉은 살코기나 강한 맛의 음식과 함께 짝을 이뤄 마셨다. 로마의 와인 문화가 얼마나 발전했는지를 여기서도 짐작할 수 있다.

콘디툼 중에서도 특별했던 것은 '콘디움 파라독숨(condium

paradoxum)'이다. 로마 귀족들이 감기 치료제 등으로 주로 마셨다는 약용 와인으로 포도주에 정향 계피를 비롯한 각종 향신료와 과일 등을 섞어 끓여 마신다. 당시에는 얼마나 파격적이었는지 이름부터 모순, 역설이라는 뜻의 파라독숨이라는 단어를 써서 역설의 음료라고 독특하게 지었는데 현대에는 흔히 '깜짝(surpisie) 포도주'로 번역한다. 마시면 놀랄 만큼 온몸이 후끈 달아 올라 감기를 예방하기에 지었던 이름이 아닐까 상상해보는데 요즘 우리가 마시는 프랑스의 포도주 음료 '뱅쇼(vin chaud)'의 뿌리가 되는 와인이다.

콘디움 파라독숨은 고급 향신료가 섞인 약용 와인이었던 만큼 주로 귀족들이 마셨는데 이처럼 로마에서는 신분과 계층에 따라 마시는 와인 종류도 달랐다. 물론 계급에 따라 특정 와인을 마시도록 차별한 것은 아니었고 와인의 품질과 가격 차이 등에 따라 자연적으로 마시는 와인이 달라질 수밖에 없었다. 이를테면 '메룸(merum)'은 농부들이나 게르만 또는 갈리아의 야만 부족들이 마신 와인으로 포도주를 희석시키지 않고 원액 그대로 마시는 와인이었다. 우리의 옛날 막걸리처럼 거르지 않은 거친 형태의 포도주였던 것으로 보인다.

노예들에게는 주로 '피케테(Piquette)'라는 와인이 지급됐다. 이 와인은 통 속에 포도 껍질과 줄기가 남아 있는 발효되기 직전의 포도즙 찌꺼기로 빚은 와인이다. 노예들은 여기에다 물을 혼합해 마셨다. 그리고 와인을 만들고 남은 찌꺼기는 가축들에게 먹였다. 와인 찌꺼기에는 음식과 와인의 성분이 모두 포함돼 있기 때문에 가축을 살찌운다고 보았다.

군인들의 와인, 포스카

한편 군인들에게는 매달 '포스카(posca)'라는 와인을 지급했다. 로마 군인이 마신 포스카를 보면 포스카가 어떤 와인이었는지, 군인에게 왜 와인을 지급했는지 그리고 로마인들이 왜 물 대신 와인을 마셨는지 그 배경도 짐작할 수 있다.

서기 1세기 무렵부터 로마 군단에 정규 보급품으로 지급된 포스카는 시어버린 와인(sour wine)을 허브와 함께 물에 타서 마시는 음료였다. 포스카는 완전히 다목적용이었는데 첫째는 우선 갈증 해소용이었다. 식초를 탄 것처럼 시큼한 와인이었기에 목마름 해소 효과가 탁월했다. 지금으로 치면 에너지 음료였던 셈이다. 농부들이 잘못 저장해 시어버린 와인을 재활용해 제조했기에 에너지원으로 이용할 수 있었다. 와인 한 병의 열량이 약 500칼로리니까 보급이 차단됐을 경우 포스카만을 마셔도 어느 정도 힘을 낼 수 있었다.

포스카의 또 다른 용도는 의료용이다. 옛날 식초는 기본적으로 조미용이라기보다는 의료용으로 쓰였다. 기원전 400년 무렵의 그리스의 의학자 히포크라테스는 다양한 질병 치료에 식초를 사용했는데 이를테면 사과 식초를 꿀에 섞어서 기침 감기를 치료하는 데 사용했다. 중세 유럽에서 흑사병이 돌았을 때 사람들이 예방과 치료 목적으로 사용했던 것이 식초였는데 식초가 되기 전 단계가 와인이었기에 의료용으로도 활용이 가능했다.

로마 병사에게 지급된 포스카는 정화제이기도 했다. 현대에도 전시에 군인들은 주둔지가 아닌 곳에서 오염된 물을 함부로 마실 수 없기에 정화제를 지급한다. 2,000년 전 로마 시대에도 마찬가지였다. 전투 중 현지의 오염된 물 또는 질 나쁜 물을 마시고 배탈이 나는 것에 대비해 소독 기능이 있는 포스카를 지급했던 것이다.

반대로 군기를 어겼다든가 기타 이유로 처벌을 해야 할 경우에는 포스카 지급을 중단하기도 했다. 로마 군인에게 포스카가 얼마나 중요한 보급품이었는지를 짐작할 수 있다. 흔히 인터넷에서는 포스카를 고대 로마의 서민이나 군인이 마시던 싸구려 음료라고 표현해놓았지만 단순히 그렇게 평가할 것만도 아니다. 다목적 음료인 포스카의 용도를 통해서도 로마인들이 와인을 왜 마셨고 어떻게 활용했는지를 미루어 짐작할 수 있다.

로마의 핵심 산업, 레드골드 와인

로마인은 현대인과 마찬가지로 시장에서 와인을 사고팔았다. 팔고 남은 와인은 로마 제국 밖의 속주를 비롯한 해외시장에 내다 팔았고 와인이 부족할 때는 외국에서 수입해왔다. 현대인의 시각에서는 당연한 것이 아닌가 싶지만 기원전 2~1세기, 그리고 서기 1~2세기 무렵이면 시장에서 상품을 거래한다는 것이, 더군다나 상품을 수출하고 수입한다는 게 당연한 일만은 아니었다.

로마인의 시각에서 아직 미개한 지역이었던 갈리아와 브리타니아, 게르마니아 등 중부와 북부 유럽은 말할 것도 없고 이제 갓 나라를 건국해 삼국시대가 시작된 우리나라나 유방이 항우를 물리치고 중원을 통일해 한나라를 세운 중국에서도 자급자족이 중심이었다. 시장이 생겼다고 해도 아직 크게 발달하지 못했을 때였다.

와인 시장은 자유 경쟁 체제

하지만 로마는 달랐다. 시장이 발달했고 그것도 자유 시장경제 체제였다. 특히 와인 시장은 더했다. 주식으로 먹었던 밀이나 보리 같은 곡물이나, 로마인의 식탁에서 빠지지 않았던 올리브 오일 등은 가격의 등락이 심하면 나라에서 수급을 조절했다. 하지만 무슨 까닭인지 물처럼 마셨던, 그래서 생활필수품이었던 와인에 대해서는 나라에서 시장에 개입하는 일이 거의 없었다. 그나마 사례를 꼽아보자면 와인 공급이 넘치면서 이탈리아 내 곡물을 재배하는 농지에서는 포도를 재배하지 못한다고 금지했던 서기 92년의 도미티아누스 칙령이 거의 유일한 정부의 와인 시장 개입이었다.

이런 연유로 해서 와인의 수요와 공급에 따른 와인 가격은 철저하게 시장을 중심으로 움직였다. 그런 만큼 때로는 수급 조절에 실패해 심각한 와인 파동을 겪기도 했고 경우에 따라서는 시장 질서가 왜곡되기도 했다. 와인의 수급 변동이 얼마나 심했는지는 1세기 때의 철학자 세네카의 사례에서 엿볼 수 있다.

세네카는 금욕과 평정을 강조한 스토아학파를 대표하는 철학자로 우리에게 알려져 있다. 하지만 돈과는 거리가 멀었을 것 같은 스토아 철학자였음에도 경제를 보는 안목은 뛰어났던 모양이다. 그가 로마 근교의 노멘툼(Nomentum)에 있는 최고의 포도밭을 구입했을 때의 일이다. 어떤 사람이 평범한 밭을 사서 새로운 포도 재배 기술을 도입해 포도 농장으로 가꾼 후 수년이 지나 농장을 되팔면서 세네카에게 구입가보다 4배나 더 비싼 가격을 불렀다. 그런데 세네카가 이를 덥석 사들였다. 바가지를 썼다고 주변 사람들한테 비웃음을 샀지만 세네카는 여기서 재배한 포도로 와인을 생산해 짭짤한 수익을 올렸다. 같은 시대를 살았던 풍자 시인 페르시우스(Persius)가 언급했을 정도다.

스토아 철학자인 세네카의 재테크 식견을 지적한 내용이지만 그 양상이 현대 한국의 부동산 시장과 비슷하게 보인다. 로마 시대 포도 농장의 투기가 얼마나 심했는지 그리고 4배나 비싼 값을 주고 농장을 구입했어도 와인 판매 가격으로 수익을 올렸을 정도로, 와인 가격의 변동이 얼마나 심했는지를 짐작할 수 있는 대목이다.

이렇듯 갖가지 요인으로 와인 가격이 요동을 쳤지만 어쨌든 언제나 '보이지 않는 손(?)'에 의해 수요와 공급이 조절되면서 꾸준히 와인 시장이 커져 나갔다.

어마어마한 와인 소비량

로마인이 하루 평균 한 병씩의 와인을 마셨다면, 로마 전체의 연간 와인 소비량은 어땠을까? 다시 말해 로마의 와인 시장 규모는 어느 정도였을까? 2001년에 출간된 로드 필립스의 《와인의 짧은 역사(A Short History of Wine)》에서는 가장 많았을 때 연간 약 1억 8,000만 리터쯤 됐을 것으로 추정한다. 요즘 시중에서 판매되는 750밀리리터 포도주 한 병 기준으로는 2억 4,000만 병쯤 된다.

알렌 보우만(Alan Bowman)과 앤드류 윌슨(Andrew Wilson)이 집필하고 2018년에 출간된 《로마의 농업경제(The Roman Agricultural Economy)》에서는 서기 100년에서 150년 사이의 지중해 일대 로마 제국의 전체 와인 소비량을 약 1억 6,720만 리터로 추정했다. 인구가 5,000만 명이 넘고 아시아에서 중국, 일본에 이어 세 번째로 큰 와인 시장인 한국의 2016년 와인 소비량이 약 3,420만 리터였으니까 서기 1~2세기 로마 제국의 와인 소비가 현대 한국의 약 5배를 넘었던 셈이다.

물론 대다수의 한국인은 일상처럼 와인을 마시지 않는다는 점에서 식사 때마다 와인을 물처럼 마시는 프랑스로 시선을 돌려보면, 프랑스의 2018년 와인 소비량이 26억 8,000만 리터니까 역시 2,000년 로마의 와인 소비가 현대 프랑스의 15분의 1 수준에 육박했던 셈이다.

애써 로마 제국의 와인 소비 규모를 지금의 한국, 프랑스와 비교한 이유는 현대와 비교해봐도 당시 로마의 와인 시장은 만만한 규모가 아니었다. 그랬기에 와인의 유통 과정에서 생기는 연관 산업, 이를테면 포도즙과 포도주를 담는 용기인 암포라 제조업, 와인을 운송하기 위한 선박 건조 등등 와인 산업이 직간접적으로 일으키는 유발 효과와 와인 연관 산업이 고대 로마 경제에서 차지하는 비중은 엄청났을 것이다. 적어도 경제적 측면에서는 와인 산업이 로마 제국의 발전을 이끈 중요한 견인 축 중 하나였다고 볼 수 있는데, 와인이 퍼져 나가는 과정을 시대의 흐름에 따라 정리해보면 와인이 로마 제국에서 어떤 역할을 했는지를 쉽게 이해할 수 있다.

고부가가치 산업으로서의 와인 ◀◀◀◀

로마 시민들이 처음부터 그렇게 와인을 많이 마셨던 것은 아니다. 로마 전설과 로마 시대 작가가 포도에 대해 언급한 내용들을 종합해보면 로마가 제국으로 발전하기 이전, 고대에는 로마 주변은 물론 이탈리아반도에서는 포도가 별로 재배되지 않았기에 포도주는 물론 포도 자체도 매우 귀하게 여겼다. 로마 건국 신화의 주인공 로물루스가 신에게 제사를 지낼 때도 오로지 가축의 젖만을 바쳤고 와인은 보이지 않는다는 점에서 로마 건국 초기 전설의 시대에는 상류층조차 와인을 마시지 못했을 것으로 추정한다.

기원전 509년, 로마에 공화정이 들어설 무렵과 그 이전의 로마 왕국 시대에도 이탈리아 북부에서는 에트루리아인이, 남부에서는 그리스 이주민이 포도를 재배하고 와인을 만들었지만 로마 자체에서는 와인이 퍼지지 못했다. 그렇기에 와인은 특권층이 특별한 날에 마시는 술 정도로 여겼다.

공화정 초기 이후에는 로마에서도 포도를 조금씩 재배하게 됐지만 당시 로마인들에게 포도 재배나 와인 생산은 별로 중요한 관심사가 아니었다. 이탈리아반도 내지는 지금의 스페인인 이베리아반도로 세력을 넓히기 위한 전쟁을 하는 데 바빴기에 포도 재배나 와인 생산, 나아가 와인으로 대표되는 산업 발달에는 신경 쓸 겨를이 없었다. 이 무렵 로마에서도 와인을 빚기는 했지만 상류층에서는 주로 외국에서 와인을 수입해 마셨을 뿐 로마에서 만든 와인은 저질 제품으로 취급해 거들떠보지도 않았다.

그러다 기원전 2세기에 접어들면서 로마 지식인들이 포도와 와인의 경제성에 주목하기 시작했다. 로마 농업경제에서 전통적으로 보조 농업에 지나지 않았던 포도 재배의 중요성을 강조하면서 포도 농업과 와인 산업 육성을 주장한 것이다. 대표적 인물이 기원전 2세기 집정관을 지낸 카토였다. 그는 《농업론》에서 대규모 포도 농장에서 노예를 동원해 포도를 재배해야 한다고 주장했다. 포도 농업의 생산성을 강조했던 것으로 현대식으로 말하자면 일종의 대량생산 시스템 도입을 주장했다고 볼 수 있다.

그리고 비슷한 시기인 기원전 146년, 카르타고를 완전히 멸망시킨 후 로마가 지중해를 지배하게 되면서 포도가 경제적 풍요를 가져오고 속주와의 와인 무역이 부를 창출한다는 사실에 눈을 뜨게 됐다. 이후 로마는 와인을 산업으로 육성하기 위해 별별 노력을 다 기울였다. 앞서 언급했던 것처럼 카르타고 정복 후 재기를 못하도록 소금을 뿌렸다는 소문이 있을 정도로 모든 것을 파괴했지만, 포도 재배법을 포함해 당시의 기간산업이었던 농업 육성을 위해 카르타고의 학자 마고가 쓴 농업 서적은 한 권도 불태우지 않고 고스란히 로마로 가져와 라틴어로 번역했다.

그 뿐만이 아니었다. 기원전 1세기 때 정치인이자 웅변가로 유명한 키케로는 그의 저서 《국가론(De Re Publica)》에서 로마의 포도와 올리브 농업을 보호하기 위해서 알프스 너머에서의 포도, 올리브의 재배를 금지해야 한다고 주장했다. 일종의 자국 산업 보호 정책이었다. 그러면서 키케로는 "공정하다고는 할 수 없어도 사려 깊은 조치 (we are said to act prudently; it is not called acting justly. – De Re Publica, Book 3, IX)"라고 강조했을 정도다.

현대 국가가 첨단 기술 유출을 막는 것처럼 로마 역시 알프스산맥 너머의 갈리아로 포도 종자가 유출되는 것은 금지했지만 그렇다고 완제품 수출까지 막았던 것은 아니다. 로마는 기원전 2세기와 1세기, 로마와 교류를 하고 있던 갈리아 남부에 완제품인 와인을 수출했다. 그것도 상당히 비싼 값에 팔았는데 수출 대금을 포도 농장에 투입할 노예로 받았을 정도다. 수출 규모 역시 적지 않았을 것으로 추정된다. 갈리아 주민들이 와인을 엄청 마셨기 때문인데 이들은 곤드레만드레 취할 정도로 포도주를 퍼마셨다. 와인에 물을 섞어 마신 로마인들과 달리 갈리아 사람들은 희석시키지 않은 포도주를 그대로 마셨으니 그 소비가 결코 적지 않았다.

마치 훗날 유럽인들이 아메리카나 아프리카 대륙을 개척할 때 원주민들에게 독한 술을 팔아 막대한 이득을 남겼던 것과 닮은꼴이다. 현대의 윤리적 관점으로 로마 상인의 도덕성과 로마의 제국주의적 속성을 따지기에 앞서 당시 로마가 얼마나 악착같이 와인 산업을 키워 나갔는지를 알 수 있다.

서기 1세기 이후에는 알프스 너머에서의 포도 재배 금지 정책도 흐지부지됐다. 오히려 로마 국내의 와인 수요가 폭발적으로 증가하고, 와인 생산 기지인 폼페이가 파괴되는 등 와인 가격과 수급이 폭등과 폭락을 반복하는 가운데 히스파니아, 갈리아, 브리타니아, 게르마니아 등 속주로도 포도 재배가 확산된다. 처음에는 현지 주둔 로마 군단과 정착민의 수요 때문이었지만 나중에는 원주민 사회에서도 와인을 마시는 문화가 생겨나면서 와인 수요가 크게 늘었다. 이런 과정을 통해 와인은 로마 제국의 주요 산업이 되었다.

속주 무역과 정복, 정착 그리고 와인 경제 확산 《《《

로마 제국은 속주와의 무역과 정복, 그리고 정착을 통해서 속주 각지에 포도와 와인 문화를 전파했다. 문화의 전파라고 했지만 다른 말로 바꿔 말하면 경제 교류의 확대다. 로마의 입장에서는 그렇고 속주 쪽에서는 교류라는 표현에 동의하지 않을 수도 있겠지만, 그래도 근대 제국주의 식민지 경영처럼 일방적인 경제적 착취만은 아니었던 듯싶다.

로마가 처음 진출했던 이베리아반도의 스페인, 즉 히스파니아를 봐도 그렇다. 로마는 기원전 2세기 제2차 포에니전쟁을 통해 카르타고를 물리치면서 카르타고가 지배하고 있던 히스파니아를 수중에 넣었다. 히스파니아는 당시 지중해의 주요 포도 재배 지역이었고 와인 산지였던 만큼 로마가 이후 이 지역을 통해 대량의 와인을 얻었고 덕분에 로마인이 와인에 눈뜨고 와인 산업이 발전하는 계기를 마련한 것은 분명하다.

처음 히스파니아에 포도와 와인 문화를 처음 전파한 것은 페니키아인이며 그 후손인 카르타고인이었다. 덕분에 기원전 2세기에 이곳이 와인 산지로 발전했지만 진짜 히스파니아에서 와인 산업을 꽃피운 것은 로마가 정복한 이후인 서기 1~2세기 무렵, 로마의 초대 아우구스투스 황제 때였다.

포에니전쟁의 승리로 로마는 남부 히스파니아 일부와 지중해에 접한 스페인 연안 지역을 얻었다. 이후 약 150년이 지나 이베리아반도를 완전히 정복한 인물은 기원전 1세기 후반의 가이우스 옥타비아누스 장군이었다. 그가 바로 훗날 로마 제국의 초대 황제가 된 아우구스투스 황제다. 이때부터 히스파니아는 로마의 식민화가 빠른 속도로 진행되면서 지금의 스페인 북부 바르셀로나 지역이 개발됐고 이어 안달루시아에서부터 코르도바, 카디스에 이르는 스페인 남부에 포도 재배 단지가 조성됐다.

로마를 통해 개량된 포도 품종과 와인 생산 기술이 전해지면서 포도 재배와 와인 생산이 크게 늘어나기도 했지만 보다 중요한 것은 무엇보다도 스페인의 포도와 와인이 지역 농산물에서 벗어나 로마 세계에서 상업적 가치를 지닌 고부가가치 상품으로 경제적 가치를 부여받았다는 점이다. 이 무렵 로마가 히스파니아 전역에 건설한 도로 네트워크 덕분에 가능한 일이었다.

지금도 스페인에 흔적이 남아 있는 아우구스타 가도(Via Augusta)가 바로 히스파니아에서 생산된 포도와 와인을 운송하는 데 주로 쓰였던 도로다. 기원전 8세기부터 생겨났다는 이 도로는 스페인 남부의 카디스에서 세비야, 코르도바, 그라나다, 바르셀로나를 거쳐 피레네산맥을 넘어 이탈리아까지 이어지는 장장 1,500킬로미터의 도로다.

아우구스타 가도를 간선도로로 주변에 촘촘히 얽힌 지방도로가 거미줄처럼 연결되면서 와인을 비롯한 히스파니아의 농산물과 광물 및 각종 상품이 로마로 운송되는데 실제 기원전 1세기와 서기 2세기 사이의 약 200년 동안 로마의 각종 문헌에 히스파니아산 와인이 집중적으로 등장한다. 이 무렵 히스파니아산 와인이 어찌나 많이 유입됐는지 한때 로마 국내의 와인 산업 보호를 위해 히스파니아에서의 와인 생산을 금지시켜야 한다는 주장이 나왔을 정도다. 또한

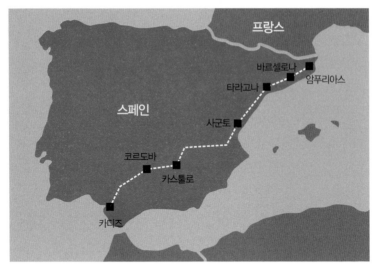

아우구스타 가도

지금 프랑스 와인으로 유명한 보르도 지역에 처음 심었던 포도 종
자 역시 이 무렵 스페인 북부 리오하(Rioja) 지역의 포도 종자였다고
하니 당시 로마와 히스파니아의 와인 교역이 얼마나 활발했는지를
알 수 있다. 참고로 21세기 현대의 와인 생산 대국은 이탈리아, 프랑
스, 스페인 순이다. 이들 나라에서 세계 와인의 절반 이상이 생산된
다. 그러고 보면 로마 시대 이래로 바뀐 게 별로 없다.

　로마 제국은 히스파니아와 더불어 갈리아에서도 시차를 두고 꾸
준히 포도밭을 개척해 나갔고 와인 시장을 만들어 나갔다. 기원전
58년 율리우스 카이사르가 갈리아전쟁을 시작하기 이전에도 현지
부족들과 적극적으로 와인을 교역했다. 심지어 우호적인 부족뿐만

아니라 적대적인 부족에도 와인을 팔았을 정도다. 정치적·군사적 적대 관계와 경제적 이익은 별개였다.

로마는 기원전 146년 제3차 포에니전쟁으로 카르타고를 완전히 물리친 이후부터 활발하게 갈리아 진출에 나섰다. 지중해에서 패권을 다투던 걸림돌을 제거한 덕분이다. 그리하여 약 20년이 지난 기원전 125년 지금의 프랑스 남부 항구도시 마르세이유인 마살리아(Massalia)를 점령한다. 이어 해안선을 따라 서쪽으로 진출해 기원전 118년에는 나르본(Narbonne)에 도착해 도시를 건설했다. 나르본은 해안선을 따라 동쪽으로는 마르세이유, 서쪽으로는 피레네산맥을 넘어 스페인 바르셀로나와 연결되는 중간 지점이다.

이곳은 유명한 랑그독 루시옹 와인을 생산하는 지역으로 지금도 프랑스 총 와인 생산량의 약 3분의 1을 차지하는 곳이다. 로마는 이 지역에 갈리아 지방에서는 최초로 도미티아 가도(Via Domitia)를 건설한다. 이 길을 따라 로마인은 현지인과 활발한 상품 교역을 벌였다. 갈리아 부족들은 특히 비싼 가격을 지불하고 로마 와인을 구입했는데 한 단지의 암포라, 즉 와인 한 항아리가 노예 한 명과 맞먹는 가치였다고 한다. 도미티아 가도는 이후 약 100년 후에 건설된 히스파니아의 아우구스타 가도와 연결되면서 스페인 남부 끝에서 프랑스 남부 해안지방을 거쳐 이탈리아 로마까지를 잇는 도로가 된다.

한편 카이사르의 갈리아 정복 이후 로마인들은 본격적으로 내륙으로 진출하기 시작했다. 로마 군단 기지와 정착촌이 세워지면서 로마인들은 먼저 주요 지역에 포도밭을 만들고 와인을 생산해 필요한 지역에 공급했다. 로마 군인이나 퇴역한 군인들이 많았던 정착민들이 군대 생활 이전부터 와인 문화에 젖어 있었기 때문이지만 현지의 오염된 물을 안심하고 마실 수 없었기 때문에 정화제로서의 와인이 필요하기도 했다.

와인 생산을 중심으로 보면 카이사르전쟁 이후 로마인이 우선 진출한 내륙 지방은 론강의 계곡을 따라 올라간 지금의 리옹 지방이다. 이곳은 올리브와 무화과는 자라지 못하지만 포도 재배는 가능했기에 로마 정착민들은 계곡을 따라 포도밭을 개척했다. 리옹은 지금도 프랑스의 대표적인 와인 생산 지역인데 그 역사는 로마 시대부터 비롯됐다. 서기 1세기 때의 플리니우스는 이 지역에서 생산된 와인이 로마에서 비싸게 팔린다고 기록하기도 했다.

프랑스의 대표적인 와인 산지로 유명한 보르도 지방도 서기 1세기가 시작될 무렵 로마가 포도밭으로 개척했다. 보르도에 대한 로마 최초의 관심은 초대 황제인 아우구스투스 시대에 활동한 지리학자 스트라본이 황제에게 보낸 보고서에 적혀 있다. 보고서에는 보르도를 향해 흐르는 강 아래쪽으로 포도밭이 없다는 내용이 적혀 있다. 이 기록을 보면 당시 로마인들도 갈리아 지방 곳곳을 다니며 현지 자원 개척을 위한 지리 탐사 활동에 열심이었던 것으로 보인다.

이렇게 보르도는 포도 재배에 적합한 지역으로 관심을 받았을 뿐만 아니라 대서양 연안을 따라 영국으로 와인을 운송하기에 적합한 항구 지역이었다. 그 때문에 1세기 이후에는 영국에 주둔하는 로마 군단에 와인을 보낼 수 있을 만큼 충분한 포도밭이 만들어지면서 로마 시대에 벌써 프랑스 최대의 와인 생산 지역으로 떠올랐다.

그리고 보르도에서부터 프랑스 남부 나르본까지 아퀴타니아 가도(Via Aquitania)가 건설돼 도미티아 가도와 이어져 와인은 물론 브리타니아의 굴을 로마까지 실어 나를 수 있는 도로망이 연결된다. 로마인들은 이렇게 갈리아 지방 곳곳에 포도밭을 조성하면서 와인과 갈리아 속주를 로마 제국 경제 발전의 발판으로 삼았다.

영국과 독일, 그리고 와인

한편 와인에 관한 한 브리타니아는 로마 제국의 영향을 상대적으로 덜 받았고 주목할 만큼의 특이사항도 없다. 현대에도 뚜렷하게 알려진 영국 와인이 없는 것도 그 때문일 것이다. 물론 로마 군단이 주둔하고 곳곳에 로마 정착촌이 건설됐으니 와인 수요가 없었을 수 없다. 서기 1세기 이후에는 브리타니아에서도 와인 소비가 크게 늘었다. 이후 이탈리아와 히스파니아, 그리고 갈리아 보르도에서 항아리 암포라에 담긴 와인이 큰 비용을 들여 정규적으로 브리타니아에 운송됐다. 또 나중에는 게르마니아를 통해 라인 와인을 조달했다. 물론 미들섹스 등지에서 발견된 암포라 생산 공장을 보면 영국도 자체 포도밭을 갖고 와인을 생산한 것으로 추정한다. 하지만 그 규모와 영향은 특기할 만한 정도는 아니었다. 다만 브리타니아가 와인 생산지가 아닌 소비처였다고 해서 와인과 관련해 로마 제국 경제에서 중요도가 떨어졌던 것은 아니다. 브리타니아라는 수요처가 있었기 때문에 로마는 맥주의 고장 게르마니아에서 보다 적극적으로 포도밭을 개척해 와인을 생산하게 된다.

독일의 경우 라인강을 따라 포도가 자랐다는 흔적을 역사시대 이

전부터 찾아볼 수 있었다고 하는데, 이 지역에서 뚜렷한 와인 문화에 대한 기록이 나오는 것은 게르마니아 서부 지역을 로마군이 정복하고 정착촌이 건설되면서부터다.

기원전 1세기 말 초대 아우구스투스 황제 때 이미 갈리아 북부 모젤강 유역에 로마인의 정착 도시 트리어(Trier)가 건설됐고 앞서 언급했던 것처럼 3세기 말의 프로부스 황제가 게르만 부족을 토벌하면서 라인강 일대에 포도밭을 개척했다. 하지만 게르마니아에서 와인에 대한 최초의 명확한 기록은 서기 370년 갈리아 태생의 로마 시인 아우소니우스(Ausonius)가 남긴 모젤라(Mosella)라는 시에서 보인다. 보르도 출신의 시인 아우소니우스는 모젤강의 풍경을 묘사한 시에서 강변을 따라 오래전에 만들어진 포도밭이 늘어서 있다며 보르도의 포도밭과 비교했으니 그 규모가 상당했음을 알 수 있다. 참고로 모젤강은 프랑스 동북부에서 시작해 룩셈부르크와 독일 국경을 따라 흐르며 라인강과 합류하는 강으로 지금도 모젤강 연안 일대는 모젤 포도주로 알려진 독일의 대표적인 화이트 와인 산지다. 로마는 모젤강 유역에서 생산된 와인을 서기 83년부터 260년까지 게르만 부족을 방어하기 위해 건설된 게르만 방어벽(Limes Gremanicus)을 따라 배치된 로마 군단 병사들에게 공급했다.

로마 시대에 로마 군단이 주둔하고 정착촌이 건설되면 와인 공급은 거의 필수였다. 와인이 즐거움이나 미각을 돋우기 위해 마시는 술이 아니라 오염된 물을 소독하는 정화제 역할을 했고 물 대신에 마시는 음료수였기 때문인데, 독일은 지금도 그렇지만 옛날에도 맥주를 주로 마시는 지역이다. 로마의 역사가 타키투스(Publius Cornelius

Tacitus)는 《게르마니아》에서 게르만 부족이 마시는 술은 보리와 다른 곡식으로 만드는데, 발효시켜 마시는 것이 와인과 비슷하다고 기록한 바 있다.

와인이 없는 지역에서 로마 군대와 정착민이 선택할 수 있는 방법은 몇 가지 없었다. 브리타니아처럼 로마와 히스파니아 보르도 지방의 와인을 비싼 비용을 들여서라도 운송해오는 방법, 또는 막대한 자본을 투자해서라도 리옹에서 프랑스 동부를 흐르는 손강과 모젤강을 연결하는 운하를 건설해 수로를 통해 와인을 가져와 다시 라인강 일대의 게르만 방벽으로 실어 나르는 방법이다. 아니면 최전방을 지키는 로마 병사의 사기가 떨어지는 것을 감수하고 야만스러운 음료로 여겼던 맥주를 마시게 하는 방법뿐이었다.

그런데 로마인들이 라인강 유역에서 포도를 재배할 수 있는 길을 찾았다. 라인강 계곡을 따라 햇볕이 잘 드는 지역에서 포도 재배가 가능하다는 것을 발견해 그곳을 중심으로 거대한 포도밭을 만들었다. 모젤 와인과 함께 유명한 라인 와인을 생산할 수 있게 된 것인데 이렇게 만들어진 와인은 현지 로마인의 수요 충족은 물론 로마 게르만 속주의 수출 산업으로도 이어진다. 그 결과 그동안 브리타니아에 공급되는 와인이 이전의 로마 본토와 보르도에서 게르마니아로 바뀌게 된다. 또 알마니 부족과 프랑크 부족 등 로마와 적대 관계에 있던 게르만 부족 역시 이곳에서 생산되는 와인의 열성적인 구매자가 됐다. 지금과는 달리 품질이 형편없는 옛날 맥주만 마시던 게르만 부족이 선진 문명의 로마인이 만든 와인을 마시면서 그 맛에 푹 빠졌던 모양이다. 그러면서 와인 거래 규모도 상당히 커졌다.

그런데 문제가 생겼다. 《로마법대전》에 따르면 4세기 말, 제51대 로마 황제인 발렌스(Valens, 재위 364~378)가 로마 제국 영토 밖으로 와인과 올리브 기름 등의 수출을 금지하는 포고령을 발표했다. 발렌스 황제는 게르만 부족인 고트족과의 전투에서 패배해 서로마 제국 쇠퇴의 전환점이 된 인물이다. 와인 수출 금지 포고령이 내려지면서 와인 맛에 길들여진 게르만 부족이 게르만 장벽을 넘어 로마인 정착 도시를 침범해 와인을 약탈해가는 일이 벌어졌다. 와인 때문에 정착촌을 공격한 것은 아니겠지만 약탈 품목에 와인도 포함돼 있었다고 한다. 그렇기에 일부 와인 사학자들은 발렌스 황제의 포고령이 결과적으로 로마 제국이 쇠퇴하는 단초를 제공한 측면이 없지 않다고 주장한다.

이처럼 히스파니아에서부터 갈리아 그리고 게르마니아에 이르기까지 로마와 속주의 개척, 그리고 와인의 관계를 보면 와인이 로마 경제와 로마의 무역에서 얼마나 큰 비중을 차지했는지를 알 수 있다.

제6장

올리브 기름 독에 빠진 로마 시민들

올리브 오일과
돈가스 덴푸라

모든 길은 로마로 통하고 모든 음식도 대체로 로마로 통한다. 특히 미국을 포함한 유럽의 일부 요리는 그 기원을 추적해보면 로마와 맞닿은 부분이 많다. 하지만 그것은 서양의 경우이고 로마에서 멀리 떨어진 한국인이 먹는 음식은 로마와 큰 관계가 없을 것 같다. 하지만 반드시 그런 것도 아니다. 예를 들면 우리가 분식점, 푸드코트, 시장 내지는 일식집에서 자주 먹는 채소튀김이나 새우튀김, 오징어튀김 같은 음식은 어디에서 비롯된 음식일까?

사실 한국 고유의 음식 중에는 기름에 지진 음식은 있어도 튀긴 요리는 찾아보기가 어렵다. 특히 딥 프라이드(deep-fried) 방식의 튀김 요리는 분명 조선 시대 이래로 전해져 내려온 우리 전통 요리는 아니다. 그렇기 때문에 다른 나라 음식 문화의 영향이 없지 않을 것

인데 후라이드치킨이 아닌 채소나 해산물튀김은 일본 튀김 요리인 덴푸라(天ぷら)에서 발달했을 것으로 보는 게 일반적이다.

튀김 요리의 기원은 포르투갈에서

덴푸라는 16세기 말 일본에 온 포르투갈 선교사를 통해 전해진 밀가루로 튀김옷을 입혀 기름에 튀기는 서양식, 보다 정확하게는 포르투갈식의 튀김 요리법을 뿌리로 본다. 이때 전해진 튀김 요리법이 18세기 지금의 도쿄인 에도에서 유채 기름 생산량이 엄청나게 늘어난 것과 맞물리면서 일본에서 채소튀김, 해산물튀김이 대중적 음식으로 발달했다.

여기서 16세기에 일본에 전해진 유럽의 튀김 요리법을 굳이 서양식이 아닌 포르투갈의 요리법이라고 한 이유는 이 무렵만 해도 포르투갈이 아닌 서양 다른 나라, 이를테면 영국이나 프랑스나 독일 같은 나라는 튀김 요리가 제대로 발달하지 못했기 때문이다. 우리가 빈대떡 부치듯 기름에 식재료가 잠기도록 넉넉하게 두르고 지지는 '프리터(fritter)'라는 요리는 있어도 후라이드치킨이나 채소튀김, 해산물튀김처럼 '기름에 푹 담가 튀기는 요리법(deep-fried)'은 발달하지 못했다. 이유는 재료를 완전히 담가서 순간적으로 튀길 정도로 기름이 풍부하고 넉넉하지 못했기 때문이다.

덴푸라라는 일본 튀김 요리의 어원도 포르투갈어에서 찾는다. '조미하다, 달구어 요리하다'는 뜻의 포르투갈어 '템페라르(Temperar)' 또는 양념 내지는 맛있다는 뜻의 '템페루(Tempero)', 가톨릭에서 고기를 안 먹는 단식일인 사계절 제사일 '템포라(Tempora)'가 덴푸라의 뿌리라는 것이다. 즉 우리가 먹는 채소튀김, 해산물튀김은 얼핏 일본 튀김 요리에서 비롯된 것 같지만 그 기원은 포르투갈의 요리법이다. 그런데 왜 하필 다른 나라도 아니고 포르투갈의 튀김 요리였을까?

화제를 바꿔서 영국에도 유명한 딥 프라이드 방식의 튀김 요리가 있다. 영국의 국민 음식이라고 하는 '피시 앤 칩스'로, 19세기에 영국에 널리 퍼진 음식인데 밀가루 반죽을 입혀서 튀겨낸 생선과 감자를 함께 먹는 음식이다. 피시 앤 칩스는 정말이지 단순하기 그지 없는 요리로 약 200년이 넘도록 영국인들이 정말 즐겨 먹었던 음식이지만 사실 순수한 영국 음식은 아니라 외국에서 전해져 영국화한 음식이다.

일단 감자튀김은 벨기에에서 전해졌다. 과거 유럽에서 감자는 빈민의 음식이었다. 겨울에 강물이 얼어 생선이 잡히지 않자 감자를 생선 모양으로 썰어 튀긴 것에서 벨기에식 감자튀김인 프렌치 프라이즈가 유래했다고 전해진다. 반면에 생선튀김은 원래 포르투갈에 살았던 유대인의 음식이었다. 포르투갈의 유대인은 안식일에는 고기를 먹지 않았고 불을 피워 요리하는 것도 금지했기에 금요일 저녁에 생선을 튀겨서 주일에 먹었다. 그런데 17세기, 포르투갈 유대인들이 극심한 종교 탄압을 받았다. 스페인이 이베리아반도에서 아랍을 축출하는 과정에서 가톨릭을 제외한 다른 종교를 배척했고, 그때문에 유대인들도 가톨릭으로 개종하거나 포르투갈을 떠날 것을 강요당했다. 그래서 수많은 포르투갈 유대인들이 종교의 자유를 찾아 영국으로 이주했고 이 과정에서 영국에 포르투갈 방식의 생선튀김 요리가 퍼졌다.

일본 덴푸라와 영국 생선튀김의 공통점은 두 음식이 모두 포르투갈 튀김 요리의 영향을 깊이 받았다는 것이다. 그렇다면 왜 하필 포르투갈에서 튀김 요리가 발달했던 것일까? 포르투갈이 16세기 바다를 주름잡던 해양 강국이었다는 점과 17세기의 유대인 박해 등 여러 이유가 있지만 보다 근본적인 이유는 포르투갈에 올리브 오일이 풍부했기 때문이다.

올리브 오일의 핵심 생산 기지였던 포르투갈

뜨거운 기름에 재료를 완전히 담가 순간적으로 튀겨내는 딥 프라이드 방식의 튀김 요리법은 기본적으로 기름이 풍부해야 발달할 수 있다. 일본에서 덴푸라가 발달한 배경은 18세기 지금의 도쿄인 에도에 유채밭이 널리 퍼져 유채 기름이 풍부했기 때문이고 미국에서 후라이드 치킨이 생겨난 이유도 18세기 미국 남부에서 발달한 농업으로 돼지 사육이 활발해지면서 돼지기름, 즉 라드가 풍부했기 때문이다.

마찬가지로 포르투갈에서 튀김 요리가 발달한 배경 역시 14세기 무렵 포르투갈에 올리브 오일이 풍부했기 때문이다. 포르투갈은 지금도 페이스 프리토(Peixe Frito)라는 생선튀김이 유명한 것처럼 유럽에서 처음으로 생선을 기름에 튀겨 먹는 문화가 발달한 나라다. 또 올리브 오일 압착 기술에 대한 표준을 최초로 만들었을 정도로 올리브 오일 산업이 발달했던 나라다.

14~15세기 포르투갈에서 올리브 오일 산업이 발달했다고 하지만 사실 그 뿌리는 로마 시대까지 거슬러 올라간다. 로마 시대에는 포르투갈을 포함해 스페인을 중심으로 한 이베리아 지역이 광활한 올리브 숲을 바탕으로 올리브와 올리브 오일을 로마에 공급하는 핵심 생산 기지 역할을 했다. 그렇기에 전통적으로 올리브 오일을 이용한 지짐 요리, 튀김 요리가 발달하기에 알맞은 환경이었다. 이 같은 배경이 포르투갈 튀김 요리의 시작을 멀리 로마 시대에서 찾는 이유라 볼 수 있다.

돈가스의 족보

엉뚱한 상상이라고 할 수도 있겠지만 돈가스 역시 족보를 따져보면 로마 음식이 먼 조상일 수 있다. 우리가 먹는 돈가스는 일본에서 발달해 퍼졌다. 일본에서는 돈가츠라고 한다. '돈(豚)'은 돼지, '가츠(カツ)'는 '커틀릿(cutlet)'의 일본어 표기다.

일본의 돈가츠는 19세기 말 얇게 다진 고기에 빵가루를 입혀 튀긴 프랑스의 커틀릿 요리인 '코틀렛트(côtelette)'에서 시작됐다고 하는데 그 뿌리는 오스트리아의 송아지 튀김 요리인 '슈니첼(Schnitzel)'로 보고 있다.

가츠, 슈니첼, 코틀렛트, 커틀릿 등 이름이 제각각이니 꽤나 다양한 요리처럼 들리지만 사실은 모두 '작은 고기 조각'이라는 뜻으로 소고기가 됐든 돼지고기가 됐든 얇게 저며 다진 고기에 빵가루를 입혀 튀긴 음식이다. 독일어권인 오스트리아의 슈니첼이 프랑스로 건너가 코틀렛트가 됐고 영어권에서는 커틀릿이 됐으며 일본에서는 (돈)가츠로, 그리고 한국에서는 (돈)가스로 바뀌었을 뿐이다.

돈가스의 시작이 슈니첼이라고 하지만 그렇다고 뿌리가 오스트리아 음식은 아니다. 19세기 중반, 당시 오스트리아의 지배 아래 있던 이탈리아 밀라노에서 반군을 진압하고 돌아온 오스트리아군 사령관 라데츠키 장군이 이탈리아에서 먹었던 음식, 송아지 고기에 빵가루를 입혀 튀긴 '밀라노 커틀릿(Milano Cutlet)'이 슈니첼의 시작이라고 한다. 그런데 밀라노 커틀릿은 또 그 기원을 먼 옛날인 로마에서부터 찾는다.

1세기 무렵 로마의 미식가였던 아피키우스의 요리법에서 커틀릿 비슷한 요리를 찾아볼 수 있다. 다진 고기에 빵가루를 묻혀 올리브 오일로 요리한다는 것인데 로마는 멸망했어도 이 요리법이 세월을 거듭하며 전해져 중세 시대 북부 이탈리아에서 유행했고 이어 밀라노 커틀릿, 오스트리아 슈니첼에서 프랑스 코틀레트를 거쳐 일본과 한국에서 돈가스로 거듭났다는 것이다.

음식 발달사가 역사적인 유물이나 기록을 통해 수학 공식처럼 증명할 수 있는 것은 아니기에 논리의 비약일 수도 있겠지만 그렇다고 터무니없는 소리라고 일축할 것만도 아니다. 폭 넓은 시각으로 보면 로마의 문화가 유럽 역사에 지대한 영향을 끼친 것처럼 로마 음식 또한 서양 음식 내지는 심지어 동양에서 먹는 음식에까지도 그 흔적이 남아 있다. 서양 요리에서 빠지지 않는 음식 재료 중 하나인 올리브와 올리브 오일도 그런 음식 중 하나다.

로마인의 의식주를
책임지던 올리브

로마인이 일상생활에서 이것 없이는 하루를 지내기가 무척 불편했을 것 같은 식품이 하나 있다. 무엇일까? 우리가 매일 밥을 먹는 것처럼 로마인도 끼니마다 주식으로 빵을 먹었으니 빵을 꼽을 수도 있겠다. 아니면 로마인들이 물처럼 마셨다는 와인일 수도 있다. 또는 로마인 필수 조미료인 생선 젓갈, 가룸이 없었다면 상당수의 로마인들이 입맛을 잃었을 것이다. 어느 것 하나 로마인의 식탁에서 빠져서는 안 되는 필수 식품이었겠지만 식탁을 떠나서 일상생활 하나하나에 이르기까지 깊은 영향을 미쳤던 식품은 바로 올리브였다.

일단 로마인의 식탁에서 올리브를 빼놓는다면 음식의 맛과 질이 형편없이 떨어졌을 것이고 특히 가난한 사람들은 영양실조에 시달렸을 수도 있다. 올리브 오일이 중요한 열량 공급원이었기 때문이다. 그뿐만 아니라 올리브가 없다면 남녀를 막론하고 세수도 목욕도 제대로 못했을 것이고 여자들은 화장을 하는 데 아주 애를 먹었을 것이다. 아프거나 다쳤을 때 치료에 곤란을 겪었을 수도 있다. 야외에서는 모기나 벌레 같은 해충에 시달리고 벌레 먹은 과일과 채소를 먹어야 했으며 험한 날씨에도 비바람이 솔솔 들이치는 집에서 지냈을 수도 있다.

로마인의 지극한 올리브 사랑 〰

아무리 올리브가 좋다고 해도 이 정도로 광범위하게 이야기를 하니까 너무 뜬금없이 호들갑 떠는 것 아니냐고 할 수 있겠는데 고대 로마인에게 올리브는 단순한 과일, 내지는 열매 또는 식품 그 이상의 생필품이었다. 올리브로 기름도 짜고 이렇게 만든 올리브 오일을 비누와 화장품, 의약품으로 썼으며 올리브 기름과 그 부산물로 살충제와 비료, 사료 그리고 건축 마감재, 윤활유 등등 실생활의 여러 분야에서 다각도로 활용했다.

플리니우스가 남긴 《자연사》 제15권 제5장에 나오는 올리브 용도에 대한 기록에서도 당시 로마인들이 얼마나 올리브를 폭넓게 활용했는지를 엿볼 수 있다.

"올리브 오일은 몸을 따뜻하게 만들어 추위에 견디게 해주는 특성이 있다. 더울 때는 머리를 식혀준다. 올리브 오일로 호사를 누렸다. 운동 후 올리브 오일을 바르는데 체육관 주인이 비싼 값에 판다. 로마 귀족은 올리브 나무에 영광을 부여해 매년 7월 15일에 있는 로마 기병 행진일(Transvectio equitum)에는 올리브 잎으로 만든 화관으로 기병대를 장식하고, 개선식 행사 역시 올리브 화관을 만들어 축하한다. 그리스 사람들은 고대 올림픽 우승자에게 올림픽 화관을 씌워 영광을 돌리기도 했다."

올리브 앞에 모두가 평등하다 ◀◀◀◀

로마인은 다양한 용도로 올리브를 이용했지만 가장 폭넓게 활용한 것은 역시 식품 분야였다. 잘 익은 신선한 올리브는 과일처럼 먹기도 했고 지금도 그렇듯이 식초나 소금에 절여 피클로도 만들었으며 소금에 절여 숙성시킨 후 태양 빛에 말려서도 먹었다. 달콤한 꿀과 함께 끓여도 먹고 향신료에 곁들여 먹기도 하는 등 마치 우리가 각양각색의 김치를 담가 먹듯이 올리브를 먹었다.

올리브는 지금 우리가 먹는 방식대로 샐러드에도 들어가고 소스에도 빠지지 않았다. 예컨대 빵과 치즈를 먹을 때 함께 먹는 '허브를 곁들인 올리브(Epityrum Varium)'라는 이름의 소스가 있다. 허브와 함께 다진 올리브를 올리브 오일과 식초, 소금으로 버무려 만드는데 주로 빵을 먹을 때 찍어 먹었던 소스다. 이렇듯 여러 가지 방법으로 올리브를 활용했지만 직접 올리브를 먹는 경우는 전체 올리브 소비의 10퍼센트 이내였고 대부분은 올리브를 짜서 올리브 기름으로 활용했다.

앞서 돈가스의 원조나 생선튀김, 야채튀김의 뿌리를 고대 로마 음식에서 찾을 수도 있는 것처럼 올리브 기름이 들어가지 않는 요리가 드물었다.

1세기 때 활동한 로마의 미식가 아피키우스의 요리법에는 약 500
종류의 요리 레시피가 실려 있는데 찬찬히 살펴보면 대부분의 음식
에 올리브 오일을 사용했음을 알 수 있다.

올리브 오일은 모든 로마인이 평등하게 먹는 필수 식품이었다. 품
질에 차이는 있을지언정 부자나 가난한 사람이나 구분 없이 식사
때마다 올리브 오일을 쓰지 않는 날이 없었을 정도였다. 식품학자들
은 올리브 오일이 특히 저소득층의 영양에 중요한 역할을 했을 것
으로 본다.

로마에서 가난한 계층은 부자나 평민과는 달리 고기를 별로 먹지
못했는데 옛날에도 고기값이 저렴하지는 않았을 뿐만 아니라 냉장
시설이 없었던 만큼 보존하기도 쉽지 않았기 때문이다. 무상으로 곡
식과 빵을 배급받지 못했던 진짜 빈민의 경우는 빵도 먹지 못하고
대부분 죽으로 끼니를 때웠는데 대신에 올리브 오일로 부족한 칼로
리를 보충했을 것으로 추정한다. 일부 학자들의 경우는 로마에서 저
소득층은 하루 섭취 칼로리의 3분의 1을 올리브 오일로 먹었을 것
으로 보기도 한다.

올리브 오일을 뒤집어쓰고 목욕을 했던 로마인

올리브 오일은 음식을 만들 때뿐만 아니라 세수나 목욕, 화장을
할 때도 빼놓을 수 없는 필수품이었다. 로마인들이 목욕을 좋아했다
는 사실은 이미 널리 알려져 있다. 그렇다고 로마의 목욕 문화가 영

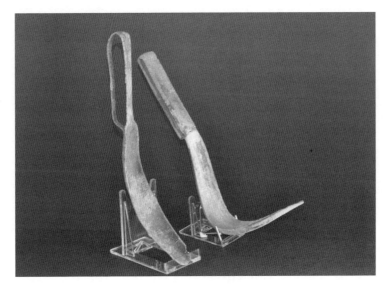

로마의 목욕 도구 스트리길

화나 드라마를 통해 알려진 것처럼 퇴폐적이고 소비적이었던 것만
은 아니다. 탐욕스러운 로마 귀족들이 사우나에 들어앉아 땀을 쭉 빼
는 한편으로 먹고 마시며 즐기기만 했던 공간은 아니었다.

대다수 로마 남자들은 스포츠를 즐겼는데 운동장이나 체육 시설
에서 달리기를 하고 역기를 들고 레슬링을 한 후 목욕탕에서 땀과
진흙으로 뒤덮인 몸을 닦았다. 목욕을 할 때는 머리부터 발끝까지
올리브 오일을 바르고 스트리길(strigil)이라는 도구를 이용해 땀과
때로 범벅이 된 올리브 오일을 밀어냈다.

스트리길은 고대 그리스와 로마에서 목욕할 때 사용했던 금속 도구
로 마치 무딘 낫처럼 생겼다. 올리브 오일을 바른 후 스트리길을 이용

해 흙과 땀, 기름을 밀어냈으니 지금 우리가 사용하는 이태리타월의 로마식 버전이라고 할 수 있다. 이렇게 올리브 오일을 바르며 목욕을 하면 세척 효과는 물론이고 보습 효과도 있었다고 한다.

로마인들이 세척 및 미용 목적으로 사용한 올리브 오일은 그 양이 상당한 규모였을 것으로 추정한다. 기원전 2세기 시칠리아 북동쪽에 위치한 타우로메니움(Tauromenium)이라는 마을에 위치한 운동 시설 및 공중목욕탕에서 올리브 오일 소비에 관한 기록이 있다.

다수의 로마 경제사 관련 논문에서는 이곳에서 소비한 올리브 오일의 양이 연간 약 3,700리터에 이를 것으로 추정한다. 짐작건대 로마 시내에 비해 이곳 체육 시설은 상대적으로 소규모였을 것이다. 예를 들어 로마의 카라칼라 공중목욕탕의 경우 수용 인원이 대략 1,500명 수준이고 하루 이용객 숫자는 8,000명 이상이었다고 한다. 그리고 로마에는 이런 공중목욕탕이 곳곳에 있었다. 그렇다면 타우로메니움에서의 올리브 오일 소비량을 감안할 때 로마인들이 목욕탕에서 얼마나 많은 올리브 오일을 썼을지를 어렵지 않게 짐작할 수 있다.

로마에서는 식용과 미용뿐만 아니라 조명기구, 즉 등잔불을 밝힐 때도 올리브 오일을 사용했다. 그렇기에 올리브가 없으면 로마인들이 일상생활을 할 수 없을 정도였다. 올리브 오일을 얼마나 많이 썼는지는 현재 남아 있는 로마 유적지에서도 확인할 수 있다.

로마 시내 콜로세움에서 바오로 성당 쪽으로 약 30분쯤을 걷다 보면 중간에 몬테 테스타치오라는 작은 언덕이 나온다. 얼핏 멀리서 보면 작은 동산처럼 보이지만 사실 항아리 조각으로 만들어진 인공

동산이다. 이곳은 마치 지금 하늘공원이 된 서울 난지도 쓰레기 매립지처럼 고대 로마에서 올리브 오일을 담았던 깨진 암포라 항아리를 쌓아 놓았던 곳이다. 와인이나 가룸과 달리 올리브 오일을 담았던 암포라는 재활용을 하지 않았다고 하는데 이곳에는 약 5,300만 개의 암포라 항아리 조각이 쌓여 있다고 한다. 이처럼 로마인의 일상생활과 올리브 오일의 관계를 현대에도 눈으로 확인할 수 있다.

찌꺼기까지 버릴 게 없는 올리브

로마인은 올리브에서 기름을 짜고 남은 찌꺼기까지도 알뜰하게 활용했다. 올리브 열매에서 기름을 짜고 부산물로 나오는 기름 찌꺼기를 '아무르카(amurca)'라고 한다. 온라인 라틴어 사전을 찾아보면 기름 거품이라고 풀이해놓았다. 아무르카는 쓴맛이 나는 액체 찌꺼기로 염분이 많이 포함돼 있어 현대에는 전혀 이용 가치가 없는 오염 물질이라고 하는데 로마 시대에는 이 폐기물이 여러 용도로 쓰였다. 기원전 2세기 카토가 남긴 《농업론》에도 용도가 자세히 나오고 서기 1세기 플리니우스의 《자연사》에도 활용법이 적혀 있으니 꽤나 폭넓게 재활용됐던 모양이다.

예를 들어 건물을 지을 때 이 올리브 오일 찌꺼기를 석고처럼 표면에 바르면 딱딱하게 굳어지면서 마감재로 사용할 수 있다. 팔팔 끓여서 찐득하게 만들면 마차 바퀴가 잘 굴러갈 수 있도록 바퀴 죽에 바르는 윤활유로도 사용했다. 또 가죽 벨트나 구두의 광택제로도 썼으니 지금의 구두약처럼 사용했던 셈이다. 이 기름 찌꺼기는 살충제나 벌레 퇴치에도 효과가 있어서 특히 해충과 들쥐들이 그 냄새를 싫어했는지 곡물 창고의 마룻바닥은 거의 대부분 아무르카로 마감을 했다. 같은 이유로 세탁을 할 때 올리브 오일 찌꺼기를 사용하면 좀이 스는 것도 막을 수 있었다고 한다. 이밖에도 궤양이나 부종, 통풍과 동상 치료약으로도 쓰고 기름 찌꺼기가 아닌 올리브 찌꺼기는 동물의 사료와 퇴비로 사용했다니 올리브 폐기물의 용도도 한두 가지가 아니었다. 이렇듯 올리브 없이는 하루도 살기 힘들었던 로마인이었다.

로마 경제를 이끈
올리브 산업

현대 이탈리아는 스페인에 이어 세계에서 두 번째로 올리브 오일을 많이 생산하는 나라다. 세계농업기구(FAO) 통계에 의하면 스페인이 연평균 약 106만 톤으로 올리브 생산량이 가장 많고 이탈리아가 약 55.7만 톤, 그리스가 34.4만 톤, 튀니지가 16만 톤의 순이다.

올리브 오일의 소비가 많은 만큼 이탈리아에는 올리브 나무도 많다. 미국 농무부(USDA)가 발간한 2017년 세계 농업정보에 따르면 이탈리아에서는 70만 가구에서 2억 5,000만 그루의 올리브 나무를 키우고 있다고 한다. 이탈리아 인구가 약 6,000만 명이니까 인구 한 명당 올리브 나무 네 그루가 자라고 있는 셈이다. 이렇게 올리브 기름을 많이 생산하는 나라지만 그럼에도 이탈리아는 올리브 오일 수입국이다. 자국의 생산량만으로도 모자라 스페인과 튀니지를 비롯한 여러 나라에서 상당량을 수입한다. 이탈리아 사람들, 도대체 얼마나 많은 올리브 오일을 소비하기에 세계 두 번째의 생산국이 다른 나라에서 수입까지 해오는 것일까?

2017년을 기준으로 이탈리아인들의 1인당 연간 올리브 오일 소비량은 약 11리터다. 그리스가 1인당 20리터, 스페인이 13리터 그다음이 이탈리아다. 1인당 소비량 기준 세계에서 세 번째로 상당히 많은 양이라고 할 수 있다. 그렇다면 이들의 조상인 2,000년 전의 로마인은 한 사람이 1년에 얼마나 많은 올리브 오일을 소비했을까?

상상을 초월하는 올리브 소비량

로마 제국의 올리브 농업 및 로마 제국의 경제 관련 논문과 책들을 종합해보면 로마 시민의 경우 대략 연간 20~30리터의 올리브 오일을 소비했을 것으로 추정한다. 평균적으로 일인당 연간 소비량을 약 25리터로 보는 것이 일반적이다. 현대 이탈리아인에 비해 약 2배가 넘는 양이다. 지금과는 달리 로마 시대에는 음식을 만들 때뿐만 아니라 세수할 때와 목욕할 때 그리고 화장할 때도 올리브 오일을 이용했고 아플 때도 먹고 건물을 지을 때도 올리브 오일을 활용했으니 이처럼 소비량이 많을 수 있다.

하지만 아무리 2,000년 전 로마가 서양 세계 최고의 부자 나라였고 그런 만큼 당시 로마 시민의 생활이 물질적으로 풍요로웠다고 해도 1~2세기 무렵의 로마인이 21세기 현대 이탈리아인의 물질적 풍요를 뛰어넘었을 것 같지가 않다. 지금의 이탈리아 역시 GDP 기준 세계 8위의 경제대국이다. 그럼에도 올리브 오일 소비량이 현대의 2배를 넘었으니 올리브 오일이 절대적인 부의 척도는 아니지만 기름 소비량만으로 보면 로마 사회가 얼마나 풍요로웠는지를 짐작할 수 있다.

개인의 소비량이 이 정도였으니 도시 전체, 또는 제국 전체의 소비 물량으로 환산하면 그 소비 규모가 결코 만만치 않았다. 예를 들어 로마 경제사 학자들은 로마의 연간 올리브 오일 소비량이 약 2,500만 리터에 달했을 것으로 계산한다. 로마 제국 전성기 때 로마의 인구가 약 100만 명이었으니 1인당 연평균 소비량 25리터를 곱한 수치다. 톤으로 환산하면 약 2만 5,000톤 규모다. 로마 시내의 소비량만 해도 현대 이탈리아 전체 소비량의 22분의 1에 해당된다.

로마 시내는 그렇고 로마 제국 전성기 때 이탈리아반도에는 인구 2,000~3,000명의 마을이 약 430개 정도였다. 지금이야 이 정도 인구면 일개 마을 수준이지만 2,000년 전의 로마라면 작은 도시급이었을 것이다. 그러니 로마제국 전체에서 소비하는 올리브 오일 양도 적지 않았을 것이다. 로마 제국 전체로 보면 대도시를 포함해 약 2,000개 이상의 도시가 형성됐다고 하니 로마 제국 전체에서 필요로 하는 올리브 오일 규모는 어마어마했을 것이다. 이를 통해 로마 제국에서 올리브가 만들어내는 경제가 얼마나 큰 규모였을지를 상상할 수 있다.

카이사르, 올리브 오일 전리품을 자랑하다

로마인들은 요리 재료, 목욕 용품 등 일상생활에 다양하게 쓰였던 올리브 오일을 어떻게 조달했을까? 국민 한 사람당 네 그루꼴로 올리브 나무가 있다는 현대 이탈리아에서도 국내에서 생산하는 것만으로는 모자라 상당한 물량을 외국에서 수입하고 있다. 그런데 지금보다도 2배가 넘게 올리브 오일을 소비했던 로마라면 당시 이탈리아반도 전체가 올리브 숲으로 뒤덮여 있었다고 해도 아마 수요량을 다 충족시키지 못했을 것이다. 결국 부족분은 외국에서 들여올 수밖에 없었을 것인데 로마가 어떻게 올리브 오일을 조달했는지는 율리우스 카이사르의 연설을 통해서 추정해볼 수 있다.

역사가 플루타크는 카이사르가 북아프리카 트리폴리타니아(Tripolitania) 지역의 원정 전쟁을 끝내고 로마로 돌아와 대중 앞에서 승리의 결실을 자랑스럽게 보고했다고 적었다. 《플루타크 영웅전》에 따르면 정복한 지역에서 해마다 약 7,000톤에 해당하는 20만 부셸의 곡식과 100만 리터의 올리브 오일을 공물로 받기로 했다는 소식을 전했다고 한다.

참고로 트리폴리타니아는 트리폴리(Tripoli)를 수도로 하는 지금의 리비아 지역이다. 카이사르가 연설을 통해 전쟁의 승리로 매년 올리브 오일을 공물로 받게 됐다고 강조했지만 그렇다고 흔히 고대 전쟁에서 떠올리는 전리품, 즉 약탈과 같은 형태로 빼앗은 것은 당연히 아니었다. 합리적인 가격이라고 단언할 수는 없겠지만 연간 100만 리터를 안정적으로 공급받을 수 있게 됐다는 의미였을 것이다. 그렇다면 카이사르는 왜 트리폴리타니아 전쟁 개선식에서 대중을 상대로 연간 100만 리터의 올리브 오일을 공급받게 됐다고 연설했을까?

올리브 오일 100만 리터는 단순히 계산해도 로마 시민 전체가 보름 동안 쓸 수 있는 막대한 물량이다. 개선장군 입장에서는 영광스러운 성과였음에 틀림없다. 개선 보고를 받은 로마 시민들도 승리의 소식과 그 결과로 얻은 전리품인 공물에 대해 환호했을 것이다. 다만 올리브 오일 100만 리터 자체로는 로마인인들의 피부에 와닿는 느낌은 없었을지도 모른다. 왜냐하면 시민 개개인의 입장에서 고급 식용유와 목욕용품 보름치를 확보했다고 환호성을 지를 것 같지는 않기 때문이다. 그럼에도 카이사르가 100만 리터의 올리브 오일을 확보했다고 자랑스럽게 대중들에게 선언한 데는 이유가 있을 것이다.

대중적으로 인기를 얻어 표를 확보해야 하는 정치인에게 보름치의 올리브 오일은 그다지 매력적인 아이템은 아니다. 하지만 나라를 이끌어가는 국가 지도자에게 해마다 안정적으로 100만 리터의 올리브 오일을 확보하게 됐다는 사실은 상당한 의미가 있다. 로마 시대에 올리브 오일은 사실상 액체 황금이었기 때문이다.

물론 올리브 오일은 그 자체로 값이 비싸서 값어치가 있는 것은 아니다. 하지만 올리브 오일은 워낙 쓰이는 곳이 다양하고 수요가 많고 시장 규모가 커 고부가가치 산업이었다. 그렇기에 카이사르가 트리폴리타니아 원정 전쟁을 통해 매년 올리브 오일 100만 리터를 확보할 수 있게 됐다고 밝힌 것은 안정적인 고부가가치 상품 공급처를 확보했다고 선언한 것에 다름 아니다.

액체 황금을 확보한 포에니전쟁 ⫷⫷

전쟁을 통해서든 정상적인 무역에 의해서든 로마가 올리브 오일을 조달한 지역은 지금의 리비아인 트리폴리타니아뿐만이 아니었다. 로마 시대 이전의 고대로부터 올리브를 재배한 터키와 그리스는 물론이고 북아프리카와 지금의 스페인과 포르투갈 땅인 이베리아 반도가 모두 로마 시대 주요 올리브 오일 생산 지역이었다. 기원전 2세기 무렵부터 이 지역은 이미 올리브 오일 생산이 산업화된 곳인데 현재 이들 지역에서 발굴된 로마 시대의 올리브 오일 생산 시설만 750여 곳이 넘는다고 한다.

예를 들어 카이사르가 언급했던 트리폴리타니아만 해도 올리브 오일 생산량이 연간 3,000만 리터에 이르렀을 것으로 추정한다. 이곳은 북아프리카 중앙에 위치한 지역으로 현재 튀니지에 해당하는 비자케나(Byzacena) 역시 주요 올리브 오일 생산 지역으로 꼽힌다. 이곳의 생산량은 연간 약 4,000만 리터 정도였다. 세계 4위의 올리브 오일 생산국인 튀니지의 현재 연간 생산량은 약 16만 톤이다. 그러니 로마 시대에 벌써 현재 규모의 4분의 1에 해당하는 양을 생산했다.

하지만 로마 시대 최대의 올리브 오일 생산 기지는 역시 스페인이었다. 생산 규모가 많게는 최대 20만 톤에 육박했을 것으로 추산하는 학자도 있다. 스페인은 현재 올리브 오일 최대 생산국으로 연간 생산량이 105만 톤 정도니 튀니지와 마찬가지로 로마 시대에 이미 지금의 5분의 1 수준에 육박했다.

스페인은 와인과 함께 로마인의 생활에 절대 빠져서는 안 되는 필수품인 올리브 오일의 최대 공급처였기 때문에, 로마 제국은 스페인에서의 올리브 나무 재배를 위해 각별한 노력을 기울였다. 지금은 스페인과 포르투갈 두 나라가 위치한 이베리아반도지만 로마 시대에는 크게 세 지역으로 구분했다. 스페인 중부에서 북쪽까지 현재의 스페인 대부분을 차지하고 있는 지역을 히스파니아 타라코넨시스(Tarraconensis)라고 불렀다. 이 지역은 기원전 8세기 무렵부터 페니키아와 그 후손들이 세운 카르타고가 지배했던 지역이었지만 제2차 포에니전쟁인 한니발과의 전쟁을 포함한 세 차례의 포에니전쟁을 끝으로 지배권이 로마 제국으로 넘어왔다.

우리는 포에니전쟁을 추상적으로 지중해의 지배권을 놓고 다툰 로마 제국과 카르타고와의 전쟁, 내지는 로마가 카르타고의 영웅 한니발과 힘겹게 싸워 이긴 전쟁 정도로만 알고 있지만 구체적으로 보면 와인과 함께 액체 황금으로 불렸던 올리브 오일의 최대 생산지를 놓고 싸운 전쟁이었고 승리의 결과 액체 황금 생산지가 로마 제국의 수중에 들어오게 된 것이다. 여기에는 스페인에 이어 두 번째로 큰 액체 황금 생산지였던 모로코, 튀니지, 리비아 등의 북아프리카 지역 전체가 포함된다.

이처럼 중요한 지역이었기에 로마 제국은 200년이 넘도록 타라코넨시스 지역에 대규모 로마 군단을 주둔시키면서 카르타고 잔존 세력과 현지 원주민의 계속된 반란을 진압했다. 핵심 기간산업인 와인과 올리브 오일 생산 기지이면서 생활필수품 공급처였기 때문에 이 지역을 안정적으로 확보하는 일이 로마 제국 존립에 절대적으로 필요했기 때문이다.

이베리아반도에서 타라코넨시스 이외의 지역은 현재의 포르투갈인 루시타니아(Lusitania)와 지금의 스페인 남부 안달루시아 지방인 바에티카(Baetica) 지역으로 나뉜다. 이 중 루시타니아는 로마 제국에 끝까지 저항했던 원주민이 살았던 지역이다. 반면 바에티카는 기원전 1세기 말, 초대 아우구스투스 황제 시절 무렵부터 집중적으로 올리브 재배 지역으로 개발됐다. 그 결과 이후 200년 넘도록 로마에 올리브 오일을 공급하는 최대의 생산 기지가 됐다.

현재의 스페인 남부 코르도바를 수도로 했던 로마 속주 바에티카에서 짜낸 올리브 오일은 암포라에 담겨 스페인에서 이탈리아로 이어지는 지중해 연안 도로인 아우구스타 가도를 따라 로마로, 그리고 선박에 실려 지중해를 건너 로마로 수출됐다.

스트라본이 그의 저서 《지리지》에서 투르데스타니아에서는 최고 품질의 올리브 오일과 와인과 곡물을 다량으로 로마에 수출한다고 적었는데 바로 스페인 남부 바에티카에 있는 도시를 뜻하는 말이다. 바에티카 곳곳에서 로마로 보냈던 올리브 오일은 해마다 약 7,000톤 그러니까 약 700만 리터 정도였을 것으로 본다. 이는 로마 시민 전체가 일 년에 쓰는 소비량의 약 3분의 1에 조금 모자라는 규모다. 그뿐만 아니라 로마 제국의 다른 지역은 물론 브리타니아, 게르마니아 등에 보내지는 올리브 오일도 상당 부분 바에티카에서 생산되는 기름이었다.

이렇게 중요한 곳이었기에 로마 황제도 바에티카 지역 관리에는 각별한 관심을 기울였다. 서기 69년부터 79년까지 10년간 로마를 통치했던 제9대 베스파시아누스 황제(Titus Flavius Vespasianus, 재위 69~79)는 속주 주민인 바에티카 귀족들에게는 특별히 로마 시민권을 부여해 충성심을 유도했을 정도다. 올리브 오일 공급지인 바에티카의 안정이 경제적으로 또 사회적으로 로마 제국에 그만큼 중요했기 때문이다.

물론 베스파시아누스 황제의 이 같은 특별 조치에는 당시 황제 자신과 로마 제국이 직면했던 시대적 상황도 작용했을 것이다. 베스파시아누스 황제는 식도락에 흥청망청 막대한 돈을 쓰다 쫓겨난 비텔리우스 황제의 뒤를 이은 황제다. 그렇기에 건전한 재정 관리를 위해 돈줄이 되는 바에티카 귀족에게는 예외적으로 시민권을 부여했을 정도로 특별히 더 신경을 쓰고 엄격할 수밖에 없었다. 덕분에 로마 역사상 가장 인색했던 황제라는 야유를 받았을 정도였다. 그랬던만큼 액체 황금을 만들어내는 바에티카 관리에 그토록 주의를 기울였을 것이다.

정치 생명이 올리브에 달렸다

로마인에게 올리브 오일이 갖는 중요성에 비례해서 로마 정치인들에게도 올리브 오일의 안정적 공급은 정치 생명을 좌우할 수 있을 정도의 필수적인 과업이었다. 그렇기에 기원전 1세기 율리우스 카이사르는 북아프리카 트리폴리타니아를 정복한 후 곡물과 올리브를 비롯한 경제 자원을 확보했음을 자랑스럽게 보고했고 1세기 베스파시아누스 황제는 스페인 남부 바에티카의 액체 황금밭 개척과 관리에 심혈을 기울였다.

두 사람뿐만 아니라 기원전 1세기부터 서기 1세기와 2세기까지 약 300년 동안의 역대 로마 황제들은 모두 올리브 오일이 정치 안정에 얼마나 중요한지를 잘 알고 있었다. 그중에서도 올리브 나무 재배에 각별히 관심을 기울였던 인물이 제14대 하드리아누스 황제(Publius Aelius Hadrianus, 재위 117~138)였다. 오현제(五賢帝) 중 한 명으로 117년부터 138년까지 약 20년 동안 로마를 통치한 그는 이전의 팽창주의에서 벗어나 로마 제국을 안정시키면서 법과 행정 제도를 정비했다.

유명한 하드리아누스 법(Hadrian Laws) 중에는 영구 소작권(Emphyteusis)이라는 조항이 있다. 토지 이용에 관한 권리로 타인의 토지를 경작하는 사람이 갖는 합법적 권리를 규정해놓았다. 토지 소유주에게 일정 금액을 지불하고 땅을 경작할 수 있는 권리인데 그중에 '납세전(納稅田, Ager Vectigalis)'이라는 땅이 있다.

윌리엄 스미스의 《그리스 로마 고대 유물 사전》에서는 이 용어가 하드리아누스 시대 때 처음 쓰이기 시작했다고 나온다. 사용하지 않는 식민지, 속주의 토지를 로마 제국의 재산으로 귀속시킨 후 올리브 나무의 재배를 조건으로 일정한 임대료를 받고 농민들에게 빌려주는 땅이 바로 납세전이었다. 로마 제국이 영토를 확장하면서 곳곳에 올리브 나무를 심도록 장려했던 정책이니 로마 황제들이 시민들의 생필품이며 제국의 재정 안정의 핵심인 올리브 오일의 수급에 얼마나 깊은 노력을 기울였는지를 알 수 있다. 이 영구 소작권은 하드리아누스 황제 때부터 시작해 셉티미우스 세베루스 황제 때까지 100년 가까이 시행됐다.

이렇게 약 300년 이상에 걸쳐서 올리브 나무 경작 지역으로 영토를 확장하고 또 올리브 나무 재배를 장려하면서 로마 제국에는 충분한 올리브 오일이 축적된다. 현대식으로 표현하면 올리브 오일로 대표되는 정부 재정이 안정됐던 것이다.

하지만 이후 무상복지 수당, 아노나에 올리브 오일이 포함되기 시작했다. 가난한 시민들에게 완전히 무료로 곡물을 나누어주는 무상복지 수당은 기원전 1세기 초대 아우구스투스 황제 때지만 대폭 확대된 것은 제20대인 셉티미우스 세베루스 황제 때다. 이때부터 가난한 시민들에게 나누어 주던 아노나가 곡물에서 아예 빵으로 바뀌었고 올리브 오일까지도 무상복지 수당에 포함됐다. 물론 가난한 빈민들에게 빵과 기름 등의 생필품을 나누어주는 사회복지 제도를 무상배급이라는 이유만으로 비난할 필요는 없다.

하지만 셉티미우스 세베루스가 확대한 무상복지 수당은 계획적인 사회복지 차원이라기보다는 인기 영합의 선심성 정책의 성격이 강했다. 물론 여러 군단의 사령관들이 싸우는 내란의 과정을 거쳐 황제 자리에 올랐고 또 아들에게 황제 자리를 물려주는 세습 황제 시대를 처음 열었기에 인기에 영합하는 정책을 폈을 수도 있다. 하지만 즉흥적인 측면도 없지 않았다.

셉티미우스 세베루스는 기원전 1세기 율리우스 카이사르가 정복한 후 곡물과 올리브 오일을 확보했다고 연설한 트리폴리타니아의 도시, 현재 리비아의 수도 트리폴리의 옛 이름인 렙티스 마그나(Leptis Magna) 출신이다. 로마 제국에서 속주의 여러 도시들은 로마에 아노나로 지급할 곡식이나 올리브 오일, 와인 또는 기타 그 지역에서 나오는 특산물을 현물로 제공하도록 강요당했는데 카이사르

이래로 렙티스 마그나에서는 올리브 오일을 공물로 제공했다. 카이사르 시절에도 100만 리터였는데 셉티미우스 세베루스 황제 시대에도 여전히 100만 리터를 공물로 보냈다.

셉티미우스 세베루스가 황제가 된 후 금의환향해 고향을 방문했을 때 연설을 하면서 그동안 아노나로 보냈던 올리브 오일을 면제해주겠다고 제안했다. 그런데 렙티스 마그나의 현지 원로들이 황제의 제안을 거절했다고 한다. 노블리스 오블리주의 차원이었는지 다른 배경이 있었는지 거절 이유에 대해서는 자세히 알려져 있지 않지만, 어쨌든 거절 후 지속된 올리브 오일 때문에 원로들이 원망을 받았다고 전해진다.

100만 리터의 올리브 오일이 황제의 기분과 원로들의 정치적 계산에 따라 왔다 갔다 한 렙티스 마그나의 일화를 보면 셉티미우스 세베루스 황제의 무상복지 수당 확대 정책이 재정의 수입과 지출에 따른 치밀한 계획이 아닌 상당 부분 인기 영합적인 선심성 성격에 따라 이뤄졌음을 추측할 수 있다.

제7장

굴 사랑으로 이룩한
로마의 기술혁신

오로지 굴 때문에
알프스산맥을 넘다

로마인들은 속된 말로 굴이라면 자다가도 벌떡 일어날 정도로 굴을 즐겨 먹었다. 그것도 일부 미식가에 한정된 이야기가 아니다. 웬만큼 먹고산다 싶은 귀족과 부자들은 대부분 싱싱한 굴 맛에 푹 빠져 지냈다. 도대체 로마인들은 얼마나 굴을 좋아했고 또 얼마나 많이 먹었을까?

굴에 관한 한 전설적 일화를 남겼던 인물이 1세기 때의 로마 황제, 아울루스 비텔리우스다. 네로가 죽은 후 갈바(Servius Sulpicius Galba, 재위 68~69), 오토(Marcus Salvius Otho, 재위 69) 황제에 이어 제8대 황제가 된 비텔리우스는 서기 69년 4월에 즉위해 그해 12월 죽음을 맞을 때까지 고작 8개월 동안 황제의 자리에 앉았다. 놀랄 정도로 짧은 재위 기간인데 로마의 역사가 타키투스가 그보다 더 놀라운 사실을 기록으로 남겼다. 황제로 있었던 8개월 동안 끝없는 식욕을 채우면서 독특한 미식 생활을 즐기기 위해 로마 화폐로 약 900만 세스테르스를 낭비했다는 것이다.

앉은 자리에서 1,000개의 굴을 먹다 ◀◀◀◀

2,000년 전 로마 시대의 돈을 지금 화폐 단위로 환산한다는 것 자체가 무리이기는 하지만 역사학자들은 대략 지금의 미화 9,000만 달러에 이를 것으로 추산한다. 고작 8개월 동안 먹고 마시며 즐기는 데 우리 돈으로는 약 1,000억 원에 이르는 어마어마한 금액을 쓴 것이다.

비텔리우스 황제는 하루에 네 차례씩 파티를 열었다고 하는데 식탁에 올라온 음식을 보면 진귀한 요리인 것은 분명하지만 그렇다고 대단한 요리를 먹었던 것 같지도 않다. 지금 기준으로 보면 일부 요리는 사치스럽기는커녕 엽기적이라고까지 할 수 있다. 꿩고기와 플라멩고, 공작새 고기를 즐겼고 각종 조류의 골수를 채소와 함께 끓인 '미네르바의 방패'라는 요리, 홍학의 혓바닥, 장어 내장 그리고 생굴 등이 알려진 메뉴다.

현대의 기준으로 그나마 먹음직스러운 것은 지금의 영국인 브리타니아에서 직접 실어 날랐다는 최고급의 신선한 생굴이다. 그런데 이런 굴을 한번 먹었다 하면 앉은 자리에서 1,000개 이상을 먹어치웠다고 한다.

지금 기준으로 보면 정말 굴에 미친 황제였구나 싶을 뿐이다. 하지만 2,000년 전인 서기 1세기 때를 기준으로 보면 로마 제국을 이해하는 데 있어 여러 측면에서 생각해볼 부분이 많다.

멀리 알프스산맥을 넘어서 온 귀한 굴

영국에서 로마로 최고급의 신선한 굴을 실어 날랐다고 했는데 구글 지도로 보면 런던에서 로마까지는 도보 기준으로 최단 직선거리가 1,730킬로미터다. 언덕을 넘고 강을 건너는 것은 물론이고 심지어 험한 알프스산맥까지 넘어야 하는데 로마 시대에 마차로 쉬지 않고 달려도 최소 50여 일이 걸렸다고 한다.

문제는 생굴을 실은 마차를 얼음과 눈으로 꽁꽁 채웠다고 해도 어떻게 두 달 가깝게 굴이 상하지 않도록 운반했을까 하는 점이다. 육지가 아닌 바다로 운송을 했어도 생굴의 신선도를 유지한 채 운반하기는 쉽지 않았을 것이다. 그런 점에서 보면 로마의 운송 기술이 그만큼 발달했다는 이야기가 되겠고, 아무리 기술이 뛰어났어도 어쨌든 영국에서 로마까지 굴 운송은 쉬운 일이 아니었기에 굴값 역시 만만치 않았을 것이라 짐작된다.

그러니 1세기 무렵 로마에서 거래되던 브리타니아산 굴값은 같은 무게의 금값과 맞먹을 정도로 비쌌다는 말까지 있었을 정도였다. 물론 비텔리우스 황제야 겨우 8개월 만에 황제 자리에서 쫓겨났을 정도로 사치가 심했고 파티 비용으로 한 달에 우리 돈 125억 원을 썼다고 하니 아무리 운반하기가 힘들었어도 브리타니아 굴을 1,000개씩 먹을 수 있었을 것이다.

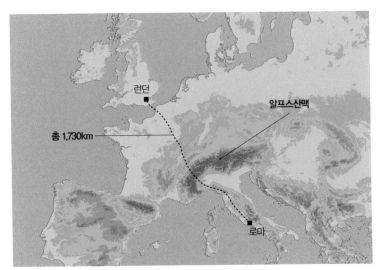

런던에서 로마로 이어지는 굴 운반 경로

굴과 운송 기술의 발달

로마인이 굴을 얼마나 좋아했는지를 보여주는 사례는 또 있다. 로마 제13대 황제인 트라야누스(Marcus Ulpius Trajanus, 재위 98~117)도 굴을 엄청나게 좋아했던 것으로 알려져 있다. 트라야누스는 지금의 스페인인 히스파니아 태생의 황제다. 속주 출신으로는 처음으로 로마 황제가 됐으며 로마 제국 영토를 최대 판도로 넓힌 황제였다.

트라야누스 황제가 굴을 얼마나 좋아했던지 서기 115년, 파르티아전쟁에 참전했을 때 아피키우스가 신선한 생굴을 포장해 전선에 나가 있는 황제에게 보냈다는 유명한 일화가 있다. 2세기 후반의 그리스 철학자 아테나이오스가 쓴 《현자의 연회》에 나오는 이야기다.

자세한 내용을 살펴보면 트라야누스 황제가 파트리야에 있을 때 아피키우스가 바다로부터 수십일이 걸리는 거리였음에도 불구하고 황제에게 현명하고 독특한 방식으로 선도를 유지한 채 신선한 굴을 보냈다는 것이다. 참고로 이 아피키우스는 로마의 미식가로 유명했던 1세기 때의 아피키우스와는 이름만 같은 또 다른 인물이다. 황제가 전쟁터에 나가서도 생굴을 먹었을 정도면 그만큼 굴을 좋아했다는 소리인데 로마 황제가 굴을 좋아할 수도 있지 그게 왜 유명한 일화가 됐냐고 생각할 수도 있겠다.

하지만 거두절미하고 굴 이야기를 해서 그렇지 앞뒤 정황을 고려하면 로마에서 파르티야 전쟁터로 신선한 생굴을 보냈다는 것은 일단 기술적 측면에서 엄청난 사건이다. 파르티야전쟁은 로마가 아라비아반도를 지나 지금의 이란 중동부 지역인 메소포타미아의 파르티야 제국과 벌인 전쟁이었다. 로마에서 이란까지의 거리가 약 4,600킬로미터인 것을 감안하면 고대 파르티야 제국까지의 거리는 그 이상이라고 봐야 하는 데다 신선한 굴 수송을 위한 거리인 만큼 지중해를 건너서부터 계산해도 지금의 시리아나 요르단, 이라크를 거쳐 이란 중부까지의 거리는 1세기 비텔리우스 황제 시절에 영국에서 로마까지 굴을 실어 날랐던 거리보다도 멀다.

그런 만큼 신선도를 유채한 채 로마에서 파르티야 전쟁터의 황제한테 생굴을 보냈다는 사실, 그리고 브리타니아에서 로마까지 굴을 운반했다는 것은 평소 굴의 보관과 운송 기술이 상당 수준 이상으로 발달해 있었기에 가능했을 것이다. 당시 로마의 굴과 관련된 전반적인 산업 수준을 이런 기록들을 통해 미루어 짐작할 수 있다.

고대 휴양도시 바이아의 굴 사랑 ≪≪≪

로마 제국에서 굴은 상류층이 즐기는 미식이었다. 경제적으로 풍요를 누리는 사람들이 누리는 여가생활의 상징과 같은 요리였다. 이를테면 현대인들이 지중해나 카리브해, 동남아 바닷가의 고급 리조트에서 바닷가재를 비롯해 값비싼 해산물 요리를 즐기는 것처럼 로마의 귀족들이 즐겨 찾는 휴양지에서도 굴은 절대 빠져서는 안 되는 필수 해산물이었다.

기원전 1세기 무렵부터 로마의 집정관과 황제 그리고 귀족과 부자들은 지금 나폴리에서 서쪽으로 약 1시간 정도 자동차로 달리면 도착하는 고대 휴양도시 바이아에서 굴 요리를 먹으며 향락을 즐겼다. 지금은 약 3분의 2가 바닷속으로 가라앉은 해저의 폼페이라고 할 수 있는 이 고대 도시는 카이사르, 아우구스투스와 네로를 비롯한 로마 황제와 귀족들의 별장이 밀접해 있었던 로마 시대 최고의 휴양지였으며 환락의 도시였다.

로마 상류층 사람들이 이곳에서 최고의 별미였던 굴을 마음껏 즐길 수 있었던 까닭은 나폴리만 중에서도 바이아 일대가 기원전 1세기 이전까지 로마 제국 최고의 굴 산지였기 때문이다. 로마의 부자들은 이곳에서 한번 먹었다 하면 생굴을 수백 개씩 까먹었을 뿐만 아니라 1세기 로마의 미식가 아피키우스가 레시피에 기록해놓은 것처럼 생굴에 달걀노른자, 식초, 가룸, 올리브 오일, 와인, 꿀을 함께 넣어 풍미를 살린 굴 요리를 즐기며 환락을 누렸다.

나폴리만 일대는 로마 시대에 이탈리아 최대의 굴 산지였음에도 바이아를 비롯한 휴양도시의 수요를 자연산 굴만으로는 충족시킬

바이아의 위치

수 없었다. 그래서 기원전 1세기 아마도 인류 최초라고 할 수 있는 로마 제국의 인공 굴 양식이 이곳에서 시작됐다. 기업형 인공 굴 양식으로 부를 축적한 로마의 한 사업가가 지금으로부터 약 2,100년 전인 기원전 95년, 바이아에 최초의 굴 양식장을 세웠기 때문이다.

바이아에 인공 굴 양식장이 세워진 배경은 입지 조건 좋은 것도 있지만 바이아에 그만큼 경제력이 집중돼 있어 최고급 해산물인 굴 수요가 있었기에 가능했다. 로마 제국 상류층의 굴 사랑은 얼핏 극도의 사치와 환락이라는 부정적인 이미지로 비춰지지만 다른 한편으로는 인공 굴 양식 기술의 발달과 그로 인한 로마 제국 수산업 발달로 이어지면서 로마 제국 경제 발전의 원동력이 된다. 이를테면 굴 양식 기술은 엉뚱하게 로마의 목욕 문화 발달로까지 연결된다. 로마인의 사치스러운 음식이었던 굴이 로마 제국 발달과 문화 발전의 밑바탕이 된 셈이다.

또한 냉장고가 없었던 시절임에도 부유한 로마인들은 계절에 구애받지 않고 굴을 즐겼다. 굴은 쉽게 부패하는 해산물이다. 그럼에도 로마인들이 언제든지 굴을 먹을 수 있었던 이유는 저장 기술이 발달했기 때문인데 로마의 부잣집은 지하 창고를 마련해 굴을 신선한 상태로 보관해놓고 먹었다. 알프스산맥에서 실어온 얼음과 눈으로 굴을 신선하게 보관했고 그러다 선도가 떨어진 굴은 우리가 굴을 담그는 것처럼 로마식 젓갈인 가룸(Garum)으로 만들어 조리에 사용했다. 다시 말해 로마에 굴 문화가 퍼질 수 있었던 것은 굴 관련 산업과 그에 따른 기술 발달 덕분이었다.

군인들의 굴 잔치 흔적

굴은 로마 상류층이 즐겼던 별미다. 하지만 로마 제국에서는 군인도 굴을 마음껏 먹을 수 있었던 특권 계층이었다. 그것도 장군이 아닌 장병, 더군다나 높은 계급의 장교가 아닌 일반 병사들까지도 굴을 실컷 먹었다. 앞서 기원전 1세기에서 서기 1세기 무렵의 굴은 황제를 비롯해 웬만한 부자가 아니면 쉽게 먹을 수 없는 최고급 해산물이었다고 누누이 강조했다. 그런데 장군도 아닌 일반 병사들이 어떻게 굴을 먹을 수 있었을까?

일단 로마 제국의 모든 군인들이 굴을 먹었다는 것은 아니다. 어디까지나 지금의 영국인 고대 브리타니아, 그리고 지금의 프랑스인 갈리아 지방에 주둔하는 병사들에게 해당되는 이야기다.

로마의 속지였던 갈리아와 브리타니아는 지금도 유럽의 주요 굴 생산지이지만 로마 제국 시대부터 로마의 해외 굴 공급 기지이기도 했다. 이곳에서 채취한 굴이 먼 길을 거쳐 로마에 도착했을 때는 금 값에 버금갈 정도로 비싸졌지만 현지에서는 일반 병사들도 얼마든 지 사 먹을 수 있는 가격이었다. 그래서 갈리아와 브리타니아에 주 둔한 로마 병사들은 월급날이거나 보너스라도 받는 날이면 현지인 들이 따온 굴을 사서 요새로 돌아와 굴 잔치를 벌였다.

흔히 옛날 로마 병사들은 소금으로 월급을 받았다고 말한다. 그래 서 영어로 월급을 뜻하는 샐러리(salary)의 어원이 바로 소금에서 나 왔고 군인이라는 영어 단어 솔저(soldier) 역시 소금을 지급 받는 사 람이라는 의미에서 비롯됐다고 한다. 물론 로마 병사들이 소금으로 월급을 받은 것은 아니지만 보너스는 소금으로 지급받기도 했다. 플 리니우스의 《자연사》에는 특별히 명예로운 공적을 세운 경우, 전쟁 승리에 대한 보상으로 소금을 지급한 것이 샐러리의 라틴어인 '샐러 리움(salarium)'의 어원이라고 나온다. 그러니 소금으로 상여금을 받 은 로마 군인들이 본국에서는 부자들이 아니면 감히 먹을 엄두를 내지 못하는 굴을 사서 회식하며 희희낙락하는 모습이 눈에 보이는 것 같다.

특히 브리타니아에서는 로마 군인이 주둔지 캠프에서 엄청난 굴 을 먹었던 흔적이 곳곳에 남아 있다. 영국 최남단 포츠머스 위쪽에 위치한 베이싱스토크(Basingstoke)에서는 수백만 개의 굴 껍질이 발굴 됐는데 이곳은 로마 군대의 주둔지이자 이주민의 거주지였다. 브리 타니아 주둔 로마군의 최북방 전선인 히드리아누스 방벽에서도 다 량의 굴 껍질이 발견되는데 히두리아누스 방벽은 로마 시대 영국의 주요 굴 생산지였던 템스강 하구에서 거리가 500킬로미터도 훨씬 넘게 떨어진 곳이다.

이뿐만이 아니라 갈리아 지방인 프랑스 곳곳과 갈리아 지방 곳곳과 영국에서는 거의 모든 로마군 주둔지에서 굴 껍질이 발굴된다. 로마인이 얼마나 굴을 좋아했는지, 그리고 도로를 통해 굴 운반이 얼마나 효율적으로 이뤄졌는지를 짐작할 수 있다.

기업형 굴 양식과
공중목욕탕의 발달

　로마인에게 굴이란 어떤 의미였을까? 보석에 비유하자면 다이아몬드와 비슷하다고 할 수 있겠다. 없어도 일상생활에는 전혀 지장이 없지만 생활에 여유가 생기면 갖고 싶은 것, 부의 상징이며 패션의 완성이고 호화의 정점을 찍는 것, 그래서 탐하는 마음이 생기는 그런 광석 같은 존재였다. 로마 상류층이 간절히 꿈꿨던 식품이 바로 굴이었다. 굴은 그리스 시대부터 신화 속에서 신들에게 생명을 부여한 해산물이었으며 신들의 잔치 음식이었고 그래서 정력의 상징으로 통하기도 했다.

　기원전 로마에서는 굴을 사 먹기가 쉽지 않았다. 굴을 먹으려면 당시 기준으로는 꽤 멀리 떨어진 지금의 나폴리만, 그것도 황제와 상류 귀족의 별장이 몰려 있는 바이아 지역까지 가거나 더 멀리 장화처럼 보인다는 이탈리아반도의 남쪽 끝, 뒤꿈치에 해당하는 로마 함대의 기지이며 무역항이었던 브린디시까지 가야 했다. 아니면 그리스나 스페인 또는 터키나 이집트 나일강 하구까지 가야 질 좋은 굴을 맛볼 수 있었다. 그렇기에 최고의 권력자나 엄청난 부자가 아니라면 정복 전쟁으로 원정을 가거나 멀리 바닷길로 장사를 떠나야 어쩌다 맛볼 수 있는 그런 귀한 해산물이었다.

이처럼 쉽게 구할 수 없는 굴이었기에 더욱 더 먹고 싶었고 제국의 팽창과 함께 부가 쌓일수록 굴에 대한 수요는 늘었지만 지리적으로 또 계절적으로 공급이 제한됐기에 굴을 먹고 싶은 로마인의 욕망은 더욱 거세졌다.

굴 양식이 이루어진 배경 《《《

로마 사회에서 굴은 부르는 게 값이어도 사 먹겠다는 사람이 줄을 서곤 했다. 하지만 굴 공급은 지리적·계절적 이유 등으로 제한적일 수밖에 없었다. 이를 역으로 생각해보면 안정적으로 굴을 확보할 수만 있다면 굴은 그야말로 황금알을 낳는 거위가 될 수 있었다.

바닷가에서 굴을 따는 것만으로는 수요를 채울 수 없게 되자 로마인들은 인공적으로 굴을 양식했다. 수요는 넘치고 공급은 부족하니 당연한 것 아닌가 싶지만 로마 시대의 굴 양식을 그렇게 단순하게 볼 것만은 아니었다. 무려 2,000년도 전에 굴 양식에 필요한 기술적 문제를 해결한 것도 그렇지만 굴의 인공 양식이 로마 제국에 미친 산업적·문화적 파급효과도 대단했다.

최초의 대규모 굴 양식은 기원전 1세기 초반에 본격적으로 이뤄졌다. 대략 기원전 95년 전후로 추정된다. 우리 역사와 비교하면 알에서 태어났다고 하는 신라 시조 박혁거세가 나라를 건국했을 때보다도 빠르다. 《삼국사기(三國史記)》에는 신라 건국이 기원전 57년으로 기록돼 있다.

당시 로마가 서양 문명의 중심지이기는 했지만 이렇게 이른 시기에 굴을 인공적으로 양식했다는 것은 그만큼 경제력과 기술력이 대단했다는 이야기다. 양식장을 건설할 정도의 대규모 자본과 기술, 자금 투자를 담보할 만한 탄탄한 수요, 굴에 대한 생리적 지식 등등이 모두 뒷받침되었기에 가능했다.

굴은 정력에 좋은 음식?

처음 굴 양식이 시작된 곳은 나폴리에서 동쪽으로 약 22킬로미터 떨어진 포추올리에 있는 루크리네라는 호수다. 이곳은 로마에서 약 220킬로미터 떨어져 있다. 루크리네 호수는 굴 양식에 필요한 천혜의 자연적 조건이 갖춰진 곳이었다고 하는데 그보다 더 중요한 조건이 있었다.

기원전 1세기 무렵 로마 남쪽의 나폴리 일대는 로마 제국의 경제 중심지였다. 나폴리의 오른쪽에는 와인 산업이 발달한 폼페이가 위치해 있고 왼쪽에 위치한 포추올리는 로마 제국 전체에서도 손꼽히는 중요한 상업 항구였으니 이 지역은 로마 제국에서 돈이 넘쳐나는 곳이었다.

특히 포추올리의 루크리네 호수에서 남쪽으로 약 2킬로미터 떨어진 곳에는 바이아라는 로마 시대 최고의 휴양지가 자리하고 있었다. 지금은 대부분이 바다에 가라앉은 수중 유적지이지만 고대 로마 시대에는 황제의 휴양지로 유명했던 곳으로, 해변에는 황제의 별장뿐만 아니라 부자들의 고급 빌라가 줄지어 늘어서 있었다.

바이아는 흔히 말하기를 지금의 미국 라스베가스를 능가하는 환락의 도시였다고 한다. 율리우스 카이사르와 초대 황제인 아우구스투스 황제, 그리고 유명한 네로 황제의 별장이 있었고 제14대 황제인 하드리아누스 황제는 이곳 온천 별장에서 요양을 하다 사망했다.

황제뿐만 아니라 로마 함대의 해군 제독과 로마 제국의 유명한 미식가와 부자들, 이를테면 1세기 때의 미식가 아피키우스, 그리고 기원전 1세기 무렵 양식업과 목욕탕으로 부를 쌓은 세르기우스 오라타 등이 이곳에 빌라를 짓고 살면서 초호화판 파티를 즐겼다.

바이아는 사치와 환락, 그리고 사랑을 넘어 음란의 도시였다. 로마 시대에도 굴은 정력을 돋우는 해산물로 명성이 자자했던 만큼 사치와 환락의 파티에서는 굴이 빠질 수 없었다. 로마의 부자와 귀족들은 이곳에서 'R'이라는 글자가 들어가지 않는 달에는 굴을 먹지 말라는 속설처럼 여름을 제외한 세 계절 내내 비싸지만 풍부한 굴로 미식과 환락을 즐겼다.

이렇듯 바이아에 별장을 둔 권력자와 부자를 중심으로 이뤄진 굴소비가 어마어마했기에 이곳 바다에서 채취하는 자연산 굴만으로는 넘치는 수요를 다 채울 수가 없었다. 그리하여 부근 루크리네 호수에서 최초의 굴 양식이 시작됐다.

희대의 굴 사업자, 오라타

처음으로 굴 양식을 산업화한 사람은 '오라타'라고 알려진 가이우스 세르기우스 오라타(Caius Sergius Orata)였다. 우리는 로마 역사를 정치가 내지는 장군 중심으로 알고 있기 때문에 오라타라는 이름이 낯설지만 그는 기원전 1세기 무렵 로마의 경제, 문화에서 상당히 중요한 역할을 했던 인물이다. 그는 기술자이면서 사업가였고 건축업자로 엄청난 부를 축적했는데 오라타라는 이름에서도 그가 어떻게 부자가 됐는지를 짐작할 수 있다.

로마식 작명법으로 보면 '가이우스가' 본명이고 '세르기우스'는 출신 가문의 이름이다. 세르기우스 가문은 고대 트로이 왕국의 귀족 집안으로 공화정 초기에는 꽤나 명망 높은 집안이었다고 한다. 마지막의 '오라타'는 성이다. 처음에는 주로 별칭으로 붙이는 이름이었지만 나중에는 아예 성이 됐다.

오라타(orata)는 황금색 물고기의 이름, 정확하게 금테머리 도미의 이름에서 따 온 것으로 추정한다. 그래서 전체 이름을 풀이하면 부유한 세르기우스 가문 출신의 가이우스라는 뜻이 되겠는데 보다 구체적으로 말하자면 굴 양식업, 내지는 수산물 양식업으로 큰 부자가 된 세르기우스 가문의 가이우스라는 뜻이다.

오라타는 당대 로마에서 유명하기도 했지만 꽤 중요한 인물이었다. 플리니우스는 《자연사》 9권 75장에서 오라타에 대해 비교적 상세하게 적어놓았는데, 오라타가 최초로 인공적인 굴 양식장을 만들었다고 기록했다. 그가 살았던 시기는 웅변가 크라수스(L. Crassus)가 살았던 시대이고, 기원전 91년에 시작된 로마와 협력자인 동맹시 사이에 동등한 권리 부여를 놓고 싸웠던 동맹시전쟁(Marsic War) 직전이었다니까 이런 기록을 통해서 대략 기원전 97년 무렵에 굴 양식장이 생겼을 것으로 추정한다.

플리니우스는 오라타가 인공 굴 양식장을 지은 목적이 미식가의 탐욕이 아니라 비즈니스 목적이었고 굴 양식을 통해 막대한 수익을 얻었다고 적었다. 다시 말해 개인적으로 맛있는 굴을 먹기 위함이 아니라 오라타가 사업가로서 굴 양식업을 최초로 산업화했다는 것이다. 약 380킬로미터 떨어진, 지도에서 장화로 상징되는 이탈리아 반도 뒤꿈치에 위치한 브린디시 지역에서 굴 종자를 가져와 루크리네 호수에서 양식함으로써 굴의 가치와 평판을 높였다고 한다. 또한 상류층의 휴양지인 바이아에서 별장을 사서 다시 꾸며 되팔았다고 하는데 지금으로 치면 리모델링에 의한 부동산 개발업도 했다는 것이니 다방면에서 대단히 뛰어난 사업적 감각을 갖고 있었던 것으로 보인다.

그는 기술자로서의 감각도 뛰어나 최초의 굴 양식장을 설계하고 건설한 것은 물론 굴 양식에서 아이디어를 얻어 현수식 목욕탕(懸垂式, hanging baths)인 온돌식 목욕탕도 개발했다고 기록되어 있다. 플리니우스가 《자연사》에다 단 한 줄로 적어놓았지만 이 기술은 양식업과 함께 로마의 목욕 문화 발달에 상당한 영향을 준 것으로 평가된다.

굴이란 어떤 생물인가?

로마에서는 기원전 1세기 무렵부터 굴 양식이 시작됐다고 하는데 최초의 굴 양식업자 오라타는 어떻게 굴을 인공적으로 키웠을까? 지금으로부터 약 2,100년 전의 굴 양식이었으니 특별한 기술이 발달했을 것 같지도 않고 그래서 기껏해야 작은 굴을 채취해 바닷물에서 보관하면서 키우는 수준이고 규모도 보잘것없었을 거라고 생각하기 쉽다.

사실 기원전 1세기의 굴 양식이 어떻게 이뤄졌는지 정확히는 모른다. 플리니우스도《자연사》에서 굴 양식 기술에 대해 자세히 기술해놓지는 않았다. 다만 일각에서는 다른 단편적인 기록과 발굴된 유물과 굴 껍질 등을 종합해 의외로 현대의 굴 양식업과 크게 다르지 않을 정도로 기술 수준이 발달했을 것으로 추정한다. 규모 역시 상상 이상의 대규모였던 것으로 본다.

일단 로마 시대의 굴 양식 역시 전제 조건인 굴의 생태에 대해서는 상당한 지식이 축적되어 있었다. 플리니우스는 굴 양식과 굴의 속성 재배법에 대해서는 자세한 기록을 남기지 않았지만 굴의 생태에 대한 지식, 그리고 굴 양식 조건에 대해서는 비교적 상세하게 언급해놓았다.

굴은 바다로 흐르는 신선한 물을 좋아하고, 활짝 열린 넓은 바다에서는 굴이 작고 잘 자라지 않으며 빛이 부족하면 성장이 늦어진다는 것, 단단한 땅에서 잘 자라고 모래나 진흙 벌에서는 성장이 늦어진다는 것, 한 곳에서 키우다 다른 장소로 옮겨 환경이 바뀌면 견디지 못하고 폐사한다는 것 등이다.

오라타는 굴에 대한 이런 지식을 바탕으로 굴 양식을 대규모로 산업화했는데 그 과정이 마치 20세기 건설 기술인 '정주영 공법'을 떠

로마 시대 굴 양식장이 그려진 그림

굴 양식장 그림이 새겨진 병

올리게 한다. 정주영 공법은 서산 간척지를 건설할 때 사용해 세계적인 주목을 받았던 공법으로, 방조제를 쌓을 때 초속 8미터의 빠른 조류를 다스리지 못해 댐이 계속 쓸려 나가자 당시 정주영 현대그룹 회장이 아이디어를 내 거대한 유조선을 침몰시켜 조류를 막아 방조제를 만든 후 물막이 공사를 완공시켰다는 기술이다.

오라타 역시 루크리네 호수를 흐르는 바닷물의 조류에서 굴을 보호하기 위해 댐과 운하를 만들어 양식장을 건설했다. 굴이 안정적으로 자랄 수 있도록 방파제로 아치형의 대형 건축물을 세워 거센 파도를 막고 조류를 조절했다. 그리고 호수에 말뚝을 박아 로프를 수평으로 연결한 후에 다시 이 로프에 수직으로 로프를 매달고 여기에 어린 굴 종자를 붙여 키운 후 다 자라면 수확하는 방식으로 굴을 키웠다. 이렇게 물 위에 로프로 매달면 굴이 충분한 영양을 섭취하면서 자랄 수 있을 뿐만 아니라 천적으로부터 종자 굴을 보호할 수 있다고 한다.

아피아 가도, 굴 운반 통로 〰〰

오라타의 굴 양식장은 그 규모가 만만치 않게 컸던 것으로 보인다. 방조제로 대형 건축물을 세웠을 정도로 막대한 투자가 이뤄진 데다 운영 방법 역시 대규모가 아니라면 채산성을 맞추지 못했을 것이기 때문이다.

플리니우스는 《자연사》에서 오라타가 굴 종자를 브린디시에서 가져와 키웠다고 적었다. 브린디시는 포에니전쟁 이후 로마 해군과

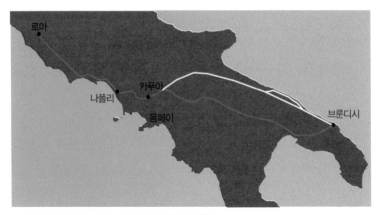

아피아 가도

로마 해상 무역의 주요 거점이 된 대도시인 동시에 주변이 굴 명산지로 이름 높았던 곳이다. 브린디시는 로마에서는 약 580킬로미터, 최초의 굴 양식장이 있었던 루크리네 호수에서는 약 380킬로미터 떨어진 곳이지만 고대 로마에서 가장 만들어진, 유명한 아피아 가도(Via Appia)를 통해 연결된다. 아피아 가도가 양식장인 루크리네 호수가 있는 포추올리까지 직접 연결되지는 않지만 가까이에 있는 만큼 굴 종자의 육상 운송이 그렇게 어렵지만은 않았을 것이다.

또한 포추올리 항구와 브린디시 항구는 모두 로마 시대의 대표 무역항이었던 만큼 해상을 통해 굴 종자를 운송했을 수 있다. 우리나라로 비유하자면 울산에서 남해를 돌아 서해를 따라 인천까지 운반하는 거리쯤 된다. 질 좋은 굴 종자를 이렇게 운반해서 양식한 후에 판매했다면 아무리 기원전 1세기 때라도 채산성을 맞추기 위해 일정 규모 이상의 대형 양식업을 꾸렸을 것이다.

굴 양식장 규모를 짐작할 수 있는 또 다른 사례도 있다. 현지의 농장주가 공공자원인 호반과 호수의 물을 개인적인 굴 양식업에 이용하는 문제를 놓고 오라타와 분쟁을 벌였다. 농장주가 당대의 유명한 웅변가 크라수스를 변호사로 고용해 법정 다툼을 벌인 끝에 승소했다. 이 분쟁에서도 양식장 규모가 어느 정도였을지를 가늠해볼 수 있다. 이웃 간의 사소한 다툼이 아니라 대규모 양식업이었기 때문에 법정 소송으로까지 발전했을 것이다. 크라수스는 이때 오라타에게서 호숫물을 빼앗으면 그 대신에 건물을 지어 굴 껍질로 지붕을 만들어 팔아먹을 사람이라고 농담을 했다고 하니 여기서도 오라타의 사업가적 재질을 엿볼 수 있다.

겨울철, 굴을 위한 난방을 시작하다

비록 대규모 굴 양식에 성공은 했지만 오라타에게는 한 가지 해결해야 할 난제가 있었다. 바로 겨울철의 굴 양식이다. 평소에는 별로 문제 될 게 없었다. 나폴리 지역은 겨울에도 레몬이 자랄 정도로 기후가 온화한 지역이고 특히 굴 양식장이 있는 루크리네 호수가 위치한 포추올리 지방은 겨울철 평균 온도가 섭씨 10도 이상이다. 기원전 1세기 무렵에도 크게 차이가 있지는 않았을 것이다. 하지만 때때로 닥쳐오는 겨울 추위가 문제였다. 깊이가 얕은 호숫물에서는 갑자기 떨어진 기온으로 인해 굴이 모두 얼어 죽는 일이 종종 발생했던 모양이다.

이 문제를 해결하기 위해 오라타는 아이디어를 냈다. 그는 거대한 굴 양식장 건물에 기둥으로 떠받친 목욕통처럼 커다란 수조를 설치한 후 물을 채워 넣었다. 그 옆에는 프레페리움(Praeferium)이라고 부르는 대형 벽난로를 만들었다. 그리고 벽난로에서 대형 수조 아래로 배관을 연결해 물통 바닥을 데웠다. 우리나라의 온돌 방식과 비슷한 로마식 온돌 난방 시스템(hypocaust)이다. 이때 거대한 굴 양식장의 물이 차가워지지 않도록 유지하는 열을 어떻게 공급했을까?

이는 학자들 사이에서도 논란이 있는 부분인데 연료를 태워 벽난로에서 뜨거워진 공기를 배관을 통해 흘려보내 난방을 했을 수도 있다. 일부에서는 온천수를 이용했을 것이라고도 주장한다. 루크리네 호수는 폼페이를 화산재로 묻어버린 베수비우스 화산에서 멀지 않은 곳이다. 특히 로마 황제를 비롯해 상류층의 별장이 밀집한 인근의 바이아 별장 지대는 로마 제국 시대에도 온천으로 유명했던 곳이다. 그렇기에 뜨거운 온천수를 이용해 겨울철 양식장의 온도를 유지했을 것으로 본다.

어떤 방식이 됐든 대형 건물을 건설해 양식장을 짓고 멀리 떨어진 브린디시에서 굴 종자를 가져오고 또 온돌 난방 시스템을 활용해 겨울에도 양식장을 운영하려면 여기서 키운 양식 굴의 가격은 상당히 비쌌을 것이다. 흔히 기원전 1세기 로마의 굴값이 금값과 맞먹는 수준이었다고 말하는 배경이 되겠는데, 바로 옆에 로마 최고의 부자들이 사치와 향락을 즐겼던 별장지가 있었기에 이런 굴 양식장이 생길 수 있었고 덕분에 가이우스 세르기우스 오라타는 엄청난 부자 사업가가 될 수 있었다.

또 하나, 굴이 소수의 로마 상류층이 즐겼던 극도의 사치스러운 식품이었지만 어마어마한 수요로 만들어진 기술 개발 덕분에 로마에서는 새로운 산업이 생겨났다. 그리고 굴의 수요·공급의 불균형과 더불어 인공적인 굴 양식이 엄청난 고비용이었던 만큼 훗날 영국과 프랑스의 굴밭을 적극적으로 개척하면서 로마 제국의 경제적 기반을 다지는 계기가 됐다.

굴 양식 기술과 로마 목욕 문화

오라타가 시작한 인공 굴 양식업은 오라타를 로마 굴지의 재벌 사업가로 만들었을 뿐만 아니라 로마의 산업 발전으로 이어져 로마 경제와 문화 발전에 직간접적으로 엄청난 기여를 했다. 굴 양식 기술이 만들어낸 가장 큰 파급효과 중 하나는 엉뚱하게도 굴과는 전혀 관계없을 것 같은 로마 목욕 문화의 발전이다.

로마인들이 목욕을 즐겼다는 사실은 널리 알려져 있다. 온탕과 냉탕은 물론 증기 사우나탕까지 즐겼고 목욕을 하면서 먹고 마시며 휴식을 취했다. 목욕 문화가 발달하기 위해서는 목욕물을 덥히고 사우나에 필요한 증기를 만들어내는 히팅(heating) 시스템의 개발이 필수다. 그런데 이런 히팅 시스템을 최초로 개발한 사람이 굴 양식업자인 오라타였고 이 기술의 바탕이 된 것이 겨울철에 굴이 얼어 죽지 않도록 개발한 로마식 온돌 난방시스템이었다.

굴 양식 기술이 목욕탕 히팅 시스템으로 이어졌다는 부분이 다소 뜬금없지만 사실 오라타는 굴 양식업자이기 이전에 엔지니어였고 건축업자였으며 이후에는 목욕탕 건설업으로도 엄청난 부를 축

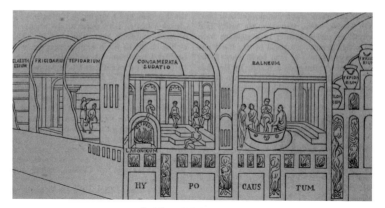

로마 시대 굴 양식장이 그려진 그림

적한 사업가였다. 이런 오라타의 히팅 시스템과 목욕탕 발전과의 관계는 윌리엄 스미스의《그리스 로마 유물 사전》중 목욕탕 항목에서 1세기 때의 로마 작가 발레리우스 막시무스의《9권의 유명 행전》과 플리니우스의《자연사》를 인용해 자세히 적어놓았다.

로마인들이 목욕을 좋아했다고는 하지만 처음부터 목욕 문화에 빠져 지냈던 것은 아니다. 세네카의 기록에 의하면 고대 로마인들은 매일 손과 발을 씻기는 했지만 몸 전체를 닦는 목욕은 일주일에 한 번 정도였다고 한다. 고대 다른 문화권에 비하면 자주 목욕을 한 편이지만 어디까지나 몸을 깨끗이 하려고 닦은 것일 뿐 사치와 향락과는 거리가 멀었다.

언제부터 로마의 가정에 따뜻한 물이 담긴 욕조가 도입됐는지를 정확히 알 수는 없다. 다만 세네카의 기록에 의하면 기원전 2세기 무렵 포에니전쟁을 이끈 스키피오 장군이 포추올리 부근 별장에서 따뜻한 욕조에 몸을 담그고 목욕을 하곤 했다고 나온다. 하지만 이때의 목욕탕 역시 작고 소박한 것으로 흔히 알려진 로마의 사치스러운 목욕탕과는 거리가 멀었다. 개인의 목욕탕이 됐든 대중목욕탕이 됐든 로마에서 체계적이고 제대로 된 시설을 갖춘, 그래서 사치스러운 목욕탕이 등장한 것은 기원전 1세기 후반에서 서기 1세기 무렵이다.

최초의 대중목욕탕은 기원전 20년 로마의 정치가 아그리파가 건설해 대중에게 기증한 공중목욕탕으로 본다. 이어 서기 65년 네로 황제가 건설한 대중목욕탕 설립을 계기로 로마에만 대형 목욕탕 11곳, 소형 목욕탕 900곳이 들어섰다고 한다. 초기 목욕탕은 화로를 이용해 물을 데웠을 뿐이지만 기원전 1세기 무렵부터 대형 보일러를 이용해 뜨거운 물을 공급하거나 오라타가 처음 개발한 방식과 같은 온돌식 난방을 통해 온수와 수증기, 그리고 따뜻한 공기를 공급하는 등으로 체계화됐다. 발레리우스나 플리니우스와 같은 당대 로마인들이 남긴 기록에서도 확인할 수 있는 것처럼 굴 양식장에서 개발된 온돌식 난방시스템이 최소한 로마의 목욕탕 발달과 목욕 문화 확산의 계기가 됐다는 사실은 틀림없는 것 같다.

기술적 유사성과 함께 실제로도 로마의 다양한 목욕탕 유적지에서는 굴 껍질이 다량으로 발견된다고 한다. 현대 한국에서 사우나를 즐긴 후 삶은 달걀을 먹거나 시원한 식혜를 마시는 것처럼 로마에서도 제법 먹고살 만하다고 했던 사람들은 목욕을 한 후 시원한 생굴을 까먹으며 휴식을 즐겼다는 것이다.

목욕탕에서 굴 껍질이 다량으로 발견되는 데는 여러 이유가 있을 수 있겠지만 그중 하나, 로마의 굴 양식 기술과 목욕 문화의 관계도 빼놓을 수 없을 것으로 본다. 로마의 목욕탕 시스템이 굴 양식 기술을 응용해 발전했고 또한 굴 양식업자인 오라타가 로마에 많은 목욕탕을 건설했기 때문이다. 로마 사람들이 목욕탕에서 생굴을 즐겨 먹었던 배경에는 이렇게 오라타가 자신이 세운 목욕탕에 자신의 양식장에서 키운 굴을 공급한 것이 중요한 이유 중 하나일 것이다.

굴 외에도 활발했던 로마의 생선 양식

기원전 1세기에서 서기 1세기 사이에 로마에서는 굴을 비롯해 다양한 물고기까지 수산물 양식이 유행했다. 그 배경이 오라타가 인공 굴 양식업에서 대성공을 거둔 것으로부터 시작됐는지 또는 여러 종류의 수산물 양식이 붐을 이루기 시작한 가운데 오라타가 굴 양식에서 큰 성공을 한 것인지는 분명치 않다. 다만 양식업을 사업적으로 발전시켜 많은 돈을 벌었든 부자가 자가소비를 목적으로 양식장을 운영했든 이 시기 로마에서는 인공 양식에 의해 키워진 다양한 바다 생선과 민물고기가 로마인의 식탁에 올랐다.

오라타보다는 한 세대 정도 늦은 시대 사람이지만 역시 기원전 1세기 무렵, 물고기 양식으로 유명했던 가이우스 히리우스(Gaius Hirrius)라는 인물이 있었다. 오라타는 굴 양식으로 이름을 떨쳤지만 히리우스는 곰치를 비롯한 장어 양식으로 명성을 떨쳤다. 요즘 한국 동해안에서 곰치국이 인기인 것처럼 로마 시대 상류층에서는 뱀장어 종류의 바다 생선인 곰치와 칠성장어가 인기가 높았다.

기원전 46년과 45년, 율리우스 카이사르가 승리를 축하하는 개선 잔치를 벌였을 때 히리우스가 축하용으로 자신이 인공 양식으로 키운 6,000마리의 칠성장어를 공급한 적도 있었다. 카이사르가 대금을 지불하려고 했지만 끝내 칠성장어 값을 받지 않았을 뿐만 아니라 다른 보상도 요구하지 않았다고 전해진다.

히리우스는 상업적인 목적으로 칠성장어와 곰치 양식을 한 것이 아니라 개인적인 취미 내지는 당시 다른 로마 상류층처럼 사회적 신분의 상징으로 양식을 했던 것인데 그렇다고 호사가의 취미 수준으로 소규모 양식을 했던 것이 아니었다. 율리우스 카이사르에게 6,000마리의 칠성장어를 선물한 것에서도 알 수 있지만 농지를 팔아 마련한 400만 세스테르티우스의 거금을 대부분 양식장 보강에 투입했을 정도로 그 규모가 엄청났다.

인공 양식을 했던 것은 굴이나 칠성장어와 같은 해산물뿐만이 아니었다. 현대 프랑스인들이 달팽이 요리인 에스카르고를 고급 요리로 즐기는 것처럼 로마인들도 달팽이 요리를 즐겨 먹었다. 아피키우스가 그의 요리책에 우유를 먹여 키운 달팽이 요리를 레시피로 선보였을 정도로 인기가 높았다.

풀비우스 리피누스(Quintus Fulvius Lippinus)라는 인물은 기원전 50년에 이런 식용 달팽이를 대량으로 인공 양식한 것으로 널리 알려졌다. 로마에서 동북쪽으로 약 90킬로미터 떨어진 지금의 타르퀴니아에 달팽이 사육장을 만들어 아프리카 수입종에서부터 하얀 달팽이, 대형 달팽이 등등 다양한 달팽이를 키웠다.

굴을 인공 양식한 오라타부터 장어 양식장을 운영한 히리우스, 달팽이 양식 전문가인 리피누스 등 수산물 양식으로 이름을 떨친 로마인이 여러 명 알려져 있지만 로마의 양식업이 얼마나 발달했는지, 로마 시대에 양식업이 얼마나 산업화됐는지를 놓고는 로마 역사를 연구하는 학자들 사이에서도 논란이 많다. 오라타처럼 굴 양식업을 사업화해 돈을 번 인물도 있지만 히리우스처럼 사업이 아닌 개인적 목적으로 장어를 양식한 인물도 많았기 때문이다. 기원전 1세기에서 서기 1세기까지의 약 200년 사이에 수산물 양식이 유행을 했지만 사업적 목적보다는 사회적 신분의 상징으로서 또는 개인적 취미로 물고기를 키운 경우가 더 많았던 것으로 본다.

어종에 따라 다르기는 했지만 로마 시대에 물고기, 특히 바다 생선은 귀족들의 식탁에 주로 올랐던 요리로 가격이 만만치 않았다. 양어장은 운영하고 유지하는 데 대규모 자본이 필요해 상류층이 아니면 쉽게 투자할 수 없었지만 이들은 이미 부자였기에 수산물 양식으로 얻는 경제적 이익에는 별 관심이 없었다. 그 때문에 수산물 양식은 취미 또는 자가소비용이 많았는데 연회를 열 때 많은 손님을 초대한 후 이들이 양식장에서 키우는 생선을 잡아 대접하거나 카이사르의 개선 잔치처럼 선물을 하기 위한 목적 등으로 키웠다는 것이다.

어쨌든 확실한 것은 로마 시대에 활발했던 수산물 양식의 목적이 산업화든, 자가소비든 간에 로마인들의 식탁이 그만큼 풍성했고 이를 채우기 위한 경제활동 또한 활발했다는 것이다.

해외 굴밭 개척에
나선 로마인

로마 부유층 사이에서 굴의 인기는 식을 줄 몰랐고 수요는 계속해서 늘었다. 하지만 자연산 굴의 공급에는 한계가 있었고, 초과 수요로 굴값이 계속 오르자 결국 오라타 같은 사람이 대규모 인공 굴 양식에 성공해 큰돈을 벌었다. 그럼에도 이탈리아반도에서 채취하는 자연산 굴과 오라타의 인공 양식장에서 키운 굴만으로는 기원전 1세기의 상류층의 별장인 몰린 휴양도시 바이아를 비롯해 나폴리 주변의 휴양도시는 물론이고 로마를 비롯해 로마 제국 곳곳에서 급증하는 굴 수요를 충족시킬 수 없었다.

수요와 공급의 균형을 맞추기 위해서는 인공적인 굴 양식을 통해서라도 공급을 늘려야 했지만 오라타의 굴 양식장 이외에 대규모 인공 굴 양식장이 추가로 만들어졌다는 기록이나 흔적은 없다. 루크리네 호수와 같은 천혜의 조건을 갖춘 양식장 입지가 없었거나 막대한 자본이 필요한 엄청난 투자 규모 때문이었는지, 아니면 오라타가 기술을 독점해 굴 양식 기술이 전파가 안 됐기 때문인지는 알 수 없다.

굴 부족 사태를 해결할 방책 《《《

자연산이 됐든 양식이 됐든 굴이 부족했다. 그 때문에 굴만 확보하면 확실하게 큰돈을 벌 수 있었다. 그렇다면 로마인들은 굴 공급 부족 문제를 어떻게 해결했을까? 결국 그들은 이탈리아반도 바깥의 해외로 눈을 돌렸다. 20세기에 구미 강대국들이 석유를 찾아 해외 유전 발굴에 나선 것처럼 로마인들도 황금알인 굴을 찾아 해외 굴밭 개척에 나섰다.

로마인들은 오라타 이후 약 100년이 지난 서기 1세기 무렵, 다양한 지역에서 굴을 가져다 먹었다. 서기 1세기 중반 플리니우스는 《자연사》에 마키아누스라는 사람은 열 종류 이상의 굴 맛을 구분할 수 있다면서 굴에 대한 그의 탁월한 감별력에 대해 감탄하는 글을 남겼다. 가이우스 리키니우스 마키아누스는 서기 1세기 때의 장군이자 정치가이며 문인으로 활동했다. 네로 황제 시대인 서기 63년과 64년에 집정관을 지냈던 인물인데 당시 굴 품평에 일가견이 있었던 것으로 평판이 높았다.

플리니우스는 이런 마키아누스가 최고로 꼽은 굴은 '시지쿠스(Cyzicus)'의 굴이라고 했다. 시지쿠스는 현재의 터키 서쪽 연안 지역인 이즈미르(Izmir) 지방, 아나톨리아(Anatolia) 지역이다. 지중해를 사이에 두고 그리스의 아테네를 마주 보고 있는 곳으로 로마에서 약 1,900킬로미터 떨어진 곳이다. 시지쿠스의 굴은 여러 특징이 있었으니 오라타 인공 양식장인 루크리네 호수의 굴도 크기가 큰 것으로 유명했는데 이 굴보다도 더 컸다는 것이다. 그다음으로 맛있고 유명한 굴로 영국 브리타니아의 굴이 이름을 날렸고, 현재 위치가 어딘지 불분명한 메둘라 굴도 달콤했다고 한다. 또한 지금의 그리스 땅인 소아시아의 에베소(Ephesus) 굴은 짜릿한 맛으로 이름이 높고, 지금의 스페인 엘체(Elche) 부근으로 추정되는 일리치 굴은 알이 꽉 찬 듯 실한 맛이며, 베네치아 부근의 아드리아해 연안 지방인 이스트리아 굴은 부드러운 맛이 일품이고, 로마와 나폴리 중간 지역인 치르체오(Circeo) 지역의 굴은 하얗고 뽀얀 빛깔로 유명하다고 평가했다. 그러면서 다시 시지쿠스 굴로 돌아와 다른 모든 지역의 굴보다도 신선하고 부드럽다며 극찬을 아끼지 않았다.

마키아누스가 이렇게 지중해 연안 국가의 유명한 굴을 대부분 맛보고 거론했는데, 마키아누스가 시리아 총독을 지낸 적이 있기 때문에 당시 지중해 구석구석을 돌아다니며 명품 굴 산지의 굴을 모두 맛보고 품평한 것인지, 아니면 로마에 앉아서 지중해 여러 곳에서 가져온 굴을 맛보고 감상을 쓴 것인지는 분명치 않다. 다만 로마에 다양한 지역의 굴이 수입됐다고 해도 이상할 것은 없다. 왜냐하면 당시 로마는 지중해 여러 지역보다도 훨씬 먼 영국에서도 굴을 대량으로 가져왔기 때문이다.

어쨌든 플리니우스가 남긴 기록을 보면 산지별 굴 맛을 평가하는 현대의 굴 소믈리에 못지않게 섬세하게 굴 맛을 평가한 마키아누스의 미식가적 감각도 대단하지만 1세기 무렵 로마인들이 얼마나 다양한 지역에서 굴을 수입해 먹었는지를 살펴보면 감탄스러울 정도다.

특히 지금으로부터 2,000년 전이라는 시간의 간극을 감안하면 이탈리아반도 동쪽 베니스 부근의 아드리아해 연안만 해도 로마에서 가깝지 않은 지역인데 이곳은 물론 스페인, 영국과 그리스, 터키의 굴까지 신선하게 운반했다는 사실과 그 운송, 보관 기술이 놀라울 정도다. 그리고 단순한 놀라움을 넘어서 이렇게 굴을 운반하는 과정에서 당연히 엄청난 산업적 · 경제적 부가가치가 만들어졌다.

전쟁을 통해 확보한 굴

기원전 1세기 말에서 서기 1세기 초반, 로마와 나폴리 맞은편의 이탈리아 동쪽 아드리아해 연안 지역과 이탈리아반도를 벗어난 스페인, 프랑스, 그리스, 터키, 이집트를 비롯한 지중해 곳곳의 여러 지역에서 이른바 명품 굴이 로마에 들어왔다. 하지만 품질은 몰라도 양적인 측면에서는 공급에 한계가 있었던 것으로 보인다. 그러다 기원전 1세기 중반부터 로마가 해외 노다지 굴밭을 개척할 수 있는 계기가 마련됐다. 그 유명한 율리우스 카이사르의 갈리아 원정이 계기가 되었다.

카이사르가 이끄는 로마군은 기원전 58년 갈리아를 침입해 8년 후인 기원전 51년 라인강 이남까지 갈리아 전역을 장악했다. 프랑스 전역과 벨기에, 네덜란드, 독일 일부가 포함된 지역이다. 그리고 갈리아 정복 전쟁 중이던 기원전 55년에는 서부로 눈을 돌려 지금의 영국인 브리타니아 지방을 상대로 제1차 원정을 단행했고 이듬해인 기원전 54년 제2차 원정을 통해 브리타니아 지역을 정복했다.

카이사르의 갈리아 원정은 갈리아 부족의 평정과 게르만 부족의 견제라는 로마 정치사의 관점이나 카이사르와 로마군이 갈리아 부족과 브리타니아에서 벌인 전투라는 전쟁사적 관점에 익숙하지만 음식으로 보는 생활사나 식품 산업이라는 경제사적 관점으로 보면 또 다른 차원에서 여러 가지 흥미로운 사실을 알 수 있다. 로마 제국 경제 발전의 토대가 되는 산업 발달의 기반이 됐기 때문인데 대표적인 사례로 굴과 와인을 꼽을 수 있다.

곳곳에서 굴 파티

처음 카이사르가 원정을 시작했을 때 로마인에게 갈리아 지역은 미지의 땅이었고 불모지였다. 정치 군사적 측면에서 전략적 가치는 있었을지언정 지금의 프랑스 남부와 같은 잘 알려진 일부 지역을 제외하고는 경제적 가치가 그다지 크지 않았다.

갈리아 전쟁을 다룬 시오노 나나미의 《로마인 이야기》 8권, 〈율리우스 카이사르〉 편에서도 지금의 영국과 마주보고 있는 프랑스 서부 브르타뉴 지방, 즉 갈리아 중부 지역에 대해서 오늘날에는 상상할 수도 없을 만큼 미개발지여서 농경지보다 숲과 늪, 하천이 훨씬 많은 부분을 차지하고 있다고 묘사해놓았다.

한편 브리타니아는 갈리아보다도 더더욱 알려지지 않은 곳이었다. 카이사르가 쓴 《갈리아 전쟁기》 제5권의 제2차 브리타니아 전쟁의 설명에서도 브리타니아가 로마인들에게 얼마나 알려지지 않은 땅이었는지가 잘 드러나 있다. 하지만 오래 지나지 않아 갈리아나 브리타니아의 경제적 가치가 드러났다. 적어도 로마 본국에서 비싼 가격에 팔렸던 굴이나 필수 음료였던 와인만 봐도 그랬다.

갈리아 중부인 프랑스 서부 브르타뉴 지방은 지금도 프랑스 최대의 굴 산지로 유명한데 인근 바다가 온통 굴 양식장이다. 그런데 카이사르가 정복했던 2,000년 전 무렵도 현재와 크게 다르지 않았다. 바다 건너 브리타니아의 바닷가 역시 굴 천지였다. 영국 남동부의 도시인 도버(Dover)에서 샌드위치, 리치버러를 지나 런던을 흐르는 템스강이 바다와 만나는 지역 일대 바닷가에 굴이 지천으로 널려 있었다. 이들 지역의 굴은 이탈리아 나폴리만을 포함한 지중해 일대에서 나오는 굴과는 질적으로도 차이가 있다.

지중해 바다는 썰물과 밀물의 차이가 그다지 크지 않은 반면 영국과 프랑스 사이의 도버 해협 일대는 조수 간만의 차이가 커서 굴도 씨알이 굵고 신선하며 맛이 뛰어나다고 한다. 게다가 썰물로 바닷물이 빠져나가면 대서양 연안의 해변에서 엄청난 양의 굴을 손쉽게 캐낼 수 있었으니 굴 맛에 빠졌던 로마인들은 문자 그대로 노다지를 발견한 셈이었다.

그렇기에 처음 브리타니아와 갈리아를 정복한 로마 군인들과 이후 도착한 정착민들은 고향인 로마 본국에서는 상류 귀족이나 부자들 아니면 쉽게 맛보기조차 힘든 굴을 마음껏 먹을 수 있었으니 최소한 굴만 놓고 보면 천국을 발견한 기분이었을 것이다. 그런 만큼 기회만 있으면 바닷가로 나가 굴을 따서 요새로 실어 나른 후 굴 파티를 벌였던 것으로 보인다. 로마군 주둔지 곳곳에서 발견된 엄청난 규모의 굴 껍질을 통해서도 알 수 있다.

그 외에도 영국 남부 베이싱스토크의 로마군 캠프에서 수백만 개의 굴 껍질이 발견된 것을 비롯해 각 지역의 로마군 주둔지이자 정착촌에서도 굴 껍질이 발굴됐다. 심지어 지금의 잉글랜드와 스코틀랜드의 대략적인 경계를 이루는 곳으로 브리타니아 주둔 로마 군단의 최북단 방어벽인 히드리아누스 방벽 주둔지에서도 굴 껍질이 발견됐을 정도다.

로마인들은 고부가가치 식품인 굴을 현지에서 캐서 먹고 즐기는 것으로 만족하지 않았다. 본국인 로마로 가져가면 큰돈을 벌 수 있었던 만큼 브리타니아의 굴을 얼음과 눈 등으로 포장해 알프스산맥을 넘어 로마로 실어 날랐다. 얼마나 많은 양의 굴을 로마로 보냈는지 규모를 정확히 알 수는 없지만 굴 교역 규모는 상당했던 것으로 보인다.

일단 1세기 이후 로마에서는 '루투피아(Rutupiae) 굴'이라고 알려진 브리타니아 굴을 최고 품질의 굴로 꼽았다. 루투피아는 영국 남서부 켄트 지방의 해안가 도시인 리치버러(Richborough)의 로마식 이름이다. 로마인은 브리타니아와 로마의 굴 무역 보호를 위해 영국 남부 보드민(Bodmin)을 비롯해 콜체스터(Colchester), 템스강 어귀 등 해안가 곳곳에 요새를 세우고 굴의 채취와 운송을 보호했다. 흔히 로마 정착촌으로 알려진 지역이지만 단순한 정착촌이 아니라 굴을 채집해 모으고 운송하는 교역 기지였던 셈이다.

차가운 눈으로 포장한 굴 〈〈〈

카이사르가 이끄는 로마 군단이 브리타니아를 침공한 것이 기원전 55년과 54년이고 현지 주둔 로마 군인이 노다지 굴밭을 발견해 굴 파티를 벌인 것은 그보다 나중이었을 것이다. 로마 본국에서라면 부자들이나 먹는 최고급 음식인 굴을 일개 병사조차 마음껏 먹을 수 있었을 것이니 그 소문이 본국에 전해지지 않았을 리가 없다.

1세기 후반 로마의 역사가 타키투스는 《아그리콜라(Agricola) 전기》 제12장에서 브리타니아에서는 바닷가에 나가면 진주를 그대로 주울 수 있다고 묘사했을 정도니 신선하고 맛있는 굴이 해변에 지천으로 널려 있어 병사들도 실컷 먹는다는 소문쯤은 아무것도 아니었을 것이다.

실제로도 서기 78년부터 85년까지 브리타니아 총독을 지낸 아그리콜라는 영국 바닷가에서 채취한 굴을 대량으로 로마에 보낸 것으로 알려져 있다. 아그리콜라는 역사가 타키투스의 장인이었기에 사위가 전기까지 남겼고 그래서 역대 브리타니아 총독 중에서 가장 자세한 기록이 남아 있다고 한다. 기록에 따르면 아그리콜라는 많은 양의 굴을 용기에 담아 눈으로 포장해 로마로 실어 보냈다.

1세기 후반은 앉은 자리에서 굴을 1,000개나 먹어치웠다는 사치와 향락의 끝판왕 비텔리우스 황제를 비롯해 로마 상류층이 굴 맛에 푹 빠져 있을 때다. 그러니 최고 품질의 굴이 나오는 지역의 현지 사령관이 후방 귀족들에게 질 좋은 굴을 보냈기로서니 하등 특별할 것도 없어 보이지만 당시 영국에서 로마까지의 굴 운송은 그렇게 단순한 문제가 아니었다.

굴의 신선도를 지키기 위한 노력 ⫷⫷⫷

거듭 강조하지만 브리타니아에서 로마까지는 지도상에서 직선거리로 가장 짧은 곳이 서울과 부산의 약 3.3배쯤 되는 거리인데 로마 시대 마차의 평균 속도로 달리면 약 50일 정도가 걸린다고 한다. 브리티니아 굴의 집산지이면서 로마와의 무역항이었던 지금의 영국 리치버러에서 로마까지는 구글 지도상의 직선거리로만 1,700킬로미터다. 게다가 1세기 무렵에는 화물을 실은 마차가 지날 수 있는 도로는 고사하고 사람이 넘기에는 버거울 만큼 험준한 알프스산맥이 가로막고 있다.

굴은 신선한 상태로 배달해야만 상품 가치가 있는 음식이다. 50일이 넘는 운송 거리라면 굴의 신선도 유지는커녕 굴이 살아있을 수조차 없는 거리다. 이때 육지를 통한 운송이 아니라 굴에게 바닷물을 계속 공급해줄 수 있는 해상 운송이라면 이야기가 달라질 것 같지만 이 역시 호락호락하지 않다. 영국에서 로마까지 배에 굴을 실어 바닷길로 실어 나르려면 프랑스를 지나 포르투갈을 거친 후 지브롤터해협을 건너 지중해로 들어와 로마로 가야 하는데 그 거리만 5,000킬로미터다. 육상 운송보다 시간이 훨씬 더 걸릴 수 있다.

육지와 바다를 교대로 이용하는 방법도 있다. 이 경우 영국에서 프랑스 남서부 보르도까지 해상 운송을 이용하고, 보르도에서 프랑스 남부 마르세유 항구까지의 약 650킬로미터는 다시 마차를 이용한 후, 마르세유에서 로마까지는 배로 굴을 운반하는 방법이다. 두 번이나 환적을 해야 하는 만큼 쉬운 방법이 아니다. 로마인은 지금의 영국 브리타니아에서 로마까지 도대체 어떻게 운반했기에 굴을 살아있는 채로 유지할 수 있었으며, 얼마나 신속하게 굴을 운송했던 것일까? 미식가 마키아누스를 비롯해 많은 로마인들은 브리타니아의 루투피아 굴을 신선한 것이 특징이라고 했다. 도대체가 어떤 방법으로 운송했던 것일까?

만약 브리타니아 총독 아그리콜라처럼 로마의 황제나 원로원 귀족들에게 선물용으로 보내는 경우라면 다량의 굴을 살아있는 채로 운반하는 것이 가능할 수 있다. 이는 특수한 경우이므로 원가를 전혀 고려할 필요가 없기에 병사들이 밤낮으로 쉬지 않고 교대로 말이나 마차를 달려 눈과 얼음으로 포장한 굴을 운반할 수도 있고, 170명의 노예가 노를 젓는 군함인 갤리선으로 굴을 수송할 수도 있다. 하지만 브리타니아 굴은 선물용뿐만 아니라 로마에 상업적으로도 공급됐다. 살아있는 굴을 신선한 상태로 운송 원가를 고려해 날라야 했다. 굴이 금값 이상이면 아무리 부자라도 사 먹을 수 없기 때문이다. 로마 상인들이 프랑스 브르타뉴 지방과 바다 건너 브리타니아에서 로마까지 신선하게 굴을 운반할 수 있었던 비결은 과연 무엇일까?

굴을 나르다가 발전한 로마의 운송 기술

굴 운송 방법에 대해 자세하고 전체적으로 파악할 수 있는 기록은 없다. 단편적 기록들을 모아 추정할 뿐인데 로마 경제사, 로마의 음식 문화사를 연구하는 학자들의 논문을 읽어보면 브리타니아에서 채취한 굴을 단숨에 로마까지 실어 나르지는 않았다고 보는 것이 일반적이다. 굴 운송은 잘 짜여진 로마의 무역 네트워크가 바탕이 됐는데 영국과 프랑스 곳곳에 중계 기지를 두고 여러 단계에 걸쳐 운송하는 방식을 사용한 것으로 보인다.

예컨대 출발지인 영국 리치버러에서 굴을 바닷물을 채운 컨테이너에 담아 배에 싣는다. 이때 사용된 컨테이너는 로마인들이 포도주나 젓갈인 가룸 등을 운반할 때 주로 사용한 대형 항아리, 암포라였다. 굴 운반선은 중간 기착지인 다른 항구, 이를테면 보르도 같은 항구에 들러 암포라를 하역하는데 여기서 바닷물을 교체한다. 새로운 바닷물로 갈아 굴에 필요한 산소와 플랑크톤 등의 영양분을 공급하는 것이다. 때로는 싣고 온 굴을 중간 기지에 설치된 간이 굴 양식장(Ostrearum Vivarium)에 내려놓고 그곳에서 그동안 바닷물에 담아 키우던 굴로 교체해 가져간다. 이렇게 하면 대량의 굴을 폐사시키지 않고 안정적으로 운반할 수 있다.

육지에서도 마찬가지였다. 곳곳에 마련된 중간 기지에서 바닷물을 교체해 굴의 신선도를 유지했다. 일부 문헌에서는 이 과정에서 굴을 얼음을 채운 지하 창고에 보관했다고 나온다. 운반할 때도 역시 눈을 채운 항아리, 암포라에 굴을 담아 마차로 실어 날랐다. 굴은 저장 조건이 맞으면 약 열흘 동안도 신선도를 유지할 수 있다고 한다. 갈리아 지방 남부에서 알프스산맥을 넘어 로마까지 이르는 길은 이런 방법으로 충분히 실어 나를 수 있었을 것이다.

실제 로마인의 장거리 굴 운반 기술은 상당한 수준이었던 것으로 보인다. 영국의 로마 유적지 곳곳에서 굴 껍질이 발견된다는 것은 당시 로마인들이 육송 운송로를 통해 굴을 신속하게 운반했다는 사실을 보여준다.

영국 북부 히드리아누스 성벽 부근의 빈돌란다(Vindolanda) 요새에서 굴을 먹었다는 기록이 있다. 템스강 어귀 어느 곳인가로 추정되는 코르돈비(Cordonvi)라는 지역에서 보낸 굴 50개를 받았다는 기록으로 이곳에서 요새까지의 거리는 약 530킬로미터다. 그만큼 먼 거리를 빠르게 날랐다는 증거다. 이런 과정을 거쳐 로마에 들어온 굴이었기에 로마인들이 최고의 굴이라고 꼽은 브리타니아 루투피아 굴은 로마 상류사회에서 금값에 버금갈 정도로 비싸게 팔렸고, 최고가 상품이었기에 기나긴 굴 운송 과정에도 불구하고 이윤이 충분히 남았을 것이다.

그 결과 굴의 신선도를 유지한 채 실어 나르기 위해 다양한 기술이 동원됐고 여러 산업이 파생적으로 발달했다. 물론 굴 때문만이라고는 할 수 없지만 굴 운반 과정에서 운송, 저장은 물론 양식업과 암포라 용기 제조와 포장 기술 그리고 숙박과 요식업 등등이 번창했다. 로마 상류층의 식탁과 연회에 등장한 브리타니아의 신선한 굴이 단순히 로마 귀족의 끝 모를 사치로만 그친 것이 아니라 로마의 산업 발전, 경제 발전의 모티브가 된 것이다.

제8장

로마 제국의 영광,
해상 스파이스 루트

향신료 맛에 빠진
로마인

로마 시대의 음식은 꽤나 자극적(spicy)이었을 것 같다. 매일 먹는 음식 대부분이 풍미가 강하면서 얼얼하게 입맛을 자극했을 것으로 보인다. 한국 음식에 고춧가루가 빠지지 않는 것처럼 로마 요리에도 후추나 시나몬, 생강, 정향 등의 다양한 향신료와 큐민, 고수, 월계수 잎과 같은 허브를 많이 사용했기 때문이다. 그래서 로마인을 향신료 매니아였다고 평가하는 사람도 있다. 그만큼 자극적인 향신료를 즐겼고 많이 먹었다.

특히 1세기 이후 로마 전성기 시대의 로마인들은 대부분의 음식에다 갖가지 향신료와 허브를 듬뿍 뿌려서 먹었다. 고춧가루야 콜럼버스가 신대륙을 발견한 이후 전해졌으니 로마 시대에는 없었지만 대신 후추나 계피, 정향 등의 향신료를 듬뿍 뿌려 맛을 냈다. 물론 적어도 중산층 이상으로 웬만큼 먹고살 만했던 계층에 해당되는 이야기다. 그렇다고 향신료나 허브 사용을 부자들이 독점한 것은 아니다. 평민들 역시 후추, 생강, 계피 같은 향신료를 마음껏 사용하지는 못했더라도 월계수 잎이나 로즈마리 같은 허브, 또는 우리가 지금 중국식 양꼬치를 먹을 때 뿌리는 큐민 같은 향신료로 음식을 조리했다.

뱅쇼의 기원은 로마에 있다?

로마 음식이 양념 범벅이었다는 소리가 실감 나지 않을 수도 있다. 우리나라로 치면 신라가 건국될 무렵인 지금으로부터 2,000년 전의 음식인 데다 우리 음식과는 거의 관계없는 고대 서양의 로마 음식이니까 실감은커녕 낯설기 그지없지만 그럼에도 현대를 사는 우리 한국인의 생활 속에서도 향신료를 듬뿍 쓴 로마 음식의 흔적을 찾아볼 수 있다.

예를 들어 요즘 우리나라 카페에서도 쉽게 볼 수 있는 겨울철 음료 뱅쇼가 바로 그것인데 프랑스 사람들이 겨울이면 감기 예방 차원에서 몸을 따뜻하게 데우려고 마신다는 따뜻한 포도주 음료다. 와인에 설탕과 후추나 정향, 계피, 생강과 레몬 등을 넣고 끓여서 만드는 뱅쇼는 지금 우리가 보기에는 특별할 것 없는 재료로 만든 것 같지만 중세 이전 유럽에서는 달랐다. 뱅쇼의 재료가 전부 동양에서 수입한 값비싼 향신료였기에 감기 정도가 아니라 정력을 증진시키는 자양강장 약으로 마셨다. 그래서 중세에는 '히포크라스

(Hippocras)'라고 불렀는데 의학의 아버지 히포크라테스에서 따온 이름이다. 그런데 이 음료의 기원이 되는 것이 로마인들이 마셨던 따뜻한 향신료 포도주 '콘디움 파라독숨(condium paradoxum)'이다. 라틴어로 콘디툼(Conditum)은 허브와 향신료를 첨가한 와인, 파라독숨(paradoxum)은 역설이라는 뜻이니 향신료가 듬뿍 들어가 효과가 좋았기 때문인지 이름부터가 파격적으로 역설의 음료인데 영어로는 흔히 '깜짝(surprise) 포도 음료'로 번역한다.

로마 사람들이 향신료를 얼마나 많이 먹었는지는 다양한 로마 문헌에서 확인할 수 있다. 그중 하나가 아피키우스의 《요리에 관하여》에 나오는 레시피들이다. 책 속에 수록된 고기, 와인, 수프, 샐러드 등의 요리에는 다양한 후추, 계피, 정향과 각종 허브를 비롯한 향신료가 빠지지 않는다.

예컨대 요리책 제1장의 제목이 고급 향신료 와인이고 제13장에서는 향신료를 가미한 소금 등 요리뿐만 아니라 각종 조미료에도 향신료를 첨가하고 아픈 사람을 위한 음식에도 다양한 향신료를 처방하는 등 향신료를 쓰지 않은 것이 드물 정도다. 마치 한국 음식에서 고춧가루와 마늘, 생강이 안 들어간 음식이 없는 것처럼 말이다. 심지어 빵에도 향신료가 들어갔으니 지금의 시나몬 롤처럼 로마인들이 즐겼다는 이집트 빵 파니스 알렉산드리아도 내용물에 대해서는 알려져 있지 않지만 이집트 사람들이 많이 먹는 시나몬이나 큐민, 꿀을 넣어 만들었을 것으로 짐작된다.

부자는 향신료, 평민은 허브 《《《

향신료뿐만이 아니라 허브도 로마인의 식탁에서 빠질 수 없는 양념이었다. 플리니우스는 《자연사》에서 다양한 허브의 용도를 설명해놓았는데 거의 모든 양념에 산미나리 씨앗인 '회향(茴香, fennel)'이 빠지지 않는다면서 식초와 함께 사용하면 훨씬 맛있다고 설명했다. 우리한테는 익숙하지 않은 향신료인 회향은 이탈리아 요리에 많이 쓰이는 양념으로 양꼬치 양념으로 많이 쓰이는 큐민과 비슷한 허브다. 회향은 약으로도 많이 쓰는데 와인과 섞어 마시면 전갈이나 뱀에 물렸을 때 효과가 있고 해충이 귓속으로 들어왔을 때 처방해도 좋다고 적혀 있다.

회향은 로마 병사의 음식에도 들어있었다. 현대도 마찬가지이지만 흔히 짬밥이라고 하는 병사들의 음식은 아무리 현대의 선진국 군대라 해도, 또한 고대 로마 제국의 군대라고 해도 결코 고급이라고 할 수는 없다. 그럼에도 불구하고 로마 군인들의 음식에도 회향이 들어갔는데, 회향을 씹으면 힘이 생기고 용기가 솟아나 적군을 물리칠 수 있다고 믿었기 때문이라고 한다.

이처럼 로마의 평민이나 군인이 허브를 많이 먹을 수 있었던 이유는 대부분 동방에서 수입해 값이 엄청 비쌌던 후추, 계피, 생강 등의 향신료와는 달리 허브는 지중해에서 얼마든지 구할 수 있었기 때문이다. 예를 들어 마라톤의 기원이 되는 그리스의 마라톤 평원 역시 고대 지중해의 대표적인 회향밭이었다. 이는 마라톤이라는 지명이 증명하는데 '마라톤'은 산미나리, 회향이 많이 자라는 땅이라는 뜻에서 비롯된 이름이기 때문이다. 영어로는 '퍼넬(fennel)'이라고 하는 회향을 고대 그리스어로는 '마라토스(marathos)'라고 불렀다. 마라톤은 그러니까 마라토스가 많이 자라는 땅이라는 뜻이다. 그렇기 때문에 부자가 아니더라도 로마인은 허브를 많이 먹을 수 있었다.

금보다 비싼 후추를
요리에 듬뿍

로마인이 향신료 맛에 푹 빠져 지냈다는 말, 얼핏 들으면 그런가 보다 싶지만 자세히 따져볼 필요가 있다. 고대 서양에서는 후추나 시나몬, 계피 같은 향신료가 어마어마하게 귀했던 것으로 흔히 알려져 있고, 후추 같은 경우는 같은 크기의 금값과 맞먹을 정도로 비쌌다고 배워왔다. 로마 시대 이후 약 1,500년이 지난 15세기 말에도 여전히 금값이었기에 콜럼버스가 향신료를 찾아 나섰다가 아메리카 대륙을 발견했다고 배웠다. 그런데 일부 극소수 상류층도 아닌 평범한 로마인들이 일상적으로 먹는 음식에 향신료를 듬뿍 넣어 요리했을 정도라고? 이는 지금까지 알고 있던 상식을 뒤집는 소리일 뿐 아니라 얼핏 생각해도 쉽게 이해되지 않는다.

향신료 대중화의 비밀 〰

로마인이 좋아했다는 향신료 중에서 후추는 인도 남부가 원산지다. 시나몬은 계피 품종에 따라 다르지만 인도와 동남아 또는 아라비아반도 끝에서 가져왔다. 생강과 정향 같은 향신료도 아열대 지방인 동남아가 주산지다. 이런 향신료를 로마까지 실어오려면 육로로는 인도에서 파키스탄과 아프가니스탄, 이란과 이라크, 그리고 시리아나 요르단까지 가져온 후 터키를 거쳐 그리스를 지나 로마에 도착하거나, 아니면 시리아 요르단에서 이집트 알렉산드리아 항구까지 운반해온 후 이곳에서 배에 선적해 지중해를 건너 로마로 운송해야 한다.

바닷길을 통해서라면 이집트 알렉산드리아에서 홍해와 맞닿는 곳까지 육로로 갔다가 그곳에서 선박을 출항시킨 후 홍해를 빠져나와 21세기인 현대에도 해적이 판치는 아덴만을 지나 드넓은 인도양의 아라비아를 건너 인도까지 갔다가 향신료를 싣고 되돌아와야 한다. 이처럼 낙타와 나귀에 화물 잔뜩 실은 캐러밴(caravan)이 산 넘고 물 건너고 사막까지 가로질러 몇 달, 몇 년에 걸친 여행을 해야 했는데 오가는 도중에 도처에서 출몰하는 산적과 해적한테 물건을 빼앗기고 목숨을 잃기 일쑤였다.

그러니 향신료 가격이 금값과 맞먹었다는 말은 충분히 이해할 수 있다. 반대로 이렇게 힘들게 가져와 금처럼 비싼 향신료를 극소수 상류층도 아닌 로마 사람들이 지금 우리가 음식에 후추 가루, 고춧가루 뿌리듯 큰 부담 없이 먹었다는 소리는 선뜻 납득이 가지 않는다. 로마 제국에서는 향신료가 얼마나 흔했기에 극소수 상류층이 아닌 로마 시민이 후추와 시나몬 등의 향신료를 그토록 어렵지 않게 먹을 수 있었다는 것일까? 언제, 어디서, 어떻게 구했기에 금값에 버금갔다는 향신료를 그렇게 부담 없이 이용할 수 있었을까?

향신료 길이 열리다

먼저 서양에서는 향신료가 무지무지 귀했다는 일반적인 상식, 그래서 15세기 유럽에서 인도로 가는 항로의 발견으로 대항해시대가 열리기 전까지는 후추가 금 못지않게 비쌌다는 흔히 알려진 고정관념에 대해서 다시 생각해볼 필요가 있다.

로마 시대를 포함한 고대에서부터 중세에 이르기까지 서양에서 후추 등의 향신료가 같은 부피의 금을 주고 바꿨을 만큼 귀했다는 이야기는 맞는 말이면서 동시에 반드시 정확한 소리라고는 할 수 없다. 칼럼니스트부터 작가, 역사가까지 다양한 종류의 사람들이 흥미를 끌기 위해서 다소 과장되게 표현한 측면도 없지 않다.

물론 대체로 향신료 가격이 상당히 비쌌던 것은 분명하다. 하지만 고대 페니키아부터 이집트, 그리스, 로마 시대 및 중세 시대, 그리고 르네상스 시대에 이르기까지 시대에 따라서 상황이 달랐다. 고대 서양 세계와 인도를 연결하고 향신료를 실어 날랐던 통로인 향신료 길, 스파이스 루트(Spice Route)가 어떻게 변했는지에 따라 향신료 공급량과 가격이 변했기 때문이다. 그렇기에 같은 로마 시대라고 해도 1,000년이 넘게 지속된 로마 제국이었던 만큼 로마 왕국과 기원전 1세기 이전의 공화정 시대, 그리고 초대 아우구스투스 황제 이후의 제정 시대 향신료 가격과 소비에는 커다란 차이가 있다.

결론부터 말하면 고대 로마인 왕국 시대에는 동방의 향신료가 금값보다도 비쌌을 것이고, 기원전 2세기 이전의 공화정 시대에는 향신료는 진짜 부자와 상류층 아니면 맛보기 쉽지 않았을 정도로 고가였을 것이다. 하지만 기원전 30년 이후, 초대 황제인 아우구스투스가 이집트를 합병한 것을 계기로 향신료는 더 이상 소수의 상류 계급 아니면 먹지 못할 정도가 아니었다.

향신료의 주요 소비처인 로마와 공급지인 아라비아 그리고 인도 사이에 향신료를 대량으로 운송할 수 있는 해상 직항로가 뚫리면서 스파이스 루트의 차원이 달라졌고 세계 역사도 바뀌게 됐다. 그러면 로마 제국이 스파이스 루트를 어떻게 만들고 바꿨는지를 알아보기에 앞서 인도를 비롯한 동남아, 아라비아가 원산지인 후추, 생강, 정향 등의 향신료가 언제 그리고 어떻게 고대의 서양 세계, 즉 이집트 그리스를 비롯한 지중해 세계에 전해졌는지를 살펴볼 필요가 있다.

멀고도 험난했던 향신료 길 〈〈〈〈〈

고대 서양의 중심이었던 지중해 세계에 후추를 비롯한 동방의 여러 향신료가 전해진 것은 지금으로부터 3,200년 전인 기원전 13세기 이전으로 본다. 그 근거 중 하나가 기원전 1213년 무렵에 사망한 것으로 추정되는 이집트의 파라오 람세스 2세의 미이라에서 후추가 발견됐기 때문이다. 시신의 콧구멍에서 검은 후추 알이 나왔는데 고대 이집트인들은 후추가 천국에서 쓰는 향신료이고 영원한 삶을 보장해주는 식품으로 믿었다고 한다.

후추를 이 정도로 신성시했다는 이야기는 다시 말하자면 후추가 그만큼 귀했기 때문일 것이다. 하늘의 아들이라는 중국식 천자(天子)도 아니고 본인이 신 그 자체였던 파라오조차도 감히 맛보지 못하는 향신료였고, 죽어서 천국에 갈 때 영생을 보장해주는 패스포트로나 사용했을 정도로 존귀한 물품이었다.

고대 이집트문명에서뿐만 아니라 또 다른 지중해의 고대 에게문명에서도 마찬가지였다. 수학자 피타고라스가 활동했던 시대, 올림픽의 기원이 된 마라톤 전투가 있었던 기원전 6세기~5세기의 고대 그리스에서도 후추는 여전히 소중한 향신료였다. 극소수의 특별한 계층에서만 특수 용도로 쓸 수 있었던 초고가의 상품이었다. 이 무렵의 후추는 아마 그 희소성 때문에 같은 부피의 금값보다도 더 비쌌을 것이다. 멀리 떨어진 동방의 인도에서 가져오는 특수 상품이었기 때문인데 당장 구글 지도에서 검색만 해봐도 그 길이 얼마나 험난했을지 알 수 있다.

이를테면 고대의 스파이스 루트였던 이집트의 알렉산드리아 항구에서 인도의 향신료 집산지였던 인도 남부 케랄라 지방까지 도보 거리만 약 7,500킬로미터다. 구글 지도에서는 도보 이동 시간만 약 1,500시간이 걸린다고 나온다. 하루 8시간씩 하루도 쉬지 않고 걷는다고 해도 도착하는 데 편도로 190일, 약 6개월이 소요된다.

매일 여덟 시간씩 걷는다는 것 자체도 힘들지만 2,500년 전에 지금처럼 도로가 제대로 나 있었던 것도 아니고 더군다나 사람이 등짐을 메거나 낙타 또는 당나귀 등에 물건을 잔뜩 싣고 걷는 길이었으니 실제로는 한번 다녀오는 데만 거의 몇 년씩 걸렸을 것이다. 물론 지리적으로도 너무나 멀고도 험했기에 물리적으로 어느 한 상단이 처음부터 끝까지 화물을 실어 나를 수 있는 거리가 아니었다. 그렇기에 중간 단계에서 다른 상단에게 화물을 넘기는 릴레이 방식의 운송을 했다. 화물을 넘기고 또 넘기는 과정마다 마진이 붙었으니 향신료가 금값보다 비싼 게 어쩌면 당연했다. 이렇듯 멀고도 험난했던 향신료 무역 길, 스파이스 루트에 획기적 변화가 생기고 보다 더 확실한 루트가 열리게 된 계기가 기원전 4세기, 알렉산더 대왕의 동방 원정이었다.

동방 원정길을 따라 만들어진 스파이스 루트

전쟁사라는 관점에서 보면 알렉산더 대왕의 동방 원정은 그리스 세력이 페르시아 정복을 포함해서 지중해 전체 세계의 패권을 장악한 전쟁이었지만 경제사적 측면에서는 또 다르다. 알렉산더 대왕의 동방 원정은 당시 향신료 무역의 통로, 즉 육지를 통해 인도로 이어지는 스파이스 루트를 새롭게 개척하고 기존의 무역로를 재정비한 계기가 된 전쟁이었다.

스파이스 루트는 동양과 서양을 연결하는 비단길, 실크로드와 상당 부분이 중복되기는 하지만 사실상 실크로드와는 또 다른 동서 무역로였다. 스파이스 루트는 크게 인도에서 중앙아시아를 통과해 아랍을 지나고 지중해를 건너 로마로 연결되는 육상 루트와, 로마에서 지중해를 건넌 후 홍해를 통과해 인도양을 넘어 인도까지 이어

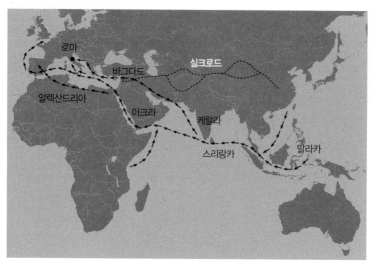

로마의 해상 스파이스 루트

지는 해상 루트로 구분된다. 이 중 육상 루트는 부국으로 이르는 통로였다. 기원전 10세기 이전의 이집트로부터 페르시아를 비롯해 그리스와 로마, 그리고 베니스와 피렌체로 이어지는 고대부터 중세를 거쳐 근대에 이르는 유럽과 이슬람의 여러 나라들이 이 길을 통해 부를 쌓았다. 이런 스파이스 루트를 확실하게 개척한 것이 알렉산더의 동방 원정이었고 덕분에 알렉산더의 마케도니아 왕국, 개념을 보다 확장하면 고대 그리스 도시국가들이 강국이 되면서 그리스 문화가 꽃을 피울 수 있었다.

알렉산더 대왕은 기원전 334년에 마케도니아군을 주력으로 한 그리스 연합군을 이끌고 페르시아 원정길에 오른다. 현재의 터키인 소아시아에 상륙한 알렉산더의 원정군은 첫 전투에서 페르시아군을 격파하고 소아시아 도시들을 하나씩 공략했다. 그 이듬해, 원정군은 이소스 전투에서 페르시아 왕 다리우스 3세가 지휘한 페르시아군을 물리치고 지중해를 남하해 이집트까지 진출했다. 이어 기원전 331년 지중해로 이어지는 이집트 나일강 하구를 점령하고 그곳에 알렉산드리아라는 이름의 신도시를 건설했다. 이 항구는 알렉산더가 정복지 곳곳에 세운 30여 개의 알렉산드리아라는 이름의 도시 중 첫 번째 도시였다.

페르시아 왕국을 무너트린 알렉산더는 이어 계속해서 동쪽으로 진출, 기원전 329년 오늘날의 아프가니스탄 북쪽에 위치한 박트리아(Bactria) 왕국으로 진군해 중앙아시아로 진출한다. 그리고 지금의 우즈베키스탄에 있었던 왕국인 소그디아나(Sogdiana)로 진격해 현재의 사마르칸트인 마라칸다(Marakanda)를 점령했고 이곳에 또 하나의 알렉산드리아 도시를 건설한다. 훗날 비단 교역길인 실크로드의 중심지가 된 도시다.

알렉산더는 계속해서 인도를 침공하기 위해 기원전 327년에는 이곳을 떠나 동남쪽을 향해 출발했다. 이듬해인 기원전 326년 인더스강을 넘어 인도 북서부의 탁실라까지 진출했다. 알렉산더 대왕은 내친김에 갠지스강 유역까지 진격하기를 원했지만 현지인의 치열한 반발과 장기 원정에 지친 부하들의 진격 거부로 장기 원정 전쟁을 끝내고 철수한다. 그리고 기원전 323년 가까스로 바빌론에 도착한 알렉산더 대왕은 현지에서 열병에 걸려 33세의 나이로 요절했다. 이상이 간단하게 정리한 알렉산더 대왕의 동방 원정길이다. 그리고 이 길을 그대로 따라서 향신료 무역 통로인 스파이스 루트가 만들어졌다.

그렇기에 알렉산더의 동방 원정은 여러 의미가 있지만 경제사적 의미도 대단했다. 먼저 알렉산더가 세우고 자신의 이름을 따서 세운 도시인 여러 곳의 알렉산드리아에서도 확인할 수 있다. 예를 들어 이집트의 도시, 알렉산드리아는 기원전 4세기 이후 향신료 무역의 집산지이자 동양과 서양을 잇는 무역 허브로 발전하면서 로마 시대에는 지중해에서 가장 활발했던 무역항이 됐다. 알렉산더 대왕이 이집트에 알렉산드리아를 건설했다는 것은 그동안 이집트 내지는 페니키아 상인들이 주도했던 향신료 무역을 마케도니아, 그리고 그리스가 장악했다는 의미가 된다.

곳곳에 건설된 알렉산드리아 도시는 동서와 남북을 잇는 교통로이면서 동시에 무역 통로에 위치해 있었다. 이는 무역을 통한 세계 부의 원천을 마케도니아로 대표되는 그리스가 당시 해상과 육상으로 연결된 스파이스 루트, 실크로드를 통제했다는 뜻이다. 재력의 뒷받침은 곧 군사적인 정치 파워로 이어지면서 이후 그리스가 지중해 세계를 장악하고 그 뒤를 이어 로마 시대로 이어지는 발판이 마련됐다. 스파이스 루트가 정비되면서 생겨난 결과로 알렉산더의 동방 원정을 통해 당시까지 서양 세계에는 알려지지 않았던 다양한 식품들이 유럽에 전해진다. 이미 알려진 후추, 생강, 계피 등의 향신료는 물론이고 샤프란, 설탕 같은 새로운 향신료와 복숭아, 살구, 바나나 등의 새로운 식품이 서양에 전해졌다.

이를 단순하게 보면 동방의 낯선 과일과 식품이 서양에 전해진 것에 불과해 보일 수도 있겠지만 당시 기준으로는 고부가가치의 새로운 신상품이 출현한 것이었다. 다시 말해 국가적으로 막대한 부를 창출할 수 있는 새로운 수익원이 마련된 것이다. 예를 들어 설탕이 그런 경우다. 동방 원정에 나선 마케도니아 군대가 인더스강 계곡을 지나면서 사탕수수를 발견했다. 그 달콤함을 맛본 병사들이 "꿀벌 없이도 꿀을 만들어 내는 식물"이라며 귀국길에 고국으로 가져왔다.

설탕의 어원을 보면 설탕이 역사적으로 어떤 이동 경로를 거쳤는지 알 수 있다. 영어로 설탕은 고대 인도어인 산스크리트어 '사카라(sharkara)'에서 비롯됐다. 이 단어가 아랍을 거치며 '쉬카르(shkkar)'로 바뀌었고 이탈리아(zucchero)와 스페인(zaucar)을 거치면서 영어 '슈가(sugar)'가 됐다. 그리고 서양에 처음 전해진 정제되지 않은 사탕수수 시럽은 어느 물품보다도 비싼 향신료였기에 이집트와 페니키아, 그리고 그리스와 로마에서는 부자와 상류층이 아니면 맛볼 수 없었고 아플 때나 먹는 약으로 쓰였다.

이렇듯 기원전 4세기 알렉산더 대왕의 동방 원정으로 정비된 스파이스 루트 덕분에 이전까지 지중해 세계에 어렵게 전해졌던 후추 등의 향신료가 서양에 체계적으로 전해졌다. 하지만 아직까지는 낙타를 몰고 다니는 대상들이 육지를 통해 운반해왔기에 서양에서는 여전히 금값에 버금갈 정도로 향신료가 비쌌다.

로마 제국과
해상 스파이스 루트

금가루처럼 귀했다는 향신료 가루였지만 서기 1세기 무렵부터는 주머니 사정이 웬만큼은 되는 로마인이라면 큰 부담 없이 마음껏 요리에 향신료를 쓸 수 있게 됐다. 후추, 계피 등의 가격이 큰 폭으로 떨어졌기 때문이다. 클레오파트라를 물리친 기원전 31년 악티움 해전의 승리로 이집트를 속주로 삼은 로마 제국 초대 아우구스투스 황제가 이집트와 아라비아반도 사이의 내해인 홍해를 빠져나가 인도양을 거쳐 인도로 향하는 해상 스파이스 루트를 개척한 덕분이었다.

이제는 영화나 드라마에서 보는 것처럼 캐러밴이라고 하는 대상이 낙타 등에 짐을 잔뜩 싣고 7,500킬로미터가 넘는 머나먼 길을 오가며 향신료를 실어 나르는 대신 100척이 넘는 대형 선박들이 대규모 선단을 이뤄 인도양 바다를 통해 인도까지 오가면서 갖가지 향신료를 가져올 수 있었다. 물론 지금으로부터 2,000년 전인 서기 1세기 초반 로마 시대의 항해술로는 망망대해인 인도양의 거친 파도와 폭풍우가 몰아치는 뱃길을 통해 이집트에서 인도까지를 오간다는 것이 결코 쉽지 않았을 것이다. 아마 15세기 콜럼버스의 아메리카 대륙 개척이나 아프리카 남단 희망봉을 돌아 인도양에 도착한 바스코 다 가마(Vasco da Gama)의 인도항로 개척보다도 더 험난했을 것이다. 그럼에도 이집트와 인도를 연결하는 바다의 교역로 해상 스파이스 루트는 어떻게 만들어질 수 있었을까?

평민의 식탁에 향신료가 오르다

이집트를 속주로 삼은 아우구스투스 황제는 기원전 26년부터 24년까지 제2대 이집트 총독을 지낸 갈루스(Aelius Gallus)에게 아라비아반도 개척을 명령한다. 당시 지중해 세계에 아라비아반도는 보물의 땅으로 알려졌기 때문이다. 이런 명령을 내렸던 배경으로는 아라비아반도 여러 나라와의 외교 관계 수립과 함께 새로운 자원 개척의 필요성을 꼽는다. 그동안 전쟁에 들어간 비용과 초대 황제가 된 후 제국 건설에 소요되는 재원 확보가 목적이었다.

갈루스는 황제의 명령에 따라 지금의 수에즈운하 바로 남단에 위치한 도시, 클리스마라는 옛 이집트 왕조시대의 조선소에서 선박을 건조한 후 로마 군단을 이끌고 탐험을 떠났다. 그리고 홍해를 따라서 때로는 육로를 통해 아리비아의 남쪽 끝인 펠릭스(Felix), 지금의 예멘까지 도착했지만 수많은 사상자를 내면서 결국 개척에는 성공하지 못한다.

갈루스의 탐험은 그의 친구이자 지리학자 스트라본이 남긴《지리지》제16권 제4장에 자세히 실려 있다. 스트라본의 기록에 의하면 해안을 따라 항해를 하는데 물속이 바위투성이 암초로 가득한 얕은 바다에 갇혀 고생했던 일, 밀물과 썰물의 차이가 커서 선단이 꼼짝 못했던 사건과 육지에서는 길도 없는 곳에 들어가 헤맸던 경험, 현지 가이드에 속아 황무지에서 헤맸던 일 등 험난했던 고생길이 상세하게 적혀 있다. 하지만 이때 죽을 고비를 넘기며 고생한 노력이 결국 이집트의 항구도시 알렉산드리아에서 인도의 말라바르(Malabar) 항구까지 이어지는 해상 스파이스 루트 개척의 토대가 된다.

물론 이집트에서 인도까지의 해상 교역로가 아우구스투스 황제 때 처음 열렸던 것은 아니다. 이집트가 로마 제국에 멸망하기 전, 클레오파트라 여왕의 조상으로 300년이 넘게 이집트를 통치했던 프톨레마이오스 왕조 시대에도 이미 홍해를 통해 바다로 인도까지 교역을 했다는 기록이 있다. 기원전 2~1세기 무렵이다.

하지만 대규모 선단이 정기적으로 인도양을 오가며 무역을 시작한 것은 기원전 30년 이후인 아우구스투스 황제시대 이후부터다. 스트라본이 당시의 모습 역시《지리지》제2권 제5장에 상세하게 적어 놓았다. 내용을 요약하면 이집트의 프톨레마이오스 왕조 때는 약 20척의 선박이 온갖 위험을 무릅쓰고 인도까지 간헐적으로 다녀온 적이 있지만 아우구스투스 황제 때는 120척의 선박이 대규모 선단을 이뤄 이집트 항구 도시 미오스 호르모스(Myos Hormos)를 떠나 홍해를 통과해 인도양의 아라비아해를 거쳐 인도까지 정기적으로 다니게 됐다는 것이다. 이때 열린 해상 스파이스 루트인 인도 로마의 해상 교역로는 이집트의 미오스 호르모스, 지금의 수에즈 운하 부근의 항구 도시인 쿠세이르를 출발해 무역풍으로 알려진 몬순 계절풍을 타고 인도 남부의 항구인 말라바르(Malabar), 지금의 케랄라(Kerala) 지역까지를 오가는 항로다.

말라바르는 인도의 후추와 강황, 스리랑카의 계피, 말라카의 정향 등 동남아시아 각지에서 가져온 향신료와 당시 중국 등지에서 실어온 비단 등 동방의 보물들이 모이는 집산지였다. 역으로 로마에서 실어온 물품들은 이곳을 기점으로 아시아 각지로 퍼져 나갔는데 신라시대 경주에서 발굴된 로마 스타일의 유리잔도 이곳을 거쳐 신라까지 전해졌을 것으로 추정한다.

반면 말라바르에서 실어온 향신료를 비롯한 동방의 각종 물자는 일단 홍해의 미오스 호르무스에서 하역한 후 낙타와 나귀에 실어 대상들이 나일강까지 운반한 후 그곳에서 다시 배에 실어 나일강 하구의 최대 무역항 알렉산드리아까지 보낸다. 그리고 이곳에서 지중해의 바닷길이나 육로를 통해 로마를 비롯한 유럽 각 지역으로 퍼지게 된다. 이 해상 교역로가 열리기 전까지 산 넘고 강 건너, 사막을 지나 고생하며 실어왔던 향신료가 배로 바다를 통해 대량으로 들어오게 되면서 금값 못지않게 비쌌던 후추, 생강, 계피, 정향, 육두구 등의 각종 향신료가 이제는 웬만한 중산층이면 먹을 수 있을 정도로 가격이 떨어졌던 것이다.

바닷길을 통해 얼마나 많은 향신료가 쏟아져 들어왔기에 금값에 버금갔다던 후추 등의 향신료 가격이 보통 사람들도 사 먹을 수 있는 수준으로 떨어진 것일까?

동방과의 해상 무역에 대해서는 비교적 다양한 기록이 남아 있어서 1~2세기의 무역 품목과 규모를 짐작할 수 있다. 그중 하나가 1세기 중반의 기록인 《에리트레아 항해일지(Periplus Maris Erythrae)》다.

에리트레아 바다는 홍해를 빠져나와 아덴만을 거쳐 인도로 이르는 바다인 지금의 아라비아해를 말한다. 이 항해일지는 1세기 무렵 이집트 사람으로 인도와의 해상무역에 종사했던 사람이 기록한 것으로 추정하는데 아프리카와 인도에서 선적하는 갖가지 향신료에 대한 목록을 비롯해 중국의 비단, 인도의 면화, 이집트 린넨 등과 금과 은, 보석과 음식, 화장품 등 모두 140여 개의 무역 품목이 적혀 있다.

거래하는 상품 종류도 다양했을 뿐만 아니라 그 규모도 상당했는데 거래 규모에 대해서는 2세기 로마와 인도와의 무역 서류인 《무지리스 파피루스》에 상세히 실려 있다. 이 서류는 이집트의 항구와 인도 남부의 무지리스 항구를 오가던 '헤르마폴론'이라는 이름의 대형 선박에 관한 기록으로 선주와 상인과의 계약 내용, 그리고 선적한 화물의 품목과 중량, 가격 등이 기록돼 있다. 예를 들어 60박스의 향나무와 3톤의 거북 등껍질과 상아 등 다양한 상품 목록과 수량이 적혀 있는데, 그중에서도 중요 화물은 향신료로 여러 종류의 후추가 135톤, 말라바트룸(malabathrum)이라고 하는 인도산 계피가 83톤이 실려 있다고 나온다.

헤르마폴론이라는 배 한 척에 실린 화물이 이 정도였으니 지리학자 스트라본은 이런 배가 120척씩 선단을 이뤄 해마다 인도를 향해 출발했다고 하니까 단순하게 곱하기만 해도 해마다 동방에서 로마로 들어오는 후추가 1만 6,000톤, 계피는 1,000톤 규모가 됐을 것으로 추정한다.

재미 삼아 상상해보면 전성기 로마 인구가 100만 명이었다고 하니까 로마 시민이 인도에서 가져온 후추 전량을 소비한다고 가정하면 1인당 1년에 후추를 16킬로그램씩 사용할 수 있었다.

물론 인도에서 가져온 후추는 로마는 물론 지중해 세계 대부분으로 퍼져 나갔고 멀리 갈리아와 브리타니아, 게르마니아 등 유럽 전역으로 보내졌으니 로마 시민의 사용량은 훨씬 적었겠지만 적어도 후추 값이 금값이라는 소리는 더 이상 듣지 않을 정도로 적지 않은 물량이 공급됐고, 당연히 가격도 큰 폭으로 하락할 수 있었다.

인도에서 로마로, 로마에서 중국으로

로마에 후추가 얼마나 넘쳐났는지에 대해서는 플리니우스가 《자연사》 제12권 제14장에 자세히 적어놓았다. 플리니우스는 서기 79년 나폴리 인근의 베수비우스 화산이 폭발하면서 폼페이가 잿더미에 파묻혔을 때 사망했는데, 당시 해군 제독으로 나폴리 부근 해군 기지에 머물러 있었다. 그 때문에 그가 적은 기록은 로마와 당시의 상업 중심지 폼페이의 풍경이었을 것이다.

플리니우스는 후추가 이 정도로 널리 유행하다니 놀랍다는 말과 함께 다른 과일이나 열매는 달콤하거나 아니면 모양이라도 예쁜데 후추는 눈길을 끄는 것은 하나도 없고 얼얼하기만 할 뿐이라고 기록했다. 그는 오직 얼얼한 맛 때문에 인도에서 막대한 돈을 쓰면서 전량을 수입해와야 한다는 사실에 대해 분개했다. 누가 처음으로 음식에다 후추를 넣어 먹기 시작했으며 누가 처음 배를 채우기 위한 식사가 아니라 식탐을 채우기 위한 미식으로 후추를 먹었냐면서, 인도 현지에서는 야생으로 자라는 후추와 생강을 로마에서는 마치 금이나 은이라도 되는 것처럼 무게를 달아가며 팔고 있다고 화를 냈다.

플리니우스는 역사학자이기 이전에, 해군 제독이기 이전에 기본적으로 정치가였으니 사회적인 사치 풍조와 예산 낭비에 민감할 수밖에 없었는데, 미식가들의 입맛을 충족시키기 위해 후추를 수입하려고 해마다 막대한 돈이 로마 제국에서 외국으로 빠져나간다는 사실에 불만을 터트렸던 것이다. 뒤집어보면 정치인이 화를 낼 정도로 그만큼 향신료 소비와 수요가 많았다는 소리다. 이렇듯 금값에 버금가던 후추가 1세기 중반 무렵에는 대체 얼마나 값이 떨어졌기에 플리니우스가 개탄을 했을 정도였을까? 사람들이 정말 너도나도 후추를 먹을 수 있었을까?

플리니우스의 《자연사》에 의하면 후추 열매가 완전히 익어 벌어지기 전에 따서 말린 롱 페퍼(long pepper)의 경우 파운드당 15데나리, 익어서 저절로 벌어져 떨어진 후추인 백후추(white pepper)가 7데나리, 그리고 뜨거운 햇빛에 말려 쭈글쭈글해지고 검게 변색된 검은후추(black pepper), 즉 지금 우리가 먹는 후추가 4데나리라고 했다. 파운드는 0.45킬로그램이니까 편하게 계산하면 500그램 정도에 해당하는 값이다. 또한 데나리(denarii)는 로마 시대에 사용했던 은화로 로마의 화폐 가치를 지금 기준으로 환산하는 것도 어렵고 평가도 사람에 따라 천차만별이기 때문에 환산하기가 어렵지만 애써 현재의 물가 수준과 비교해보면 이렇다.

아우구스투스 시대 로마 군단의 고급 장교였던 백부장 연봉이 약 3,750데나리였다고 한다. 그러면 일당이 약 10데나리쯤 하는 셈이다. 그리고 아우구스투스 시대보다 조금 앞선 공화정 말기에 비숙련 노동자와 병사의 일당은 약 1데나리 정도였다고 한다. 후추 500그램의 가격이 약 4데니리쯤 하는 것이니까 여전히 비싸기는 했지만 로마의 중산층이라면 살 수는 있는 가격이다. 게다가 불과 수십 년 내지는 100년 전까지만 해도 후추는 금값과 맞먹어서 상류층 부자가 아니라면 넘볼 수도 없는 향신료였던 만큼, 가격이 이렇게 떨어졌으니 너도나도 요리에 후추를 뿌렸을 것이고 그래서 플리니우스가 탄식할 정도로 사회 전체에 향신료가 퍼졌던 것이다.

로마에 후추가 넘쳐나기는 넘쳐났던 모양이다. 중국 기록에도 이에 관한 언급이 보인다. 《후한서(後漢書)》는 서기 25년의 광무제부터 220년의 헌제 때까지 후한 196년의 역사를 기록한 책이다. 이 책 〈서역전(西域傳)〉에서는 서역에 있는 천축국(天竺國)을 소개하면서 이 나라는 서쪽으로 대진(大秦)과 통하는데 대진에는 진귀한 물건이 많다면서 질 좋은 양탄자와 갖가지 향료, 벌꿀과 후추, 생강, 검은 소금 등이 나온다고 적었다. 천축은 알고 있는 것처럼 인도에 있었던 나라의 옛 이름이고 천축과 교역한다는 서쪽의 대진은 한나라 때 로마를 일컫는 이름이었다.

아직 중국이 후추 원산지인 인도 남부와 직접 교역하기 전 시대의 중국 역사서에서는 후추의 산지를 서역으로 봤고, 그중에서도 멀게 는 로마, 또는 페르시아의 특산품으로 여겼다. 얼마나 로마에 후추 가 넘쳐났는지 인도에서 로마로 전해진 후추가 이번에는 실크로드 를 타고 다시 동쪽의 중국으로 흘러 들어갔다는 이야기다.

로마의 향신료 교역과 무역 적자 ◁◁◁

로마 제국이 동방의 인도와 무역을 하는 과정에서 자본가와 상인 들은 엄청난 부를 쌓았다. 이렇게 부자가 된 사람들 중에는 직접 인 도와의 교역에 종사한 그리스, 이집트, 시리아, 소아시아의 상인 및 로마의 상인들 이외에도 별도로 이들에게 자본을 댄 로마 자본가도 있었고, 돈줄을 쥔 로마 제국 황제나 그의 가족들 역시 막대한 부를 축적했다. 하지만 상인과 자본가 개개인이 돈을 버는 것과 나라 전 체의 무역 수지는 별개의 문제다. 인도와 아라비아 등지에서 다양한 종류의 향신료를 막대한 규모로 수입하기 위해서는 대금을 지불해 야 한다.

로마는 향신료와 비단 등을 수입하는 대신에 주로 유리 제품과 지 중해와 홍해에서 나오는 산호, 이집트산 에메랄드와 같은 보석, 금 과 은 그리고 와인과 올리브 오일 등의 식품을 수출했다. 수세기 동 안 서양과 향신료 무역을 해온 인도 상인들이었던 만큼 현지의 향신료 가격이 근대의 서양 제국주의가 식민지에서 자원을 약탈했던 것처럼 터무니없는 헐값은 아니다.

동방과의 향신료 교역은 당연히 로마의 무역 적자였다. 그래서 플리니우스는 인도에서 향신료를 수입하기 위해 막대한 돈이 빠져나간다고 불만을 터트렸던 것인데 로마가 대금으로 지불했던 돈이 도대체 어느 정도였을까? 19세기에 영국이 중국에서 차를 수입하면서 대금으로 지불할 은화를 감당하지 못하자 그 대신 아편을 팔았다가 급기야는 아편전쟁을 일으켰다. 그렇다면 로마는 인도와의 향신료 무역에 따른 적자를 어떻게 감당했을까?

먼저 1세기 무렵 로마 제국이 향신료 수입을 위해 지출했던 돈은 대략 1억 세스테르세스 정도였다. 플리니우스는 자연사 제12권 41장에서 "아무리 적게 계산해도 인도와 중국, 그리고 아리비아가 우리 제국으로부터 가져가는 돈이 1억 세스테르세스다. 사치품과 여성용품을 위해 지불하는 돈이다"라고 적었다.

당대를 살았던 플리니우스가 불만을 토로할 정도로 적지 않은 액수의 돈이지만 현대 로마 경제사 학자들의 논문을 보면 대체로 로마 제국이 부담을 느낄 수준은 아니었다고 평가한다. 관점에 따라 다르지만 1세기 로마 제국의 GDP 규모는 약 100억 세스테레세스 정도로 향신료 교역이 차지하는 규모는 1퍼센트 수준이었기 때문이다.

전성기 서양 세계의 패권을 장악한 로마 제국이 그 정도로 부유했기에 이전까지 금값과 맞먹는다는 향신료까지도 마음껏 먹을 수 있었다. 후추를 통해서 본 로마, 음식으로 본 로마 제국의 모습이다.

참고문헌

- Adams, Colin, *Supplying the Roman army: Bureaucracy in Roman Egypt,* Adrian Goldsworthy and Ian Haynes, 1999.
- Apicius, *Cookery and Dining in Imperial Rome*, Joseph D. Vehikin, 1977.
- Bowman, Alan & Wilson, Andrew, *The Roman Agricultural Economy*, Oxford university press, 2013.
- Dr. Middleton, *The Life and Letters of Marcus Tullius Cicero*, H,G, Bohn, 2013.
- E. Michael Gerli Editor, *Medieval Iberia An Encyclopedia*, Rouledge, 2003.
- Feier, Iwona 등, *Roman Wine in Barbaricum. Preliminary Studies on Ancient Wine Recreation*, Heritage Journal, 2019.
- Garnsey, Peter, Cities, *Peasants and Food in Classical Antiquity*, Cambridge univ. press, 1998.
- Katz, Solomon H., Weaver, William Woys , *Encyclopedia of Food and Culture*, Charles Scribner's Sons: New York, 2003.
- Killgrove, Kristina & Tykot, Robert H., *Food for Rome: A stable isotope investigation of diet in the Imperial period (1st-3rd centuries AD)*, Journal of Anthropological Archaeology, 2013.
- King, Allyson R., *An Examination of the Economic Role of Table Fish in Ancient Rome*, University of Kansas, 2013.
- Kurlansky, Mark 공저, *Salt, A World History*, Vintage Books. 2003.

- Martin, Mary, *Liquid Gold: The Olive Oil Trade between Baetica and Rome*, the University of Mississippi, 2016.
- Marzano, Annalisa, *Fish and fishing in the Roman world*, Journal of Maritime Archaeology, 13. 2018.
- Marzano, Annalisa, *Harvesting the sea; the Exploitation of Marine Resources in the Roman Mediterranean*, Oxford University Press, 2013.
- McGovern, Patrick E., *Uncorking the Past: The Quest for Wine, Beer, and Other Alcoholic Beverages*, UC Press, 2011.
- Ruter, Joseph B., *The Seed of Principate: Annona and Imperial Politics*, Xavier University, 2016.
- Saffron, Inga, *Caviar: The Strange History and Uncertain Future of the World's Most Coveted*, Broadway Books, 2002.
- Scapini, Marianna, *Studying Roman Economy and Imperial Food Supply. Conceptual and Historical Premises of the Study of the Economic Initiatives of the Emperors in the 1st and 2nd Century AD*, Università degli Studi di Verona, 2015.
- Smith, William, D.C.L., LL.D, *A Dictionary of Greek and Roman Antiquities*, John Murray, London, 1875.

- 로드 필립스 지음, 《알코올의 역사》, 윤철희 옮김, 연암성가, 2015년
- 시오노 나나미, 《로마인 이야기》, 김석희 옮김, 한길사, 1996년
- 카이사르, 《갈리아 전쟁기》, 김한영 옮김, 사이, 2006년
- 하인리히 야콥, 《빵의 역사》, 곽영단 임지원 옮김, 우물이 있는 집, 2001년

음식으로 읽는 로마사

초판 1쇄 인쇄 2020년 10월 12일
초판 1쇄 발행 2020년 10월 19일

지은이 윤덕노
펴낸이 신경렬

편집장 유승현 **책임편집** 김정주 **편집** 황인화
마케팅 장현기 · 정우연 · 정혜민
디자인 이승욱
경영기획 김정숙 · 김태희 · 조수진
제작 유수경

펴낸곳 (주)더난콘텐츠그룹
출판등록 2011년 6월 2일 제2011-000158호
주소 04043 서울시 마포구 양화로12길 16, 7층(서교동, 더난빌딩)
전화 (02)325-2525 | **팩스** (02)325-9007
이메일 book@thenanbiz.com | **홈페이지** www.thenanbiz.com

ⓒ 윤덕노, 2020. Printed in Seoul, Korea
ISBN 978-89-8405-795-5 03920

이 도서의 국립중앙도서관 출판예정도서목록(CIP)은 서지정보유통지원시스템 홈페이지(http://seoji.nl.go.kr)와
국가자료공동목록시스템(http://www.nl.go.kr/kolisnet)에서 이용하실 수 있습니다(CIP 제어번호: CIP2020041432).